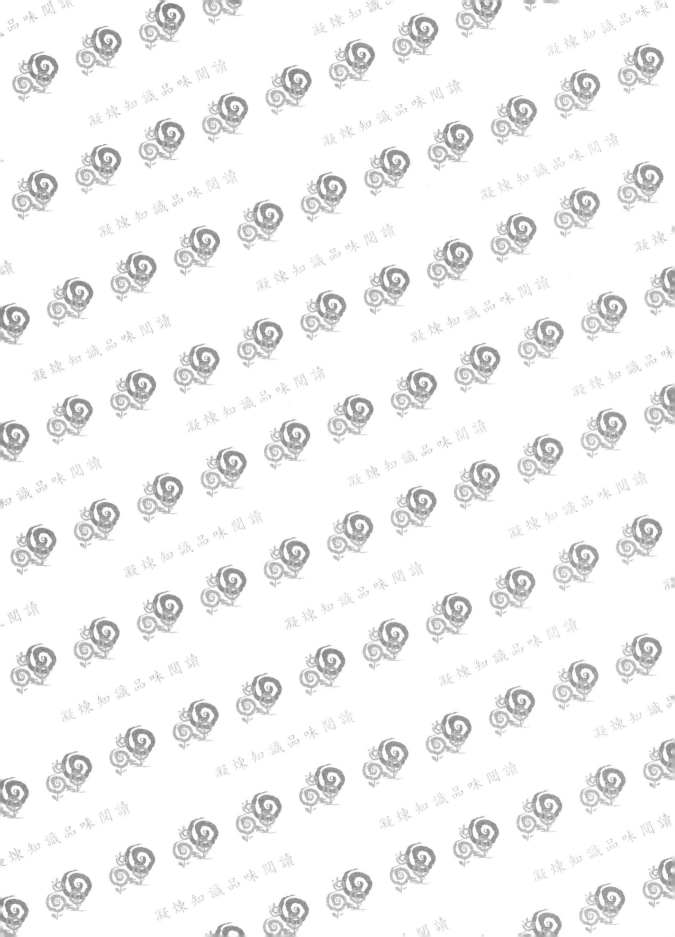

Meta分析實作
使用Stata

Meta-Analysis in Stata

張紹勳 著

五南圖書出版公司 印行

自序

Stata 是地表最強的統計軟體，自 Stata v16 新推 Meta 分析功能，除有傳統常用效果量 (ES) 分析，還新增 Meta 迴歸及間接證據「network Meta-analysis」，值得大家學習。

對照初級資料統計，次級資料「統合分析 (Meta-analysis)」是另一數據科學的典範。所謂效果量是指在 Meta 分析的研究過程上，所分析的每一個研究的實驗處理效果的大小，也就是每一個實驗設計中接受實驗處理的實驗組與控制組之間的差別。為了統計處理，這些實驗處理結果的差別需先經過標準化的處理，才能進行比較與合計。所謂標準化的處理就是把實驗處理的實驗組（吃新藥）與控制組（吃安慰劑）之間的差別除以控制組的標準差 (standard deviation)。

效果量的值可以代表就某一項研究主題而言，實驗組和控制組之間差異的大小，值越大，代表實驗處理的功效越大；值越小，代表實驗處理的功效越小。

迄今，Meta-analysis 已在基礎研究、生物學、醫學、心理學、社會學、刑事司法、金融和經濟學、政治學、市場行銷、生態學、教育學和遺傳學等領域，開枝散葉。

Meta 分析使研究者可以將數項個別研究的結果合併為一個統合分析，以提供對所關注效果的整體估計。對於希望使用 Stata 進行 Meta 分析，並展示了分析步驟、解釋 Meta 分析（如何產生高度靈活的圖形顯示；如何使用 Meta 迴歸；如何檢查發表偏誤；如何進行個別研究初級數據的 Meta 分析；如何進行 Meta 迴歸分析；以及間接證據之 network Meta-analysis），本書是不可缺少的顯學。

科學是一門累積的學習課程，在資料搜尋過程中，我們常會發現因為研究者、樣本、時間、地區、研究方法、研究程序的不同，導致相似的研究方向卻有不同的研究結果，令人有「眾說紛紜，莫衷一是」的矛盾感。加上傳統的文獻探討法多仰賴研究者的經驗、邏輯思考加上主觀的判斷，在選擇文獻的過程當中，常會下意識的選擇對自己的研究有利，而忽略不利於己的相關文獻；亦常根據直觀的想法，主觀的統整下結論，而讓最後的研究結果產生了偏頗。

為解決上述盲點，於是誕生 Meta-analysis，它嘗試用科學的、系統的、客觀的方法來結合相關的研究數據，是一種量化的系統性文獻探討法。Meta-analysis 不但經濟實惠，且內外效度都高，值得大家來學習。

　　工欲善其事，必先利其器。研究者除了要精通自己領域的「理論」基礎外，正確選用創新性之「研究法」及「統計」技術（即 Stata 及軟體實作），三者間如何有效整合應用，更是成為頂尖研究者不可缺乏的基本功夫。本書內容著重理論、統計及方法三者的結合，適合自然科學及社會科學的研究者來研讀。

　　Stata v14 就有 metan、network 外掛指令、Stata v16 menu 提供易用介面之指令「meta set」、「meta esize」（簡單易懂），再搭配森林圖，即能完成「連續變數或二分變數」Meta 分析所有程序。

　　本書附 Stata 之 Meta 分析的範例，讓讀者能迅速執行實證分析，進而理解 Meta-analysis 報表意義的解釋。此外，為了讓各位能精熟 Meta，本書也提供許多實證 Meta 分析的範例，讓讀者可實際操作分析，進而深入體會 Meta 研究的程序與應用。

張紹勳 敬上

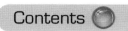

Contents

Chapter 3　Meta 分析的研究設計實施　　　143

Chapter 4　Stata 實作 Meta 分析　　　153

Chapter 5

Meta 迴歸、network Meta-analysis（間接證據）
267

統合分析(Meta-analysis)介紹

統計學來看，統合分析 (Meta-analysis, MA)，又稱後設分析、整合分析、綜合分析、元分析、薈萃分析，是指將多個個別研究結果（次級資料）整合在一起的統計方法。就用途而言，它是系統性文獻回顧的新方法。文獻回顧的傳統方法是敘事式的，由作者自行挑選覺得重要的前人研究，當各研究結論衝突時，由作者自行判斷哪一種結論較具價值。但統合分析有其章法，依據科學方法來組合這些個別研究的效果量，成為一個合理的因果推論模型。Meta 分析例子：運動是否可以改善癌症相關疲倦 (cancer-related fatigue, CRF) 的問題？

Meta 分析旨在將學術界歷年針對某個主題所做的實徵研究運用系統性的歸納分析及統計量化方法，探究變數之間的關係模式，以改良敘述性綜述 (review) 僅具質性論述的不足 (Glass, McGaw, & Smith, 1981)，可避免敘述性綜述因爲研究者個人見解而可能過於主觀之缺失。

相對地，AI 領域中，機器學習的 Lasso 推論模型，則是針對感測器所取樣的巨量初級 (primary) 資料，對眾多外在干擾變數加以「控制」之後，再做因果推論（請見作者《機器學習》一書）。

由於研究風氣盛行，很多國家或是研究單位多以論文作爲升遷或是教職升等的重要指標，因此每年全世界發表的論文數量年年增加；預期未來每年發表的論文篇數將會越來越多，如何在這麼多的研究論文中快速獲取結論，是資訊爆炸時代中很重要的議題。誠如 Glass (1977) 所說：「雖然沒有一篇研究是完美的，但是我們應該合理的相信透過整合這些不完美的研究，也能夠歸結出一個合理的結論」；因而有了統合分析 (Meta-analysis) 的興起。

統合分析 (Meta-analysis) 原意是「more comprehensive」，也就是更加廣泛

全面的研究，意即「分析的分析」、「資料的再分析」。Glass (1976) 對 Meta-analysis 的定義如下：「Meta-analysis 是對分析對象進行分析，使用統計技術對各個個體所得到的大量資料進行分析，其目的就是整合所有的發現」。綜合來說，所謂統合分析 (Meta-analysis) 是指：利用系統性的文獻回顧 (systemic reviews)，將一群已完成且具有相關研究問題的研究結果，以定量的統計方法分析評估，以總結出一個研究結論 (Systematic review is the entire process of collecting, reviewing and presenting all available evidence)。統合分析的理論基礎在解決實證研究之研究結果不一致情況（馬信行，2007）；此一定量的統計方法將一群已完成且具有相關研究問題的研究結果分析評估，以總結出一個研究結論。

 ## 1-1 統合分析 (Meta-analysis) 的發展史

早在 17 世紀，天文學界就發現將數個觀察到的小型資料整合後，會比單從資料中挑選合適資料要來得更準確。Meta 分析命名最早由英國教育心理學者 Glass (1976) 命名，代表透過統計技術來統合與分析眾多相同變數的實徵研究，以獲得最有代表性的結論的過程與方法。

Meta 分析涵義為分析的分析，是量化研究法之一，旨在用有系統地結合並評估以前的研究結果，以求出該研究議題的結論 (Haidich, 2010)。Meta 分析是「研究的研究」，係將諸多研究結果的實證資料彙總出一個總結。Meta 分析的英文原文為 Meta-analysis (MA)，中文又譯：統合分析、彙總分析、綜合分析、薈萃分析、元分析等。

統計學者 Pearson (1904) 首次統合數個「用血清接種的治療方式來預防傷寒熱 (enteric fever)」的小型研究，因而發現該治療法係有效的。1950 年代，心理學家對心理治療的有效性提出正反論辨，一直到 1970 年代中期，儘管有關心理治療的研究已達數百多篇，但結論仍是莫衷一是。有鑑於此，美國心理學家 Glass 與 Smith，綜合 375 篇心理治療研究分析之結果，以統計方法彙總相關文獻，進而提出「心理治療對病人確實是有效」的結論，進而也解決樣本數少的研究之統計檢定力 (power = 1 − β) 偏低的問題。可見統合多個研究結果的堆疊，係可更準確分析數據（外部效度較高）。

1980 年代，統合分析逐漸應用到醫學議題，擴及心臟醫學、腫瘤醫學，以

及週產期照護的領域。1990 年代，英國公部門正式成立「The Foundation of The Cochrane Collaboration」(http://www.cochrane.org)，專門負責定期更新醫學議題的系統性文獻回顧和統合分析，以獲得可信的醫學證據，從此醫界統合研究和論文發表進入了另一蓬勃發展的時代。

　　發展至今，統合分析已被廣泛使用在各領域。你只要在 Google Scholar 打上關鍵字：「Meta-analysis」，結果傳回的書籍 / 期刊文章至少有 316 萬篇。它橫跨：基礎研究、生物學、醫學、心理學、社會學、刑事司法、金融和經濟學、政治學、市場營銷、生態學和遺傳學等不同領域。

1-1-1 彙整原始文獻之研究法

　　學術界藉由文獻的發表互相溝通研究結果，隨著學術研究的蓬勃發展，探討同一議題的文獻數量也隨之倍增。同一議題的眾多文獻由於眾多研究者的研究情景與目的不同，以致研究對象與方法相異，因此產出不盡一致的研究結果。此外，即使研究對象與方法相同，但因研究定義、工具或統計方法相異，也可能導致研究結果不一致（王姵方，2020）。

　　為了彙整往昔眾多研究者智慧的精華，統整出同一議題多篇原始文獻的總體結論，彙整原始文獻的研究法應運而生。彙整原始文獻的研究法彷彿站在巨人的肩膀上將人類知識向更高更遠的境界拓展。

一、彙整原始文獻研究法之演進史

　　彙整原始文獻研究法的歷史演進過程，說明如下 (Borenstein, Hedges, Higgins, & Rothstein, 2011)：

1. 敘事性綜論 (narrative reviews)

　　敘事性綜論法是研究者閱讀同一議題的諸多原始文獻後，挑選自行認定重要的研究，若各研究結論有衝突時，則自行判斷何種結論較具價值。部分研究者的做法是分別計算研究結果為顯著正相關的文獻篇數，及顯著負相關的文獻篇數，再以篇數較多者，及敘述性的質化寫作方式，做出整體的結論。

　　敘事性綜論備受質疑過於主觀，其限制包括（王姵方，2020）：

1. 採納各個原始文獻的標準不一，欠缺透明性。
2. 各個原始文獻的條件相異，例如：樣本數不同、探討的情境不一致，因此不

宜將各個研究的結果直接加總。

3. 不易合理分配各個原始文獻的重要性（即權重 w_i）。

4. 結論僅能顯示變數之間關係的方向（負相關或正相關），而無法得知關係的強度。

5. 根據 p 值來評價文獻的效果，因此缺乏良好的機制來評價各個文獻效果的一致性。例如：一個 p 值是 0.03 的研究與另一個 p 值是 0.04 的研究並不表示前者的效果較好。因為 p 值代表 0.03 效果量較大，但也可能是大型研究（樣本數大的研究）中度或較小的效果量。同理，p 值是 0.04 雖然可能代表其效果量較小（或為 0），但也可能代表是小型研究（樣本數少的研究）較大的效果量。

2. 系統性綜論 (systematic reviews)

為了突破敘事性綜論的限制，系統性綜論於 1980 年代至 1990 年代興起。系統性綜論以透明的機制明確規範檢索原始文獻、採納原始文獻，及排除原始文獻等準則。

系統性綜論是針對某一研究議題，透過詳盡地搜尋、依據明確的納入與排除準則，及嚴謹地閱讀、歸納後，以質性論述的寫作方法統合該議題的研究結果。

3. Meta 分析

系統性綜論是透過質性論述統合多篇原始文獻的研究結果，Meta 分析則是奠基於系統性綜論，並更進一步以量化統計方法合併原始文獻的研究結果，以萃取該研究議題的精華。

Meta 分析方法彙整諸多相關但獨立的原始文獻之研究結果，分配適當的權重給各個原始文獻，再以量化方法合併各個原始文獻的整體研究結果。

4. 初始資料的聚合再分析 (pooled reanalysis)

為了更精確地分析所納入的原始文獻數據，研究者蒐集所採納的每一篇原始文獻之每一筆原始數據，彙總重新輸入，再加以重新計算各個原始文獻總體合併之研究結果。

二、四種統合原始文獻研究法之比較

 表 1-1　四種統合原始文獻研究法之比較

研究法	準備詳盡的研究計畫	文獻檢索（包含納入及排除準則）	計算總體效果、異質性、出版偏差及敏感度等	彙總及輸入每一篇論文的每一筆數據
敘事性綜論	×	×	×	×
系統性綜論	○	○	×	×
Meta分析	○	○	○	×
聚合再分析	○	○	○	○

資料來源：修改自莊其穆（2011）

1-2 統合分析 (Meta-analysis) 是什麼

　　科學是累積的，因此，幾乎每一個研究者在探討某一個問題之前，都會先做一番文獻回顧 (literature review)；尤其在一個領域已經發展到某種程度時，這種探討更重要。在社會科學的研究中，由於研究者、樣本、時間、地點、研究程序等的不同，研究結果往往不一致，使人常有「眾說紛紜，莫衷一是」的感覺。Meta-analysis 的方法是嘗試用科學的、系統的、客觀的方法來做文獻探討 (Light & Pillemer, 1984)。

　　合併 (pooling) 初始研究結果的方法，有 3 種：

1. 敘述性文獻探討 (narrative review)，即批判性分析 (critical review) 法。
2. 計票法（顯著正效果標記「+」，顯著反效果標記「−」；無顯著者標記「neutral」）。接著再以 bar 圖呈現這 3 個分類結果的次數。
3. 檢定的組合 (combined tests)，例如以機率 p 或相關 r 來合併二個（以上）獨立的個別研究。此亦是 Meta 的精神所在。

　　傳統的文獻分析，只做敘述性文獻探討 (narrative review)，研究者將相關的研究文獻進行歸納整理，採敘述性評論和簡易計量的方式進行；種方法可能會因研究者所蒐集的樣本、研究程序的不同，或者是選擇有利於支持研究假設之

文獻，易流於個人的見解、偏好、期待的主觀影響，且易陷入追求 p < 0.05 的迷思，而未考慮統計檢定力 (power) 及型 II 誤差 (type II error) 的問題單一（少數幾篇）的研究結果。

> 定義 systematic review: the entire process of collecting, reviewing and presenting all available evidence.

> 定義 Meta-analysis: the statistical technique involved in extracting and combining data to produce a summary result.

統合分析技術的產生可說是針對傳統文獻分析中敘述性資料整合 (narrative integration) 的缺失而成，因此 Meta 分析可說是 systemic qualitative review，故 Meta 分析，可做也可不做 systematic review。

例如：圖 1-1 有 5 篇隨機控制試驗 (RCT) 及 4 個次族群（干擾）之敘述性文獻回顧，儘管它有記錄所有治療過程的證據及結果，可惜它仍無法證明「實驗處理」的治療是明顯有效的，故須靠統合分析 (Meta-analysis) 來佐證。

統合分析 (Meta-analysis) 是一種量化的統計分析方法，將一群具有相關問題的研究匯集，針對其研究的第一手資料，彙整分析後獲得一個特定結論的過程；此法將傳統敘述性的文獻回顧提升至科學研究法層次，可改善傳統文獻法容易偏向主觀的缺點 (Conn & Armer, 1994; DerSimonian & Laird, 1986)。

通常要做統合分析之前，一定會針對研究主題，進行所謂的系統性文獻回顧／系統性綜論 (systematic reviews)。系統性綜論 (systematic reviews) 是指針對一個明確的問題，使用有系統且清楚的方法來確認、篩選及評判相關原始研究文獻，選出高品質的文獻，針對其結果加以整合分析討論的回顧文獻。倘若相關原始文獻測量結果的方式很相似，文獻的同質性很高，就可以更進一步使用統計的方法來將數值量化整合（以「單位變換」為比較基礎），即統合分析 (Meta-analysis)。統合分析可讓我們對非實驗設計或實驗設計「處理」（治療）的結果，有更好的佐證證據。

隨機控制試驗研究之回顧							
來源 Source	病人數 No. of Patients	Randomized to Pretreatment After Decision for Catheterization or PCI	預先處理 Pretreatment	時機 Timing	未預先處理 No Pretreatment	Major Coronary Event End Points	追 Follow-up
1.隨機控制的試驗							
PROBE-CIPAMI,[7] 2011[a]	335	Yes	600 mg		600 mg LD in catheter laboratory	Death, MI, or UTVR	7 d or hospital discharge
ARMYDA5 PRELOAD,[17] 2010	409	Yes	600 mg LD	4-8 h Before PCI	600 mg LD in catheter laboratory before PCI	CV death, MI, or UTVR	30 d
Daviouros et al,[16] 2009	199	Yes	900 mg LD	Plus 2-h wait to PCI	900 mg LD + direct PCI	Death, MI, stroke, or UTVR	30 d
PRAGUE-8,[18] 2008	1028	Yes	600 mg LD	>6 h Before PCI	600 mg LD in catheter laboratory before PCI	Death, periprocedural MI, stroke, or UTVR	7 d or hospital discharge
CREDO,[3] 2002	2116	No	300 mg LD	3-24 h Before PCI (mean, 9.8 h) then long term MD	No pretreatment 28-d clopidogrel	Death, MI, or UTVR per protocol analysis	28 d to 1 y
2.隨機的次族群							
After randomization subgroup[b] ACUITY PCI,[20] 2007[c]	5026	No	300 mg LD (sub-group)	Before PCI or in catheter laboratory	300 mg LD after PCI <2 h (subgroup)	Death, MI, or UTVR	30 d to 1 y
PCI CLARITY,[8] 2005	1863	Yes	300 mg LD	Before PCI or in catheter laboratory (median 3 d) then 75 mg MD	Placebo LD and MD open-label 300 mg LD then 75 mg MD if PCI	CV death, MI, or stroke	30 d to 1 y
REPLACE-2,[19] 2004[c]	5919	Yes	300 mg LD	PCI (≤48 h) then 75 mg MD for at least 30 d	300 mg LD after PCI then 75 mg MD for at least 30 d	Death, MI, or UTVR	30 d to 1 y
PCI CURE,[5] 2001[b]	2658	No	300 mg LD	Median 10 d before PCI, then 75 mg MD for 3-12 mo	No LD then 75 mg for 4 wk	CV death, MI, or UTVR	30 d to 1 y

📖 圖 1-1　敘述性文獻探討實例（歸納整理相關的 5 篇研究文獻）

綜合上述，統合分析的特點如下：

1. 統合分析法係以數學與統計技術做「單位變換」，將傳統高統之統計值（χ^2, t, F, p 值）變換至「等值」的效果量 (effect size, ES)，即「Fisher's Zr, Cohen's d, Hedges's g, Odds ratio」，以供各研究效果量之比較基準點，進而彌補直覺思考上的盲點與謬誤。

2. 增加效度，以得出整體的實驗處理（治療）效果。通常欲得到精確的實驗處理（治療）效果，至少須統計數以百、千計的事件或結果，統合分析就是運用各個研究的效果量組合來增加研究的精確度。在醫界，例如：「轉移性乳癌 (metastatic breast cancer) 之化療持續時間」就是「回溯臨床試驗」之一，旨在延長患者整體存活率 (overall survival) 與無惡化存活率 (progression free

survival)。有學者蒐集資料庫文獻進行「隨機分派研究」，統合 11 篇臨床試驗 2,269 位乳癌患者，其 Meta 分析發現：一線化療持續時間越長，整體乳癌存活率 (Hazard Ratio = 0.91, P = 0.046) 越長，且無惡化存活率 (Hazard Ratio = 0.64, p < 0.001) 也越長。

3. 將一些小樣本的研究做整合，可擴大樣本數，解決個別研究間樣本數太少的問題，提高統計檢定力 (Power)。假設檢定的檢定力是 Prob（拒絕 H_0 | H_0 爲假），公式 power = 1 − β，其中，β 爲型 II 誤差。可以換個方式說，power 是當事實爲假時，其「拒絕」虛無假設的機率。再換個方式說，power 是避免錯誤接受虛無假設的機率。假設你有一個實驗，有兩組人，一組用 A 藥，一組用安慰劑（也就是控制組）。A 藥是事實上眞的有效的，在這個例子中，power 就是發現這兩組不同的機率。舉數字來說，如果 power 是 0.8，而且這個實驗作了無數次。Power = 0.8 的解讀就是：80% 的機率，我們會發現兩組之間的差異。從另外一方面來說，20% 的機率 (β) 我們不會發現兩組之間的差異，雖然兩組確實存在差異的。

4. 解決各個研究之間的差異，化解正反兩方的歧見。即使研究同一主題，因爲樣本數不同、條件不同等因素，也可能得到互異的結果。透過一個大型的研究或統合分析的方法，或許就能爲這些爭議提供決定性的解答。例如：嬰兒使用安撫奶嘴就有正反兩方辯證，有人發現：使用安撫奶嘴可預防舌頭回堵呼吸道造成窒息、減少胃食道逆流發生的頻率、增加氧氣飽和度以及提升警醒能力 (Cozzi & Morini, 2002)；相反地，有人持不同觀點，認爲使用安撫奶嘴不利於母乳哺餵、容易造成蛀牙、急性中耳炎等，甚至會造成新生兒意外事件，包括：因爲嘔吐卻因爲安撫奶嘴阻礙而造成窒息 (Scott et al., 2006)。這時正反兩方辯證即利用統合分析來判定眞僞。

5. 將多個研究文獻做一個摘要性的歸納與整合，並分析比較各研究間的差異，提供決策者參考及進一步研究之參考。有別於傳統「文獻探討」（literature review，亦稱「文獻回顧」），只針對該篇研究進行相關文章的探討，統合分析 (Meta-analysis) 乃整理一群研究文章的結果，即「各個獨立研究的綜效」(research synthesis)。

6. 發現及糾正發表偏誤（出版偏誤，publication bias）。當研究結果呈現「顯著」差異者，相較於「未顯著」差異者，更有機會被選上公開發表時，其所產生

的發表偏誤就無法被忽視，如此才能避免統合分析研究結果的高估現象。爲了降低發表偏誤，可透過定性及定量方法（如 Fail-safe N）來測量發表偏誤的情形。

 ## 1-3 統合分析 (Meta-analysis) 之分析流程

1-3-1 Meta 分析之標準程序

Moher 等人 (2010) 發表 PRISMA 聲明 (Preferred Reporting Items for Systematic Reviews and Meta-analysis Statement)，作爲系統性綜論及 Meta 分析研究的項目性指標之依據。

PRISMA 聲明包含 27 個項目的檢核表清單與 1 個流程圖（下圖），指導研究者寫作系統性綜論及 Meta 分析研究，並明確標示研究應有的資訊。

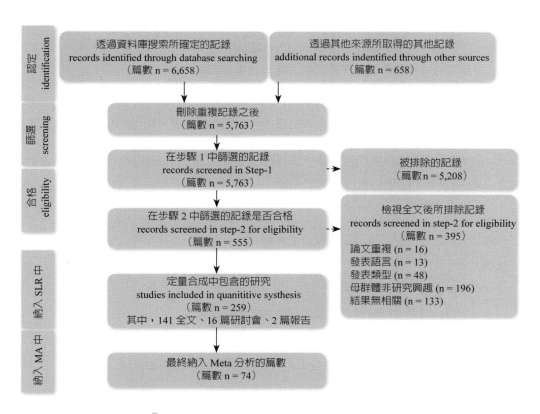

圖 1-2　PRISMA 聲明之 Meta 分析流程

有關 PRISMA 重點舉例如下表：

部分	項
標題、摘要及引言	第1項為論文標題需敘明是系統性綜論、Meta分析或兩者兼具。 第2項則是對摘要內容的寫作要求，包含背景、目標、數據來源、研究資格標準、參與者及介入措施、研究評估與綜合方法、結果、侷限性、關鍵發現的結論與含義等。 第3～4項是對引言的寫作要求，須明確陳述PICOS項目，即participants（參與者）、interventions（介入措施）、comparisons（對照比較）、outcomes（結果），及study design（研究設計）。
方法	第5項為檢核正在進行的研究是否已註冊。 第6項是須闡述個別樣本文獻的特徵，包含研究特徵，如：PICOS項目（即參與者、介入措施、對照比較、結果、研究設計），及報告特徵，如：年份、語言，與出版狀態。 第7～8項是須敘明搜尋個別樣本文獻過程的資訊，包含搜尋資料庫的策略及搜尋截止日期。 第9項是描述篩選個別樣本文獻的流程。 第10～11項是摘錄各項研究欄位的細節。 第12項是評估個別樣本文獻可能出現偏差的風險。 第13～15項是敘明統計分析的彙總數據，包含合併後之平均效果量，如：風險比(risk ratio)、標準化平均數差值(standardized mean difference)、相關係數(correlation coefficient)等，異質性指標，如：I^2等，及出版偏差(publication bias)。 第16項是敘明附加的統計分析數據，包含敏感性(sensitivity)、次群組分析(subgroup analyses)、Meta迴歸分析(Meta-regression)。
結果	第17項為說明如何依階段納入及排除所搜尋到的樣本文獻，最好檢附流程圖。 第18項是敘述各項研究欄位的特徵。 第19項為若有個別樣本文獻出現偏誤風險的情形，則呈現該資料。 第20～21項是須報告合併後之平均效果量的信賴區間與異質性，最好檢附森林圖。 第22項為呈現跨樣本文獻偏誤風險的評估結果。 第23項是提供附加的分析結果，如：敏感性、次群組分析、Meta迴歸。
討論	第24項為總結主要發現。 第25項是討論研究限制。 第26項為解釋結果並提供對未來研究的啟示。
資金	第27項則是敘述本研究的經費贊助來源。

1-3-2 統合分析 (Meta-analysis) 應注意要點

1. 哪些變數需要加以編碼？編碼的過程爲何？如何將已經編碼過的資料予以組織起來？

　　答：除了要知道統合分析的步驟之外，還要對你想要進行統合分析的相關理論與實證文獻有所了解。有時候特定的資訊必須加以保留。

　　爲了確保嚴格評讀搜尋到的證據之正確性、影響性及適用性，Meta 在論文納入編碼表之前，醫學論文的評讀 (critical appraisal) 有下列幾個檢核項：

　　(1) 評估文章的效度 (validity) 和實用性（注意研究選入病人的條件）：

　　　　① 病人的分組是隨機分派的嗎？(random allocation)

　　　　② 對照組與實驗組在進入試驗時，病人數是否相似？

　　　　③ 分派的方法是否保密？(concealment of allocation)

　　　　④ 病人的追蹤是否夠久、夠充足完整？(follow-up duration)（最好要 > 80% 追蹤率）

　　　　⑤ 治療方法對病患、醫護人員、研究者是否 blinded（都不知情）？

　　　　⑥ 原始分析時是否利用 intention-to-treat 原則？是否所有的病人都被放到原先分派的組別中做分析？

　　　　⑦ 除了研究治療項目以外，其他的治療在各組間是否相同？

　　　　⑧ 兩組在治療開始時的比較基準點 (baseline) 是否相似？

　　(2) 在閱讀每一篇文章時，要注意是否符合這些基本原則，如果沒有，是爲什麼沒有，對於結果有沒有影響？另外還要考慮文章的結果對病人實際上的意義爲何？重不重要（impact 指標：可用 NNT 或 NNH）？

　　(3) 當有了一個有效度的結果，接下來要評估這個結果的臨床意義，文章常以 RRR (relative risk reduction) 來表示療效，但以 NNT (number needed to treat)、NNH (number needed to harm) 來表達更爲直接。

　　上述文獻評讀之準則，值得社會科學來學習，如何嚴選實驗法之論文好壞。

2. 當在計算效果量 (ES) 的時候，該以哪一個變數來做爲標準差 S_i？

　　答：$Cohen's\ d_i = \dfrac{M_i^E - M_i^C}{S_i}$，其中 d，多數人選 $S_i = \sqrt{\dfrac{(n_i^E - 1)(s_i^E)^2 + (n_i^C - 1)(s_i^C)^2}{n_i^E + n_i^C - 2}}$

　　(Hedges & Olkin, 1985, p.76)

3. 由於樣本的效果量 (ES) 是母群體效果量 (ES) 的一個偏誤估計值，該如何校正這個偏誤呢？

　　答：Hedges (1981) 指出，小樣本的效果量 (ES) 一定會有偏誤的，但是當樣本數超過 20 的時候，偏誤就會降至 20%，或甚至更低。為了得到一個真正的效果量 (ES) 不偏估計值，可以將效果量 (ES) 乘以下列公式中的校正係數 (correction factor, c)：

$$g_i = c_i \times d_i = (1 - \frac{3}{4m_i - 9}) \times d_i = (1 - \frac{3}{4(n_i^E + n_i^C) - 9}) \times \frac{M_i^E - M_i^C}{S_i}$$

4. 需要根據樣本數大小來對效果量 (ES) 做加權處理嗎？

　　答：要。

5. 所有樣本的效果量 (ES) 都是來自於同一個母群體的效果量 (ES) 嗎？

　　答：若都來自單一 (single) 母群體的效果量，則採固定效果模型；反之，若來自多組 (multiple) 母群體的效果量，則採隨機效果模型。

6. 哪些統計方法對分析效果量 (ES) 來說是適當的？

　　答：見表 4-1 說明。

7. 如果一個樣本的效果量 (ES) 包含了離群值，該如何將它找出來？

　　答：(1) 在迴歸模式中，偏離平均值太多的效果量 (ES)，可以藉由檢查迴歸方程式的殘差 (residual) 加以分辨出來，而殘差的絕對值則可以透過減去平均值再除以標準差的方式，予以標準化成為 Z 分數。

　　　　(2) 經過將殘差標準化之後的效果量 (ES)，如果它的值大於 2，通常會被認為是具有偏離平均值太多的潛在可能性，因為它們已超出 95% 的常態分配範圍。

　　此外，採用統合分析的研究和進行任何其他類型的研究都一樣，研究者必須很清楚地呈現出研究的步驟。統合分析是否能得到有效的結論，需注意每一個研究步驟都要嚴謹，在整個研究過程，有 8 項步驟要注意 (Ressing et al.,2009)：

Step 1：嚴格定義研究的主題

　　在做 Meta 分析之前，一定要先嚴格定義研究主題，才能夠找出真正有相關性的論文。例如：研究「同步放療化療對於局部廣泛型子宮頸癌 (locally advanced cervical cancer) 的治療效果」，則對於「只有接受放射治療」或是「在

放射治療後才安排化療」的試驗 (trial) 就要「排除」。

Step 2：定義納入條件和排除條件

　　做任何研究一定要定義出你的受試者或是你欲研究的論文的列入和排除條件，這個流程可以減少個別研究間之異質性 (heterogeneity)。

　　統合分析在篩選文章時都想盡可能地選入與研究問題相關的文章。但是，文章總有差異，爲降低選文偏差 (selection bias)，在研究方法上必須明確地描述選入或排除的定義並審慎執行。

　　在醫界，統合分析就是一種「回溯臨床試驗」的方法，一開始納入及排除的準則 (criteria) 訂定就很重要，選擇錯誤可能會扭曲分析的結果，例如：蕭如君、蔡崇弘 (2011) 採用 Meta-analysis 來比較「doxazosin GITS 與 tamsulosin 藥」這兩個藥物，對攝護腺肥大病人的綜合療效。首先設定「納入」文獻的準則，是研究病人爲：(1) 大於 50 歲被診斷出有 BPH 症狀且國際前列腺症狀評分表總評分 total IPSS(international prostate symptom score) ≥ 12 。(2) 最大尿流速 Qmax ≥ 5 mL/s 且 ≤ 15 mL/s 及膀胱空間盛裝尿液總體積 ≥ 150 mL，經 doxazosin GITS（4～8 mg／天）或 tamsulosin（0.4～0.8 mg／天）的治療後追蹤 8 週以上的結果之隨機對照試驗。而用來評估療效的項目爲 total IPSS（也可設定更多項目加以比較）。「排除」可能干擾因素，如：病人的治療有手術的介入 (intervention)、有潛在的嚴重疾病等。

Step 3：搜尋論文時要減少漏抓的疏失

　　文獻蒐集的周全性，將影響分析的效度。搜尋論文的標的包括：已出版的書籍、雜誌論文、未出版之博碩士論文、研究報告 (fugitive literature)、研討會發表論文、個人檔案電腦資料庫、現有文章所附之參考文獻、諮詢專家、政府或機構委託研究報告，並盡量嘗試去補足所有新舊文獻資料。

　　現今網路科技發展一日千里，各大電子資料庫蒐集內容豐富，許多學術資訊都可以透過這些資料庫從網路取得。要記住所有的相關資料庫 (database) 都要搜尋，才不會遺漏重要論文。在界定的題目之下，尋找資料的方法可以分二種：

1. 上溯法 (ancestry approach)：利用文章後面的書目、各種摘要（例如：Psychological Abstracts），以及電腦資料庫等資源尋找有關資料。

2. 下延法 (descendency approach)：利用引文索引（例如 Social Science Citation

Index）向下尋找後續的研究 (Cooper, 1994)。

實證醫學主要的四個資料庫：

1. ACP Journal Club：含括「ACP Journal Club」（American College of Physicians，美國內科醫師學會出版）與「Evidence-Based Medicine」（ACP 與 British Medical Journal Group 合作出版）兩種出版品，每月至少過濾 50 種以上之核心期刊，搜尋最佳之原始與評論性文章，結構化整理摘要出其中重要實證所得。

2. DARE：Database of Abstracts of Reviews of Effectiveness 收錄評論性文章的全文型資料庫，由 National Health Services' Centre for Reviews and Dissemination (NHS CRD) 組織出版，此一組織針對部分經過評估、挑選有學術價值的醫學期刊中選出系統性評論的文章，並將之集合而成 DARE。

3. CDSR：Cochrane Database of Systematic Reviews 爲「Cochrane 合作研究機構」(Cochrane Collaboration) 所出版，其爲一個人與機構共同組成之國際性網路組織，有系統的研究上百種期刊文獻，專門從事有系統的評論儲備、維護和傳遞影響醫療保健相關之業務主題性評論。

4. CCTR：Cochrane Central Register of Controlled Trials 超過 300,000 筆有關健康保健的控制實驗樣品參考型書目資料，內容包括 RCT (Randomized Controlled Trials) 及 CCT (Clinical Controlled Trials)。由 Cochrane groups 及其單位組織將 Medline 及 EMBASE 檢索出來的隨機樣品文獻登記集中而成。

Step 4：界定是否要做已發表文獻的合併分析 (pooled analysis)

有些研究者發現統合分析有一定的局限性，因此，流行病學家們想到以直接獲得各個研究者的「原始資料 (primary raw data)」再進行合併分析 (pooled analysis, PA) 之迴歸分析，但這要原始作者同意提供原始資料，才有用；否則只能退而求其次，利用 Meta 分析論文上的統計量。舉例來說：(1) 某藥物安全資料的合併分析 (pooled analysis)，可顯示注射部位疼痛的發生率低 (<2%) 且由於副作用而退出治療的人數極少 (5%)。(2) 以 NONMEM 法進行 pooled population analysis，可更精準了解兒童靜脈注射、口服和rectal diclofenac三者的療效比較。

Step 5：呈現所蒐集到的論文之描述性分析

對於蒐集到的相關論文做出描述性的表格，可清楚呈現這些論文的特點。

圖 1-3 爲臺北榮總醫院婦產部與其他國家所發表的卵巢癌腹膜腔灌注化學治療 (IP) 的統合分析的描述性表格，可清楚呈現所蒐集各論文的比較。但「描述性分析」仍無法判定，何者 (IV vs. IP) 處理配方對卵巢癌較有療效。

第一作者 (年代)	研究代號	病人數目 IV	病人數目 IP	IV配方	IP配方
Alberts (1996)	SWOG-8501/ ECOG/ GOG-104	279	267	Cisplatin 100mg/m² IV + Cyclophosphamide 600 mg/m² IV every 3 weeks for six cycles	Cisplatin 100mg/m² IP + Cyclophosphamide 600 mg/m² IV every 3 weeks for six cycles
Armstrong (2006)	GOOG-172	210	205	Paclitaxel 135 mg/m² over 24 h IV day 1 + cisplatin 75 mg/m² IV day 2 every 3 weeks for six cycles	Paclitaxel 135 mg/m² over 24 h IV day 1 + cisplatin 100 mg/m² IP day 2 + paclitaxel 60 mg/m² IP day 8 every 3 weeks for six cycles
Gadducci (2000)	NWOG	57	56	Cisplatin 50mg/m² IV + epidoxorubicin 600 mg/m² IV + cyclophosphamide 600 mg/m² IV every 4 weeks for six cycles	Cisplatin 50mg/m² IP + epidoxorubicin 60 mg/m² IV+ cyclophosphamide 600 mg/m² IV every 4 weeks for six cycles
Kirmani (1994)	UCSD	33	29	Cisplatin 100mg/m² IV + Cyclophosphamide 600 mg/m² IV every 3 weeks for six cycles	Cisplatin 200mg/m² IP + etoposide 350 mg/m² IP every 4 weeks for six cycles
Markman (2001)	SWOG/ ECOG/ GOG-114	227	235	Paclitaxel 135 mg/m² over 24 h on day 1 + cisplatin 75 mg/m² IV day 2 every 3 weeks for six cycles	Carboplatin (AUC=9)IV every 4 weeks for two courses, followed 4 week later by paclitaxel 135 mg/m² IV over 24h on day 1 + cisplatin 100mg/m² IP on day 2
Yen(2001) (台北榮民總醫院顏明賢醫師)	Veterans General Hospital, Taipei(Taipei Study)	63	55	Cyclophosphamide 500 mg/m² IV over1 h day 1 + adriamycin or epirubicin 50 mg/m² over 1 h IV day 1 + cisplatin 50 mg/m² IV every 3 weeks for six courses	Cyclophosphamide 500 mg/m2 IV over1 h day 1 + adriamycin orepirubicin 50 mg/m² over 1 h IV day 1 + cisplatin 100 mg/m² IP rapid infusion every 3 weeks for six courses

摘自Hess LM, Benham-Hutchins M, Herzog TJ, et al.: Int J Gynecol Cancer 2007;17:561-570.

圖 1-3　卵巢癌腹膜腔灌注化學治療相關論文之描述性分析（6 篇研究）

Step 6：呈現個別論文的效果量和合併後之平均效果量

　　對於每篇論文的效果量以及合併後平均效果量的解釋，都可用森林圖 (forest plot) 或平均效果量公式 ($\overline{Zr} = \dfrac{\sum_{i=1}^{k}(N_i - 3)Zr_i}{\sum_{i=1}^{k}(N_i - 3)}$) 的「顯著性檢定」來呈現。其中，效果量又分連續型變數、勝算比 (odds ratio, OR)、相對風險 (relative risk, RR)、存活資料等類型。

1. Zc 的顯著性檢定 $Stouffer'Z = \dfrac{\sum_{i=1}^{k} Z_i}{\sqrt{K}}$，共 K 篇論文。Z 類型之常態標準分數，包括 Fisher's Zr。

2. Winner' t 顯著性 $Z_c = \dfrac{\sum\limits_{i=1}^{K} t_i}{\sqrt{\sum\limits_{i=1}^{K}\left(\dfrac{df_i}{df_i - 2}\right)}}$

許多統合分析的軟體（如 Comprehensive Meta-analysis、Stata、MetaWin 或 RevMan）都有提供像圖 1-4 這類森林圖，來呈現各個研究之效果量（HR, OR, Std diff in means, Zr 等）。

以「卵巢癌腹膜腔灌注化學治療 (IP)」爲例，其 Meta 分析結果如圖 1-4，結果就可判定：6 篇卵巢癌化療，有 4 篇傾向灌注化療 (IP) 可降低死亡率，2 篇研究認爲化療無效。因這 6 篇研究之間有異質性，故採隨機效果模型 (random effect model) 來估計其總平均效果，結果 Z = –3.383(p = 0.0007)，達 0.05 顯著水準，所以我們可大膽斷定，化療 (IP) 是有療效（死亡率 hazard ratio = 0.799，小於 1）。

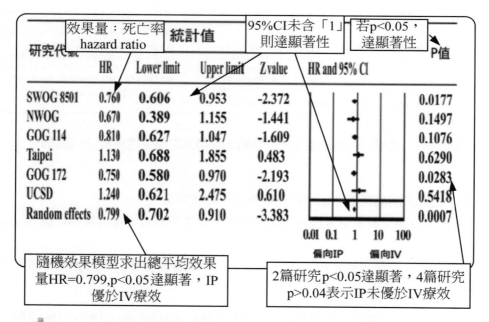

圖 1-4　卵巢癌腹膜腔灌注化學治療的效果分析（6 篇論文的森林圖）
來源：Hess, et al.(2007).

　　相對地，如果改採用合併分析 (pooled analysis, PA)，則要將彙整後的原始資料檔案重新跑統計。PA 常用的統計方法包括：(1) 依變數爲二分類別變數之邏輯斯迴歸 (logistic regression) 分析或 (2) 依變數爲連續變數之線性迴歸分析 (linear regression)。

　　不論 CMA、Stata、MetaWin 或 RevMan 軟體執行 Meta 分析，其估計合併之平均效果，有兩種估計法：(1) 固定效果模型（只有一個眞效果），適合同質性之眾多個別研究，也是軟體預設的估計法；(2) 隨機式模型（有多個眞效果），適合異質性之眾多個別研究，即 Cochran Q 的 $p < 0.05$ 顯著時適用它。

　　以「doxazosin GITS 與 tamsulosin 藥這兩個藥物，對攝護腺肥大病人的綜合療效」爲例，按照流程鍵入基本背景資料後，再鍵入四篇臨床試驗數據，如圖 1-5 所示，一一鍵入 total IPSS 差異值（距離基準的差異值）之平均值 (mean) 及標準差 (SD)，RevMan 軟體將依各臨床試驗的樣本數及標準差做不同加權（Weights 欄位），最後一併算出總平均效果量（Mean Difference 欄位），並以圖 1-5 森林圖來呈現整個分析結果。由森林圖 95%CI 可看出：第 4 個試驗與其他 3 個試驗的結果傾向是不同的。此森林圖亦顯示出各論文之間異質性高 (χ^2 = 207.71, $p < 0.05$, $I^2 > 50\%$)，故須改採隨機效果來重算總平均效果量，結果如圖 1-6 所示；顯示「總平均效果 Mean Difference = −1.06」，95% CI = [−1.16, −0.95]，不含「0」，都達 0.05 顯著水準。表示 4 個試驗中，3 個出現實驗組處理比較有效，1 個出現控制組比較有效，但總體來看，實驗組的處理是顯著有成效 (total overall effect $Z = 20.03$, $p < 0.05$)。

Study of Subgroup	Doxazosin GITS 藥			Tamsulosin藥			Weights	Mean Difference IV, Fixed, 95% CI
	Mean	SD	Total	Mean	SD	Total		
BJU 2003	-8	0.46	48	-6.4	0.46	50	32.3%	-1.60 (-1.78,-1.05)
Blackwell 2004	-8	0.54	47	-6.6	0.5	47	24.2%	-1.40 (-1.61,-1.10)
Japanese 2007	-11.18	0.6	60	-9.8	0.68	57	19.8%	-1.38 (-1.61,-1.15)
Blackwell 2006	11.1	0.9	82	11.4	0.4	83	23.7%	0.30 (0.00,0.51)
Total (95%CI)			237			237	100.0%	-1.00 (-1.10,-0.35)

Heterogeneity Chi-Square =207.71, df=3 (p<0.001); I-Square =99%
Test overall effect Z=20.03 (p<0.0001)

p<0.05故有異質性

p<0.05故Doxazosin GITS 藥優於Tamsulosin藥

95%CI未含「0」則達顯著性

3篇95%CI未含「0」達顯差異,1篇則無差異

圖 1-5　RevMan 統計分析結果（納入 4 篇「doxazosin GITS vs.tamsulosin 藥效」論文）

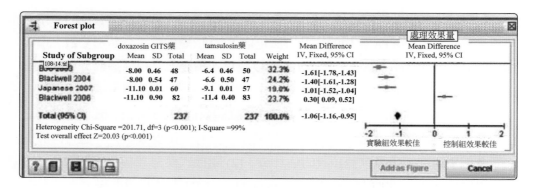

📚 圖 1-6　Revman 分析結果之森林圖（因異質，故固定效果要改為隨機效果）

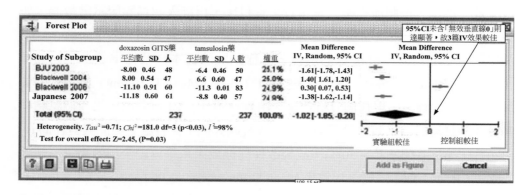

📚 圖 1-7　隨機模型分析（實驗處理平均成效是顯著，total overall effect Z = 2.45, p < 0.05）

Step 7：分析各論文間是否存在異質性、敏感性 (sensitivity analysis)、發表偏誤 (publication bias) 的問題

1. 異質性的問題

　　篩選文章之間若異質性 (heterogeneity) 很高，資料的整合勢必出現困難，最後可能會影響到分析的結論。要分析各論文間是否有很大的異質性，可以用 Cochran Q 異質性 (heterogeneity) 檢定（公式 $Q = \sum_{i=1}^{k} [w_i (r_i - \bar{r})^2]$）來分析。Cochran Q 係符合 χ^2 分配（圖 1-8），若 p 值 < 0.05，則表示異質性達到顯著，此時可改採隨機效果模型來估計平均效果量。

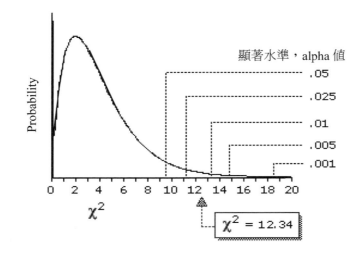

顯著水準，alpha 值

df	.05	.025	.010	.005	.001
4	9.49	11.14	13.28	14.86	18.47

自由度4之卡方臨界值

圖 1-8　卡方分配圖

　　舉例來說，由 CMA、Stata 或 RevMan 軟體所繪的森林圖，如圖 1-9，即可看出 8 篇個別研究之間有明顯的異質性，其中，4 篇研究顯示「實驗處理」係有效的；2 篇無差異；2 篇偏向無效的。像這種異質性現象，其原因可能來自於：(1) 不同的病人群研究 (patient population studies)；(2) 治療方法 (interventions used)；(3) 附加治療 (co-interventions)；(4) 結果評估方式 (outcomes measured)；(5) 研究設計不同 (different study design features)；(6) 研究品質 (study quality)；(7) 隨機誤差 (random error)。

　　原則上，如果出現了異質性，則不要先急著做統合分析，而是應該找出可能的原因，或是看看有哪幾篇論文造成了異質性的產生，必要時可以再重新評估；將某些論文刪除後，再重新計算異質性的統計值。當我們遇到欲選取的論文存在有明顯的異質性時，目前有兩種方法解決：

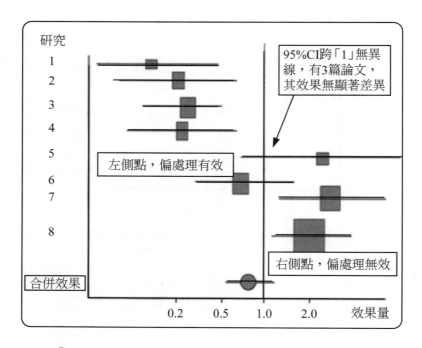

研究

1
2
3
4
5
6
7
8

95%CI跨「1」無異
線，有3篇論文，
其效果無顯著差異

左側點，偏處理有效

右側點，偏處理無效

合併效果

0.2   0.5   1.0   2.0   效果量

▇▋ 圖 1-9   統合分析中呈現不同研究結果的明顯差異性

(1) 次群組分析 (subgroup-analysis)：也就是將欲選取的論文，找出具有明顯的
    category 差別的變數，按照此變數的 level 分別做統合分析。因此就可能產生
    兩個或三個的森林圖。CMA、Stata、MetaWin、RevMan 軟體都有供「select
    by」按鈕，讓你 case by case 做次群組（干擾變數）之細部分析。對醫學而言，
    次群組分析，可更進一步了解：
    ① 這些次族群分析具有生物及臨床意義？
    ② 這些次族群分析在臨床及統計上具備有意義的差異？
    ③ 這些差異的假設是在實驗前就存在，並非本回顧對資料數字的推論？
    ④ 這些差異曾經由其他獨立實驗驗證過？

(2) 統合性迴歸分析 (Meta-regression)：原則上如果總論文數小於 10 篇以下，則
    不要做統合性迴歸分析。統合性迴歸分析的目的是在將某些變數當作共變數
    (covariates)，去探索 (explore) 有哪幾個變數會造成異質性。CMA、RevMan
    等軟體都有供「統計迴歸法 (Meta-regression)」功能。舉例來說，陳麗琴等人
    （2005）以 Meta-regression 分析「臺灣地區森林遊憩經濟價值之效益移轉」

時，做有系統的整理並依據與經濟理論上福利效益測量有關的變數加以分類包括地區、資源、遊憩活動種類與評估方法等，並應用統合迴歸法，尋求最適當的效益移轉 (benefit transfer) 模型。本例收納 11 篇森林遊憩經濟價值評估，合計 67 個經濟效益估計值。

統計採用直線及指數迴歸二種模型，這二個模型迴歸係數顯著性差異並不大，其 β 值及其標準誤可代表各資源變數有無情況的遊憩效益量相對效益大小。若比較二種模型對遊憩效益量預測的效率，發現：直線迴歸絕對平均殘差為新臺幣 167 元，但指數迴歸絕對平均殘差為新臺幣 1.4 元，顯示指數迴歸模型較為適當。由指數迴歸模型所求出各資源經濟效益相對重要性，顯示除調查方法對遊憩效益量有顯著影響外，森林遊樂區的位置，森林資源包括河流、海洋與特殊景觀的有無對遊憩效益量也有差異，但森林遊樂區的各種活動及活動的數量對遊憩效益量均不顯著，所以很顯然的，使用者對使用森林遊樂區的效益較著重於位置及其資源，反倒是使用者對做什麼活動的效益並不顯著。

2. 敏感度分析 (sensitivity analysis)

敏感性分析是指，研究數學模型或數值系統的輸出 (output) 不確定性，如何受到不同來源輸入 (input) 所造成的影響。

敏感性分析主要用途是：

(1) 測試模型或系統在不確定性的清況下，強健性 (robustness) 的穩定度。

(2) 更細部了解，一個系統或模型的輸入和輸出變數之間的關係。

(3) 減少不確定性：如果 robustness 要增加（也許是透過進一步研究），則識別導致模型輸出有顯著不確定性的輸入，將是人們關注的焦點。

(4) 尋找在模型中的錯誤（當遇到輸入和輸出之間的關係不在預測狀況時）。

(5) 模型簡化：修復那些對模型沒有影響的輸入，或查明和消除模型結構的冗餘部分。

(6) 加強建模到決策者之間的溝通（例如：讓提出建議更加可信、易懂、引人注目、更有說服力）。

(7) 尋找輸入因素對模型輸出的局部最大、最小或最符合的某準則（見 optimization and Monte Carlo filtering）。

從經濟學例子來看，在任何預算編制過程中總是有不確定的變數，包括未來稅率、利率、通貨膨脹率、員工人數、營業費用等變數。敏感度分析就要回答此問題：「如果有些變數造成預期偏離，它的影響原因是什麼（是業務、模式、系統、或遺漏重要解釋變數嗎？），以及哪個變數才是造成最大偏差者」？

Meta 敏感度分析主要的目的，是將某些不合適的論文（例如：壁報論文或品質差的論文）刪除後，看看剩餘論文的合併效果是否會因此更改，藉以測試綜合性效果的穩定度。

Meta 敏感度分析有下列二種情況：

(1)如果某篇論文被刪除後，造成剩餘論文的綜合性效果明顯改變，那麼就應該在論文的討論時，說明此篇論文對於整體綜合性效果的重要性。

(2)次族群當干擾變數，再分割 primary data 時 case by case 之干擾 (moderate) 下，重新判斷整體平均效果量的正負方向的改變，如果平均效果量差異不大，表示該干擾效果在 Meta 分析之中並不敏感。

所謂敏感性測試意味抽掉一個或更多我們所懷疑的試驗，理論上得出的結果應該要跟總結果之間的差異性不大才對。目前漏斗圖 (funnel plot) 是一個很有用的評估工具，由漏斗圖可看出結果是否有很嚴重的偏差，也可看出結果的精確度。以圖 1-6 為例，假設抽掉第 4 個試驗重做 Meta，若發現所得結果與總結果並無太大差異性；其效果量 RR（風險比）的 95%CI = [–1.02, –1.48]，也不包含「0」。表示刪第 4 篇論文後，統計學亦保持顯著意義，表示第 4 個治療對總體療效的影響力不敏感。

3. 發表偏誤 (publication bias)

發表偏誤是指進行統合分析時只針對已出版的研究做整合，而忽略了未出版的研究。一般而言，將所蒐集到的期刊研究報告進行效果量的計算，其結果會高於未出版的論文、研究報告的效果量，若以這樣的樣本進行研究將會得到偏差的結果。因此，Glass 等人 (1981) 極建議將未出版的研究也納入，特別是碩士及博士論文，以便比較出版與未出版研究之間的差別。

公開文章發表，通常是正面顯著結果 (positive study) 為多數，未顯著研究占少數，所以在蒐集與所探討主題相同的研究文章時，往往會出現發表偏誤。

發表偏誤的檢測法，常見的有下列二種：

方法 1：計算安全篇數 (fail-safe N)

　　為解決「發表偏誤」問題，Rosenthal 率先提出「安全偏誤值 (fail-safe N, N_{fs})」來代表綜合 (Meta) 結果的穩定性。N_{fs} 又稱 **file drawer**，係指 Meta 分析所使用的研究樣本中，需要納入幾篇「不顯著」的研究，也就是效果量接近 0（Cohen's d_i, HR, OR = 1, RR = 1 或 Hedges's g ≈ 0），才能推翻 Meta 分析的結論（才能使得原有的平均效果量降低到使原來的 Meta 結論不成立）。即 fail-safe N 的功能是在反應 Meta 研究分析結果被推翻的可能性，通常取 p = 0.05 或 0.01（如下公式），N_{fs} 值越大，代表發表偏誤在該 Meta 分析的影響不大，越沒有發表偏誤，Meta 分析結果越穩定；反之，N_{fs} 值越小，代表該 Meta 發表偏誤越嚴重，也代表該 Meta 分析越不穩定。Rosenthal (1991) 提出的「5K + 10」係判斷門檻，其中，K 為研究論文的篇數，若計算所得的 $N_{f.s} > 5K + 10$，即 N_{fs} 夠大，則代表發表偏誤的問題並不嚴重。Rosenthal (1991) 認為最低容忍數為 $N_{fs} = 20$。

$$N_{fs_{0.05}} = (\frac{\sum_{i=1}^{K} Z_i}{1.64})^2 - K，當 \ p = 0.05 \ （Z 可能是標準化分數、Fisher's Zr）$$

$$N_{fs_{0.01}} = (\frac{\sum_{i=1}^{K} Z_i}{2.33})^2 - K，當 \ p = 001$$

　　其中，K 為研究篇數，Z 為個別研究的效果量 Z 值。

方法 2：漏斗圖 (Funnel Plot)

　　在系統性綜論 (systematic reviews) 或 Meta 分析中，可用漏斗圖來檢查是否存在發表偏誤，它假定「效果最大」的研究將遠離平均值的左 / 右方，「無效果」的研究將分散在平均的兩側 (Light & Pillemer, 1984)，從漏斗圖的變化可以呈現發表偏誤的情況。

　　早期漏斗圖，係在 X 軸上標記治療效果 (treatment effect)，在 Y 軸上標記樣本數（呈倒漏斗形的樣本數分布），小樣本之研究結果會落在圖之底部且分布較廣；大樣本之研究結果落在中間且分布較窄；因此整個圖呈 inverted funnel 狀，但事實上，統計之檢定力 (power) 與樣本數及 event of interest 皆有關，漸漸的學者們改以效果量的標準誤（即「$\frac{1}{個別權重}$」）取代「樣本數」，就像圖 1-10 所示。

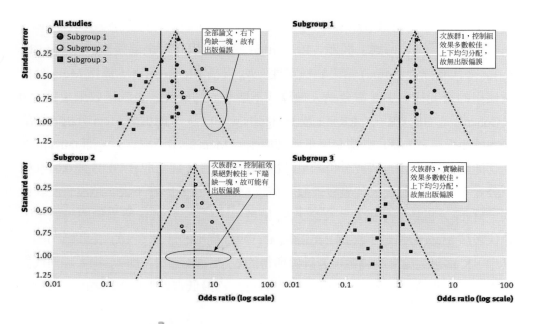

圖 1-10　漏斗圖 (funnel plot) 示意圖

　　換句話說，要診斷統合分析所選取的論文有無出版性偏差，可利用漏斗圖 (funnel) 來檢視 (Dwan, et al., 2008)。圖 1-11 是另一個漏斗圖的案例，(A) 代表沒有出版性偏差，而 (B) 則有出版性偏差。

　　有時用目測會不準，亦可改用統計方法來測定此漏斗圖 (funnel plot) 是否「非對稱性」(asymmetry)，即 linear regression test。假設依變數為 binary outcome 則迴歸公式為：

$$Y_i = \beta_0 + \beta_i X_i，下標\ i\ 為第\ i\ 篇論文$$

其中，$Y_i = \dfrac{\log_e(OR_i)}{s.e[\log_e(OR_i)]} = \dfrac{OR_i的自然對數}{OR_i自然對數的標準誤} = \log_e(OR_i) \times \sqrt{W_i}$

$X_i = \dfrac{1}{s.e[\log_e(OR_i)]} = \sqrt{W_i}$

如果截距 $\beta_0 \neq 0$，表示有發表偏誤。

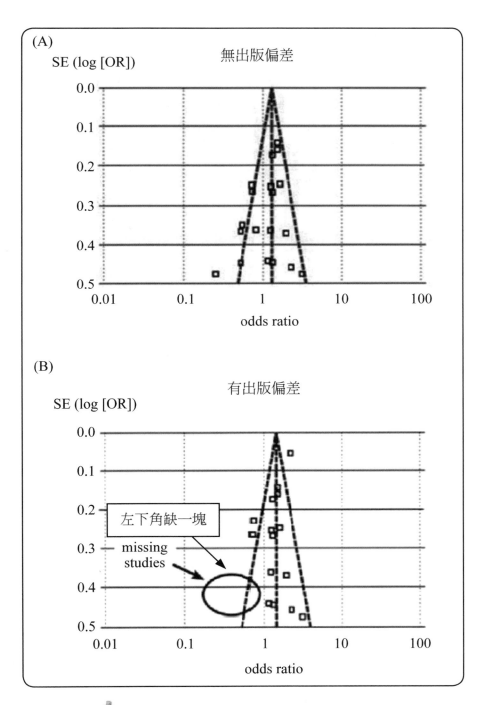

圖 1-11　(A) 無出版性偏差，(B) 有出版性偏差

Step 8：詮釋研究結果

　　醫界在詮釋統合分析結果時，對於所選取的每篇論文的品質、病人年齡分布、治療方式、給藥劑量、或追蹤長短等干擾變數／次族群，都要和其他論文比較找出這些論文的相同或相異之處。

　　統合分析雖然有許多優點，但應有專業知識為研究基礎。統計者若在沒有專業基礎下進行研究，很容易造成搜尋偏差、選文偏差、異質性結果的整合困難等問題，而所做出的結果勢必無法說服他人。

 ## 1-4 統合分析 (Meta-analysis) 的優缺點

Meta 分析的特性

　　Glass、McGaw 與 Smith (1981) 歸納 Meta 分析特性有三（王姵方，2020）：

1. Meta 分析是量化的。

　　Meta 分析是以統計方式統合與分析眾多相同變數的實徵研究，因此係屬量化方法。

2. Meta 分析不以品質來預判研究發現。

　　某些樣本文獻被認為研究法有缺失，例如：研究設計欠佳、測量工具不良，以及研究對象、研究程序、研究工具種類太過繁複等，因此通常會被主觀地捨棄。但 Cooper (2010) 認為 Meta 分析不可因研究品質而對研究發現預做主觀的判定。Meta 分析可加以探討「有瑕疵的研究法」其與「研究發現」之間的關聯性，此為 Meta 分析與其他統合原始文獻研究法之最大差異。

3. Meta 分析旨在尋求一般性總結論。

　　Meta 分析是將各自獨立的原始樣本文獻的研究結果彙整找出統合的結論。

1-4-1 統合分析之優點

　　為何要採用統合分析，主要目的是要將傳統敘述性的文獻回顧提升到科學研究法的層次，藉由客觀的方式整理相關研究資料，針對相關或相同的假設、實證性研究，加以整合進行統計分析 (Light & Pillemer, 1984)。

　　採用統合分析研究的優點，主要是可以藉由客觀的方式整理相關研究資料，

以了解在不同時期研究的主題其發展趨勢，同時分析研究主題所著重之觀點，並了解可能的主要研究族群，進而鉅觀地觀察研究成果的差異性 (Beck, 1999)。

綜合各家學者的看法，統合分析的優點包括：

1. 藉由統合分析，可增強統計的檢定力、解釋力及推論性 (Conn & Armer, 1996)，研究重點在探究效果值的大小 (Wolf, 1986)。

2. 提升整合研究的品質，並提高研究結論的效度，更具系統結構性及明確性 (Lipsey & Wilson, 2001)、統合分析可處理大量的研究報告，檢視更多的研究變數 (Beck, 1999)、也可彌補許多小型研究樣本數不足的限制並提供較有證據性的次群組分析。

3. 單一研究的效果無論是正面、負面、高顯著或不顯著都會被列入分析考慮，參加效果的總評，故可避免選擇偏頗的問題。

4. Meta 分析可避免重複執行曾經做過的研究，可釐清先前諸多研究中較敏感的結果指標，可讓研究者發現過去研究不足之處，有助於尋找中介變數、發掘單一研究無法洞悉的趨勢，及規劃未來新研究的方向。因此許多國家鼓勵研究者在進行其資助的研究前，先對已有的文獻做 Meta 分析（王姵方，2020）。

5. 客觀評估證據：Meta 分析運用科學化、系統化、客觀化的操作方式及明確的公式，故可降低研究的主觀性。在處理各個研究結果不一致的狀況時，更能彰顯此優點。

6. 可以減少假陰性（false negative，疾病組誤判為健康者）結果的可能性。

7. 可辨識諸多研究效果間的異質性，異質性可透下列兩種方式及其對應的程序來體現：

   (1)臨床異質性：需要根據臨床依據進行評估。

   (2)方法的異質性：需要統計量化。在這種情況下，null 假設是主要研究之間存在異質性。因此，拒絕 H_0 意味著在這些研究中有足夠的同質性（通常 p <0.10 是可以接受的）。統計檢定的局限性在於，在 n 較小且幾項基礎研究很少的基礎研究中，它們檢定統計顯著同質性的能力會減弱。

8. 避免了 Simpson's 的悖論 (paradox)：即在某個條件下的兩組數據，分別討論時都會滿足某種性質，可是一旦合併考慮，卻可能導致相反的結論。

9. 統合分析可澄清及協助解決研究結果或臨床處置之間的不確定性，或相互矛

盾的情形，提供進一步研究的方向 (Harrison, 1996)。

10.節省研究成本、提高研究效益 (Harrison, 1996)。不用重做 primary 研究，只須系統性綜論往昔文獻，再經單位變換為效果量，即可獲得非常有說服力的結論。

對醫學而言，統合分析的優點，包括（臺北榮總，2013）：

(一) 統合分析可彌補許多小型研究不足的某些限制

小型研究為人所詬病的就是樣本數目不足，沒有足夠的檢定力 (power) 來檢測醫界兩種治療方法的真實差異。公式：power $= 1 - \beta$，β 為型 II 誤差。

醫界，早期有幾例較有名的統合分析研究，包括：(1)beta-blockers 對於心肌梗塞的二度預防效果研究 (Yusuf, et al.,1985)。(2)steroid 對於胎兒肺成熟度的影響 (Crowley, 1999)。(3)adjuvant tamoxifen 對乳癌的影響 (Early Breast Cancer Trialists' Collaboration Group, 1988)。這三個主題都是統合了幾篇相關的小型研究，而使相關醫學爭議獲得統合性的一致結論，進而化解正反雙方紛爭。統合分析的發展，也使西方醫學由教授的威權式個人的經驗傳承，進步到由較客觀公正的統計方法，來針對特定醫學議題進行統合分析，由於分析的結果較客觀也較公正，因此也較經得起考驗，也較有機會在不同的醫院或國家傳播研究的結果，年輕醫師也可以藉由公正客觀的分析獲得某特定醫學議題的統合分析結果的知識。

(二) 系統性綜論(systemic reviews)和統合分析可以點出具有爭議性的醫學題目

例如：傳統醫界在腸道手術後一般認為應該禁食，但是隨後的統合分析卻發現禁食有可能帶來較多缺點，因此，這篇統合分析的結論建議針對此議題進行一個大規模 (large scale) 研究，才能解決其爭議性 (Lewis, et al., 2001)。

(三) 統合分析可提供較有證據性的次群組分析(subgroup analysis)

次群組分析也就是將欲選取的論文，找出具有明顯的 category 差別的變數，按照此干擾 (moderate) 變數的 level 分別做統合分析。因此 CMA、Stata、RevMan 等軟體就可能產生兩個或三個的森林圖。

次群組分析也是敏感性分析 (sensitivity test) 之一。敏感度分析主要的目的是將某些不合適的論文（例如：壁報或品質差的論文）刪除後，看看剩餘論文的

合併效果是否會因此更改，藉以測試綜合性效果的穩定度。如果某篇論文被刪除後，造成剩餘論文的綜合性效果明顯改變，那麼就應該在論文的討論部分說明此篇論文對於整體綜合性效果的重要性。例如：醫界某一針對 tamoxifen 對於可手術性乳癌的 55 個研究做統合分析，結果發現 tamoxifen 對於 estrogen 接受體陰性的病人而言，是不具有效益的，但這篇分析對統合研究的貢獻，係影響到日後的乳癌病理檢驗必須分別提供「estrogen 接受體」和「progesterone 接受體」的免疫染色報告 (Early Breast Cancer Trialists' Collaboration Group, 1991)。

1-4-2 統合分析的缺失

統合分析將不同的測量尺度、研究方法，以及研究設計所得到的研究發現組合在一起，就好像是把蘋果和橘子混在一起。故須要有一共同比較基準點，稱爲「單位變換之效果量」。

一、統合分析的盲點

自統合分析發展以來，有其盲點，一直受到某些學者的批判，故研究者亦要注意以下四方面疑慮，分述如下：

1. 操作上的問題：統合分析的主要考量是整合的資料是否具有代表性，相關的研究數量不足時，統合分析的外在效度將受到質疑，不宜做統合分析。許多出版公佈的研究結果多是經過選擇修飾的，亦即許多學術研究可能未達統計顯著性而未被選中公布，可能都留在原作者的抽屜中，此現象被稱爲「文雁問題」(file drawer problem)。如果統合分析只針對發表的文章，則可能只看到事實的一部分，造成嚴重的偏差，因此在進行資料蒐集的過程中，除了數量要足夠外，應盡力尋找相關未發表的文獻，如學位論文、研討會、組織機構的研究報告、會議記錄等，使研究結果更完整 (Onyskiw, 1996)。

2. 分析上的問題：有些學者認爲統合分析法將品質好與不好的研究共同整合，會造成品質的降低，其整合結果不具解釋力。多數學者傾向於納入統合分析的文獻需具有一定程度的品質，且樣本數越多者（研究品質越好）其加權越大，這是因品質較差的研究，將會影響到分析結果 (Beck, 1999; Conn & Armer, 1994; Onyskiw, 1996)。

3. 概念上的問題：統合分析法最被爭議的問題是「蘋果與橘子的比較」(apples

and oranges issue)，由於各個不同研究的自變數、依變數或收樣地點均不同，將一群相似變數卻不同理論及操作性定義混合一起分析時，其統合分析結果必定遭受質疑，故須「單位轉換」當比較的基準點。由於變數不同必然無法統合，即使變數名稱相同，概念意義也未必一樣，因此盡可能選擇相同概念或相似理論的研究變數，以免把橘子當成了蘋果 (Onyskiw, 1996; Theis & Johnson, 1995)。

4. 其他統合分析的問題：研究者可能因未參與實際研究，而無法深入了解實際研究情況，或對某些研究內容解讀偏差，造成統合分析結果上的誤差 (Beck, 1999)。

二、統合分析的缺點

缺點 1：Glass、McGaw 與 Smith (1981) 認為 Meta 分析會產生「出版偏差 (publication bias)」問題。意即由於原始文獻的研究結果若是呈現統計上顯著性，則比較會被期刊接受而出版；研究結果若是呈現不顯著，則很可能不會被出版。Meta 分析所蒐集的原始文獻大多是已出版文獻，所以其所彙整之結論會有偏差 (Dickersin, Chan, Chalmersx, Sacks, & Smith, 1987)。

補救措施：例如：Slavin (1995) 認為部分未出版的博士論文的品質可能比某些劣質期刊文獻的品質好。因此 Meta 分析蒐集的原始文獻除了期刊文獻之外，尚可考慮納入博碩士論文、學術會議或專業會議所發表的文章、政府機關或研究機構的報告，甚至直接向相關領域的專家索取未發表論文等。

缺點 2：Sharpe (1997) 認為 Meta 分析可能會產生「蘋果與橘子 (apple and oranges)」問題，即Meta 分析彙整諸多不同的原始文獻，這些文獻研究假設不同、研究設計不同、研究法不同、樣本數不同，彷彿將一堆蘋果與橘子混合起一起彙整，因此缺乏說服力。

反駁說明：Meta 分析彙整諸多不同的原始文獻時，並非直接加總各個研究結果的統計量，而是經由轉換為適當的效果量再進行彙整。因此可譬喻是一堆不同品種的蘋果混合起一起彙整（王姵方，2020）。

缺點 3：Cheung 與 Chan (2004) 認為 Meta 分析的權重若分配不當，則會導致彙整的結果數據偏移，造成偏誤。

補救措施：Meta 分析彙整諸多不同的原始文獻時，有固定效果模式及隨機效果模式兩種模式可選擇，此二者權重之分配方式不同。固定效果模式分配給各個文獻的權重大小差距較懸殊，隨機效果模式分配給各個文獻的權重大小差距較均衡。若各個原始文獻之間的異質性高，則選擇隨機效果模式（王姵方，2020）。

三、統合分析的潛在缺點

一般而言，Meta 分析常見的缺點，包括：

1. 不同人口變數、方法、結果、品質都會造成異質性。
2. 研究選擇問題（選有顯著，不發表無顯著）和研究數據可能會產生偏誤(bias)。
3. 使用 summary 數據而非 individual 數據。
4. 包含或排除個別論文的準則可能不夠詳細。
5. 發表偏誤（因很多負面研究都未發表）。

在醫界，統合分析也有其潛在的缺點，包括：

(一) 統合分析的研究結果絕非是完全值得信賴的

有很多的統合分析忽略了偏差 (bias) 的存在。由於統合分析的分析絕非盡善盡美，因此也有許多研究指出統合分析的缺失。如圖 1-12 的統合分析，顯示尚未發表研究結果會低估約 10% 的治療效果；而非英語系的論文會高估約 12% 的治療效果；而非 medline index 的論文則會高估約 5% 的治療效果。

所以，如果 Meta 論文篇數夠多，你可分割原始資料的方式：即以「是否為發表的論文」、「是否為英文論文」、「是否為 medline 指數」三者當干擾變數，case by case 細分各干擾變數的加入（即分割原始資料）；其影響總平均療效的正負「方向」，若方向有改變，表示此干擾變數是不可漠視的情境因素。此時，干擾變數就須納入權變管理之考量因素。

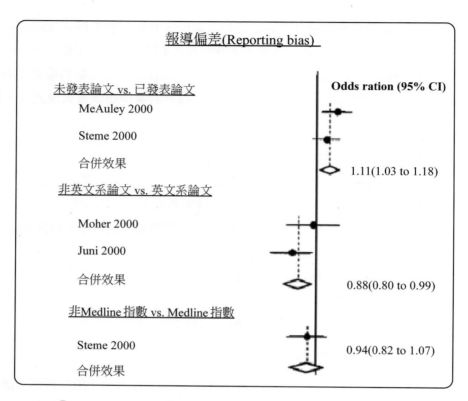

圖1-12　統合分析的報導偏差的影響（臺北榮總，2013）

干擾變數（次族群）的另一例子，如圖1-13所示：(1)如果所列入的論文含有不足夠或不明的治療分派保密 (concealment of allocation) 時，則會高估30%的治療效果；(2)而沒有雙盲的研究會比有雙盲的研究高估了15%的治療效果。

(二)統合分析結果有可能和隨機分派研究(randomized controlled trials, RCT)的結果相牴觸

統合分析和隨機分派的結果相牴觸時有所聞。醫界最有名的例子，就是「鎂離子對於心肌梗塞」的研究，統合分析指出了鎂離子是有效性 (Teo, et al.,1991)，然而，隨後的大型 Fourth International Study of Infarct Survival (ISIS-4) 卻發現鎂離子是無效的 (Collaborative Group, 1988)。當遇到統合分析和隨機分派結果相牴觸時，我們必須花時間去找出兩者間的研究差異性。隨後的探討發現 ISIS-4 的鎂離子「灌注時機」和統合分析的鎂離子「灌注方法」是不同的。

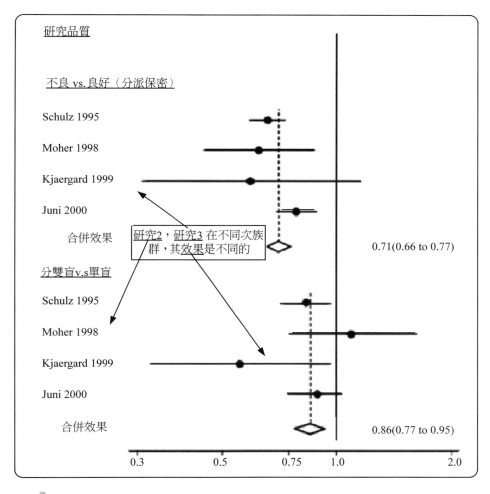

研究品質

不良 vs.良好（分派保密）

Schulz 1995

Moher 1998

Kjaergard 1999

Juni 2000

合併效果　　　　研究2，研究3 在不同次族　　　　　0.71(0.66 to 0.77)
　　　　　　　　群，其效果是不同的

分雙盲v.s單盲

Schulz 1995

Moher 1998

Kjaergard 1999

Juni 2000

合併效果　　　　　　　　　　　　　　　　　0.86(0.77 to 0.95)

0.3　　0.5　　0.75　1.0　　　　2.0

📖圖 1-13　統合分析的研究品質對分析結果的影響（臺北榮總，2013）

　　另外一個重要的概念，就是僅由單一一個隨機分派研究的結果來下結論是一種比較危險的行為，萬一這個結果有隨機誤差時 (error by chance)，我們就有可能對某個醫學議題造成誤判；相對的，統合分析可以提供較客觀的整合分析結果，對於不合適的研究我們也可藉由敏感性分析將其剔除，而使分析結果更正確。圖 1-14 指出了統合分析和隨機分派研究為何有時會有不同的結果，原因就是在於隨機分派研究之間會有異質性的存在，在做統合分析有可能會讓特定族群過度呈現 (over-presented)。

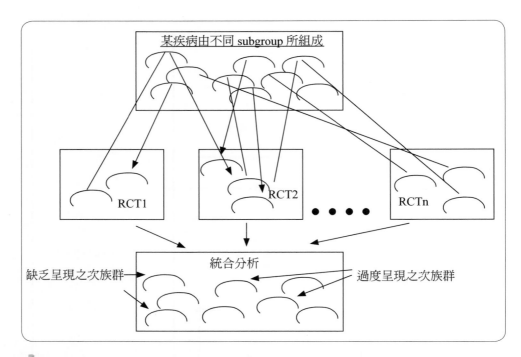

圖 1-14　統合分析和隨機分派研究論文結果牴觸的可能原因：某些特定族群被過度呈現 (over-presented)

來源：臺北榮總（2013）

1-4-3 統合分析的改進方法

　　Meta 分析就是研究不同人的研究結果；也就是蒐集相同主題的初級研究資料，以進行次級研究分析。Meta 分析的核心理念是：「既然個別的初級研究，無法找出令人信服的結論，那麼就把大量相關的初級研究放在一起，進一步進行統計分析，從而找出較令人信服的結論」。

　　沒有一種研究法是完美無瑕的，當然，Meta 分析也不例外。但是重點在於研究者如何取長補短。

　　Glass 等人 (1981) 就一般學者的批評，分述以下四點：

1. 無相同標準、樣本不同、程序不同、工具不同的研究數據，不應該放在一起計算；

2. 研究品質好壞摻雜，有鼓勵低品質研究的產生；

3. 研究文獻有出版偏差的問題；

4. 資料不獨立問題，亦即可能將一個研究的多項結果當作獨立的研究結果來分析 (Onyskiw, 1996; Theis & Johnson, 1995; Beck, 1999; Conn & Armer, 1994)，作了澄清及改進方法，茲分述如下表：

● 表 1-2　Meta 分析法相關缺失與改進方法 (Glass et al., 1981)

Meta缺失及批評	定性改進方法	定量改進方法
1. 各研究間無相同標準，樣本不同、程序不同、工具不同。因此這些測得數據不應放在一起計算。	Meta分析就是要解決因各種不同標準所產生的誤差或結果，探究變數間真正的關係。因此如研究各種條件皆相同的話，就不需要Meta分析了，因為理想上除了誤差以外，應該都會有一樣的結果。	使用同質性Q檢定，如發現研究間異質，則需先找出可能的中介變數，不可放在一起分析。 $$Q = \sum_{i=1}^{k} \frac{(d_i - d_u)^2}{\sigma_{(d_i)}^2}$$ $Q \sim \chi^2$分配。
2. 研究品質好壞不分，有鼓勵低品質研究的產生。	(1) 研究品質和分析結果並無相關存在。 (2) 可將研究品質當成干擾變數，順便探討其和效果量大小間的關係。 (3) 將研究品質（與樣本數成正比）作為計算效果量的加權依據。	針對各研究的結果進行加權。 (1) Stouffer組合檢定法 $$Z_c = \frac{\sum df_i \times Z_i}{\sqrt{\sum df_i^2}}$$ (2) 可以各研究變異數的倒數、自由度、樣本數為加權量。
3. 發表偏誤 (publication bios) 問題。有可能因為蒐集到的已出版研究做Meta分析，導致忽略了未出版的研究。而出版與未出版之間可能有存在著系統性的差異。	盡可能蒐集未出版之研究報告。	1. 計算fail-safe N： $$N_{f.s0.5} = \left(\frac{\sum_{i=1}^{k} Z_i}{1.645}\right)^2 - K$$ 此值越大，表示越可忽略發表偏誤；此值越小，表示發表偏誤越嚴重。為何選1.645？因為Z = 1.645，其標準常態分配之機率值為0.95。 2. 或直接刪除偏離值(outlier)的論文，再重做Meta。

Meta缺失及批評	定性改進方法	定量改進方法
4. 資料不獨立問題，亦即可能將一個研究的多項結果當作獨立的研究結果來分析。	如果單一研究的多項結果來自對依變數很相似的定義，則可以將他們合併。否則最好根據依變數的定義，分開實施統合分析。	無，只能定性處理。

　　統合分析將不同的測量尺度、研究方法，以及研究設計所得到的研究發現組合在一起，就好像是把蘋果和橘子混在一起，一定要有「統計面之比較基準的單位」，例如：每篇論文的統計摘要表都轉換成「相關 Pearson r 或 Fisher' Zr 值、Cohen's d、Hedges' g、Odds ratio」。

　　Hedges (1981, 1982a, 1982b) 以及 Hedges 與 Olkin (1983, 1985) 已經將 Glass (1997) 原先的方法做了衍生，並提出一套新的技巧及統計檢定，特別改善下列統合分析所受的批判：

1. 哪些變數需要加以編碼？編碼的過程為何？如何將已經編碼過的資料予以組織起來？

2. 當在計算效果量 (ES) 的時候，該以哪一個變數來做為標準差？主流的做法，是以「df 或樣本數，標準誤」當權重。

3. 由於樣本的效果量 (ES) 是母群體效果量 (ES) 的一個偏差估計值，該如何校正這個偏差呢？若同質則採固定效果模型；反之則採隨機效果模型來估計平均效果量。

4. 需要根據樣本數大小來對效果量 (ES) 做加權處理嗎？Rosenthal 的建議是要的。

5. 所有樣本的效果量 (ES) 都是來自於同一個母群體的效果量 (ES) 嗎？故須異質性 Q 檢定來判定。

6. 哪些統計方法對分析效果量 (ES) 來說是適當的？基本上，不論是二分類別變數、連續變數 (t、F)、已知效果量 (Cohen's d, Hedges' g)、或 r 族系等變數，都適合做 Meta 分析，

7. 如果一個樣本的效果量 (ES) 包含了離群值，該如何將它找出來？利用森林圖之 95%CI 即可發現：那個個別研究是偏離值 (outlier)。

統合分析缺點的改善，有下列方法：

(一) 哪些變數需要編碼？

想要在選擇編碼項目和發展編碼計畫，對於你要進行統合分析的相關理論與實證文獻要有所了解。

有時候特定的資訊必須加以保留，舉例來說，如果每個研究之參與者平均年齡是很重要的話，則可將這個平均年齡列入編碼。

(二) 選擇效果量(ES)的標準差

當使用效果量 (ES) 來比較實驗組和控制組，但這兩組的變異數不相等時，就利用控制組的標準差來計算所有研究的效果量 (ES)，易有偏差。故我們建議用 Hedges(1981) 合併 (spooled) 兩組的變異數來當估計值，公式如下：

$$以\ S_{pooled} = \sqrt{\frac{(N_E-1)^2 S_E^2 + (N_C-1)^2 S_C^2}{N_E + N_C - 2}}\ ,\ 代入\ g_i = \frac{M_E - M_C}{S_{pooled}}\ 效果量公式$$

其中，N_E：實驗組的樣本數（第一組）

$\quad\quad N_C$：控制組的樣本數（第二組）

$\quad\quad S_E^2$：實驗組的變異數（第一組）

$\quad\quad S_C^2$：控制組的變異數（第二組）

(三) 計算受試者內實驗設計的效果量(ES)

由於研究者常要計算受試者內實驗設計 (within-subjects design) 的效果量 (ES)，這種實驗設計通常是比較前測與後測的差異，來考驗一個實驗處理的效果（例如：實驗組）。計算這個效果量 (ES) 的適當公式，就是使用前測的標準差，對於未經過實驗處理的變異數而言，這是避免將前測和後測的平均值之差異予以標準化之最佳代表方式。

(四) 使用效果量(ES)作爲實驗處理效果的估計值

Hedges(1981) 指出，小樣本的效果量一定會有偏差的，但是當樣本數 N 超過 20 的時候，偏差就會降至 20%，或甚至更低。爲了得到一個眞正的效果量不偏估計值，可以將效果量乘以下列公式中的校正係數 (correction factor, C)：

$$C = 1 - \frac{3}{4N-9} \text{，即 Hedges's } d_i \cong \left(1 - \frac{3}{4(n_E + n_C)-9}\right) \times g_i$$

每一個效果量 (ES) 在被平均或是進一步分析之前，都應該加以校正。如果每一個效果量 (ES) 在被平均之前沒有加以校正的話，那麼即使是由很多的效果量加以平均，仍然是有偏差的，因爲它只是對於一個不正確的數值，加以更精確地計算而已。

Hedges (1981) 指出，效果量 (ES) 的變異數，可以直接由下列公式計算出來：

$$Var(ES_i) = \frac{N_E + N_C}{N_E N_C} + \frac{ES_i^2}{2(N_E + N_C)} \text{，即 } \hat{\sigma}^2(d_i) = \frac{n_E + n_C}{n_E n_C} + \frac{d_i^2}{2(n_E + n_C)}$$

其中，N_E：實驗組的樣本數（第一組）

$\quad N_C$：控制組的樣本數（第二組）

$\quad ES_i$：論文第 i 篇之效果量 (ES)

(五) 異質性Q檢定

異質性 Q 檢定 (Q test)，是特別設計來考驗虛無假設 H_0：

$$H_0 : ES_1 = ES_2 = \cdots = ES_i$$

這個虛無假設的意思是說：所有個別的效果量都是來自於有同樣效果量的一個母群體。

使用異質性 Q 檢定來進行定量改進，事先找出可能的中介變數或將所有文獻所有參與者的資料切割成次群體 (subgroup)，進行次群體間的比較，但不將無相同標準、樣本不同、程序不同、工具不同的研究放在一起分析。

(六) 變異數分析與Meta迴歸

目的是用來檢驗效果量之解釋模型 (explanatory model) 的方法。

(七) 離群值(outlier)的考驗

在迴歸模型中，偏離平均值太大的效果量，可以藉由檢查迴歸方程式的殘差 (residual) 加以分辨出來，而殘差的絕對值則可以透過減去平均值再除以標準差的方式，予以標準化成爲 z 分數。

經過將殘差標準化之後的效果量，如果它的值大於 2，通常會被認爲是具有偏離平均值太多的潛在可能性，因爲它們已超出 95% 的常態分配範圍。

(八) 研究在發表時產生的偏誤

Hedges 與 Olkin(1985) 提出一種技術，用來估計有多少篇未發表的研究，且其研究結果爲研究變數之間並無顯著影響或效果存在；意即應該要將這些研究的效果量平均值減低到不具重要性才對。

$$K_0 = \frac{K(d_{\overline{ES}} - d_{ES\_trivial})}{d_{ES\_trivial}}$$

其中，K_0：需將效果量 (ES) 降低的研究篇數。

$\quad K$：使用統合分析的研究篇數。

$\quad d_{\overline{ES}}$：在統合分析研究中，所有效果量 (ES) 的平均值。

$\quad d_{ES\_trivial}$：沒有達到顯著差異水準的效果量 (ES) 估計值。

小結

Meta 分析是一種可以將極大數量的研究，歸納簡化爲一種基礎原理、原則的工具。進行統合分析研究時，有許多注意事項必須加以考量，例如：選擇標準差以計算效果量 (ES)、樣本偏差的效果量之加權、離群值考驗，與分析過程中所需使用的統計步驟等都是需要不斷加以改善的。

量性品質評析包含五項目的，一是作爲篩選文章時的最低標準，二是文獻品質的差異性，可用來解釋研究結果所產生的異質性，三是作爲統合分析時加權之參考依據，四是可成爲輔助研究結果參考價值之強度，最後是爲未來研究設計的建議。

1-4-4 研究品質評分表

爲了要確保統合分析研究者所採用的整合結果係建立在一定品質水準之實徵研究結果上，就必須仰賴研究品質評估程序，以維持所蒐集實徵研究的效度。Guyatt, Oxman, Kunz, Brozek, Alonso-Coello 與 Rind 等人 (2011) 提出只著重研究設計的證據等級 (level of evidence)，雖可以避免一些偏誤風險 (risk of bias) 問題，但是同時評比研究設計、執行過程與結果評估，才能充分反映至證據品質。如此

一來證據品質才可以結合建議強度，直接應用於決策。

依據上述觀點，並考量納入本文中的文獻研究方法，皆為問卷調查法，而非隨機控制之實徵研究類型，故採用 Brown (1991) 提出的研究品質評分 (research quality scoring method) 的六項主要評估準則之主要變量分別是「研究設計」、「研究樣本的選擇及專一性」、「研究方法教育性的描述」（是否可以讓研究者複製介入方法）、「研究樣本狀況的專一性」、「建立成效評估的定義」，以及「成效評估」，以上符合一項評估項，得分 1 分，共 6 分。

另外，本研究增列一項「研究樣本數量」為文獻量性品質評分標準，目的是為了避免因篩選抽樣樣本之數量不足，而造成取樣偏差。本研究的篩選使用的文獻都是採用抽樣調查，即研究者抽取部分樣本的資料進行統計分析，再透過抽取的樣本以統計方法推論母群體的情況。為確保抽取的樣本具備足夠的樣本代表性，根據研究設計中的「抽樣方法」、「選取樣本數」、「信賴水準」(confidence level) 和「抽樣誤差」(confidence interval) 作為判斷樣本代表性之原則。評估所篩選的文獻抽取樣本大小是否足夠的標準有四項，符合一項，得分 1 分，共 4 分。

第一是根據「研究對象的範圍」來判定 Sudman (1976) 建議研究對象的範圍若是全國性的研究，抽取樣本數量為 1,500~2,500 人；若是地區性研究，則抽取樣本數量為 500~1,000 人較為適宜。

第二，是根據「預試問卷之題目數量」來判定。多位學者建議預試問卷樣本人數應為預試題目最多分量表題目 3～5 倍或 5～10 倍的數量（Tinsley & Tinsley, 1987; Comrey, 1988; 吳明隆與涂金堂，2012）。

第三，依據所篩選文獻使用的「敘述性統計分析」作為判定標準。樣本數通常會占母群體的 10%，若母群體較小，則抽選的樣本數需提高至母群體的 20% (Gay, 1992)。

第四，考量「信賴水準」(confidence level) 和「抽樣誤差」(confidence interval)。多數研究的信賴水準設定為 95% 或 99%，抽樣誤差設定為正負 3% 之間，研究者再藉由文獻提供的母群體人數，計算出其抽取的樣本數大小是否足夠。

綜上所述，本研究之評析結果僅用來了解各個研究樣本的品質並用以輔佐解釋研究結果如何作為參考價值之強度，並不作為此次統合分析加權分數

(weighting) 之參考。本文量性品質評分標準包含研究設計、執行過程（研究樣本的選擇及專一性、研究方法教育性的描述、研究樣本狀況的專一性）、結果（建立成效評估的定義、成效評估），以及樣本代表性（抽樣方法、選取樣本數、信賴水準及抽樣誤差）為評分依據，共十個主要變量，每符合一項得分 1 分，共 10 分，如表 3-1 所示。

 ## 1-5 著名 Meta 軟體

1-5-1 Comprehensive Meta-analysis 軟體

Comprehensive Meta-Analysis (CMA) 是一套操作介面容易，又非常強大足以滿足您所有研究需要的分析套裝軟體 (http://www.meta-analysis.com)。

Meta 分析是結合來自多項研究的數據統計程序。當治療效果（效果量，effect size）的研究是一致時，Meta 分析可以用來識別當前普遍的影響，從一項研究中至下一項的效果變化，Meta 分析可被用來確定變化的原因。

一、CMA之綜合分析的特色

1. 採用電子表格界面，亦可分開鍵入 實驗組 vs. 控制組的「次群樣本 (subsets data)」。
2. 自動計算實驗處理（治療）效果（即「勝算比 (Odds ratio)」效果量）。如圖 1-17。
3. 一個單一的點擊創建一個高解析度的森林圖 (forest plot)。Meta 分析常以森林圖做總結 (95%CI, p-value)。
4. 執行累積 Meta 分析。
5. 可進行敏感性分析 (Sensitivity analysis)。
6. 評估發表偏誤 (publication bias) 的潛在影響。
7. 於數據中進行「多群組 subsets data」分析。CMA 畫面有「Select by」按鈕。
8. 提供固定效果 vs. 隨機效果讓你選擇。

1. Comprehensive Meta-Analysis 軟體的簡介，你可前往網址：
   http://www.meta-analysis.com/pages/comprehensive_meta-analysis_tour.php
2. Comprehensive Meta-Analysis 軟體的線上教學網址：
   http://www.meta-analysis.com/pages/videotutorials.php?gclid=CNPa24KQjLsCFQHKpAodNHYAmA

你可在速算表的左半之白色區，「直接」鍵入「眾多個別研究」data，或從其他軟體「import」data。

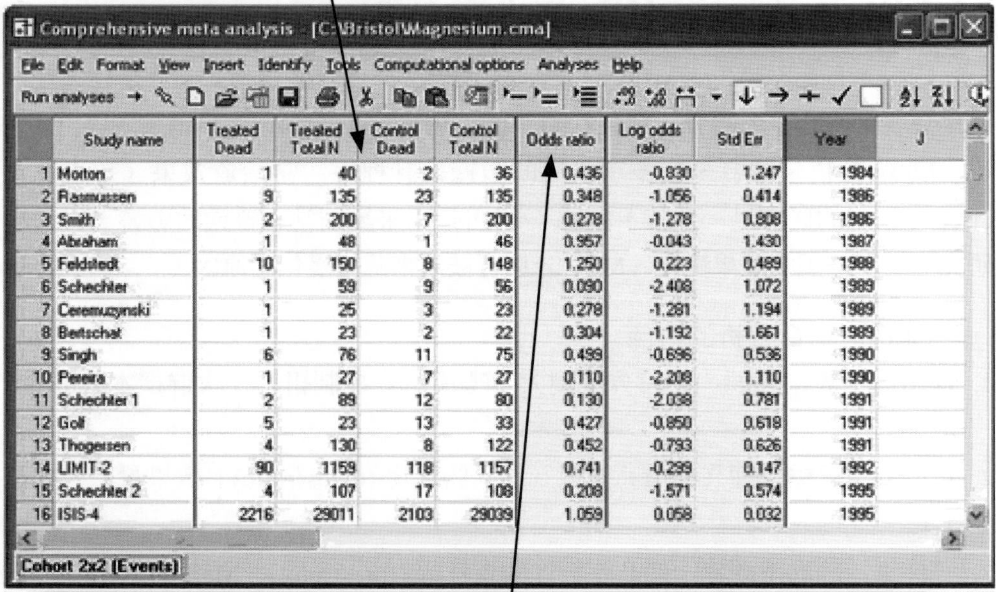

	Study name	Treated Dead	Treated Total N	Control Dead	Control Total N	Odds ratio	Log odds ratio	Std Err	Year	J
1	Morton	1	40	2	36	0.436	-0.830	1.247	1984	
2	Rasmussen	9	135	23	135	0.348	-1.056	0.414	1986	
3	Smith	2	200	7	200	0.278	-1.278	0.808	1986	
4	Abraham	1	48	1	46	0.957	-0.043	1.430	1987	
5	Feldstedt	10	150	8	148	1.250	0.223	0.489	1988	
6	Schechter	1	59	9	56	0.090	-2.408	1.072	1989	
7	Ceremuzynski	1	25	3	23	0.278	-1.281	1.194	1989	
8	Bertschat	1	23	2	22	0.304	-1.192	1.661	1989	
9	Singh	6	76	11	75	0.499	-0.696	0.536	1990	
10	Pereira	1	27	7	27	0.110	-2.208	1.110	1990	
11	Schechter 1	2	89	12	80	0.130	-2.038	0.781	1991	
12	Golf	5	23	13	33	0.427	-0.850	0.618	1991	
13	Thogersen	4	130	8	122	0.452	-0.793	0.626	1991	
14	LIMIT-2	90	1159	118	1157	0.741	-0.299	0.147	1992	
15	Schechter 2	4	107	17	108	0.208	-1.571	0.574	1995	
16	ISIS-4	2216	29011	2103	29039	1.059	0.058	0.032	1995	

速算表的右半之白色區，CMA會顯示「眾多個別研究」之二種勝算比(odds ratio) 效果量。

圖 1-15　Comprehensive Meta-analysis 輸入 data 後之速算表介面

你可在速算表的左半之白色區，「直接」鍵入「眾多個別研究」中，已有多重結果(multiple outcomes)之data。

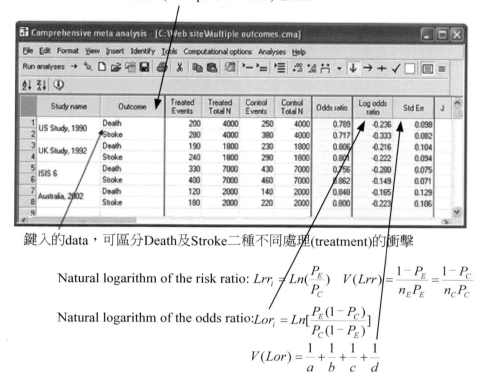

鍵入的data，可區分Death及Stroke二種不同處理(treatment)的衝擊

Natural logarithm of the risk ratio: $Lrr_i = Ln(\dfrac{P_E}{P_C})$　$V(Lrr) = \dfrac{1-P_E}{n_E P_E} = \dfrac{1-P_C}{n_C P_C}$

Natural logarithm of the odds ratio: $Lor_i = Ln[\dfrac{P_E(1-P_C)}{P_C(1-P_E)}]$

$$V(Lor) = \frac{1}{a} + \frac{1}{b} + \frac{1}{c} + \frac{1}{d}$$

圖 1-16　Comprehensive Meta-analysis 之分析報表

詳情請見作者另一本書《Meta 分析：使用 Excel 與 CMA 程式》的操作。

1-5-2 Stata 軟體

Stata 軟體 (www.stata.com) 功能強大且多元化，如圖 1-18 所示。

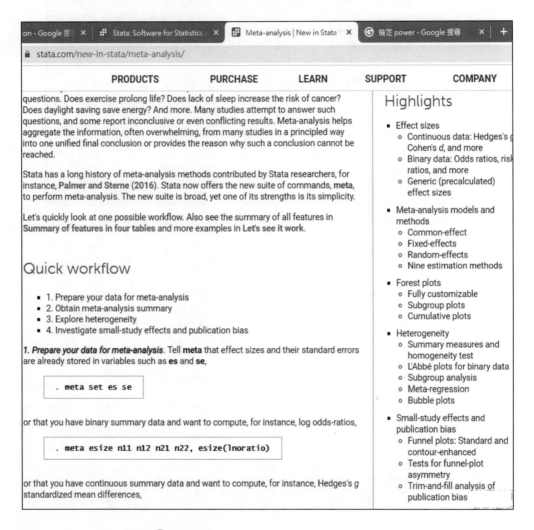

▎圖 1-18　Stata 網站 (www.stata.com)

1-6 type Ⅰ、type Ⅱ error 及 power

一、與統計檢定力(power)有關的四個數量

1. Alpha (α)：在原假設成立時拒絕原假設的可能性；通常 Type I error 設為 0.05.

2. 統計力 (power) = 1 − β：在某種效果確實存在的情況下，檢測到效果 (detecting an effect) 的機率；尋求（進行先驗 power 分析時）或觀察（收集數據後）

3. 效果量 (effect size)：定量測量現象的大小；估計（進行 priori power 分析時）或觀察（收集數據後)。

4. N：參加基礎研究或該研究需要的受試者 / 參與者 / 觀察數。

　　故求 power 時，需要知道或估計；以上 4 個數量中某 3 個，然後軟體將為您計算第 4 個數量。power 分析的範例，請見《Stata 與高等統計分析的應用》一書。

1. 保持 α 和效果量不變：隨著 N 的增加，power 會增加。

2. 保持 α 和 power 恆定：隨著效果量的增加，N 會減小。

3. 保持 α 和 N 不變：隨著效果量的增加，發現具有統計顯著 (statistically-significant) 效果的機率也會增加。

　　顯著水準 (Type I error-α rate)、統計檢定力 (power)、樣本人數與母群的效果量 (effect size) 是四個相互關聯的統計參數，其中任何一個都可以視為其他三個的函數；也就是說，其中三個如果決定了，第四個也就被決定了 (Cohen, 1977)。簡單來說，顯著水準可視為拒絕虛無假設 (null hypothesis) 時所可能犯的誤差率，統計檢定力可視為正確拒絕虛無假設的機率，而母群的效果量可視為研究者所希望偵測出來的、存在母群體中的真正效果或相關。當其他兩個條件保持恆定時：(1) 顯著水準定的越嚴格，統計檢定力就越低；(2) 樣本人數越少時，統計檢定力就越低；(3) 母群效果量越小時，越不容易被偵測到，統計檢定力也就越低。很多研究者都知道，如果想要偵測到一個不太大但真正存在母群體的效果或相關，則樣本人數不能太少，否則研究結果很難有顯著的機會。

　　檢定進行時，除了可探測結果之顯著性，相對存在一定的風險，即可能發生誤差的機會；常態分布是一個連續性的機率分布，檢測時所設之可信賴區間，以外之部分即為發生誤差之機率。根據檢定之前提與結果正確與否，可產生兩種不同之誤差情況，分別在型 I 誤差及型 II 誤差（下圖）。

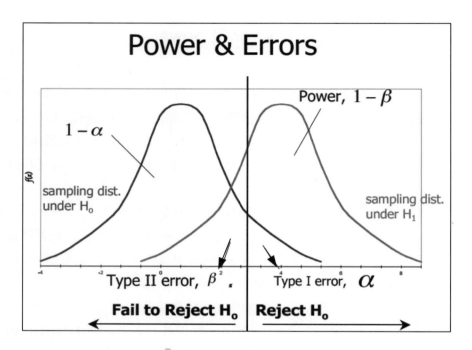

圖 1-19　檢定力 vs. 誤差

　　當我們在進行統計檢定時，基本上根據有限的樣本數量，對母體的實際分布做一推估，必然會有誤差之風險。這種「誤差」可分二種：

1. 型 I 誤差 (type I error)：當虛無假設 H_0 為眞，卻因抽樣誤差導致決策爲拒絕 H_0 (the probability of rejecting a true null hypothesis)，此種誤差稱爲 α 誤差。犯型 I 誤差之機率即爲 α。

2. 型 II 誤差 (type II error)：當虛無假設 H_0 爲假，卻因抽樣誤差導致決策不拒絕 H_0 (the probability of failing to reject a false null hypothesis)，此種誤差稱爲 β 誤差。犯型 II 誤差之機率爲 β。

🔵 表 1-3　型 II 誤差 (α) 及型 II 誤差 (β) 之解說

決定(Decision)	真實情況(true state)	
	H_0為真	H_1為真
未拒絕H_0	正確決定 機率p = 1 − α	型 II 誤差 機率p = β
拒絕H_0	型 I 誤差 機率p = α	正確決定 機率p = 1 − β

決定(Decision)	真實情況(true state)	
	H_0為真：嫌疑犯真的無作案	H_1為真：嫌疑犯真的有作案
嫌疑犯無罪	正確決定 機率p = 1 − α	型 II 誤差 機率p = β
嫌疑犯有罪	型 I 誤差 機率p = α	正確決定 機率p = 1 − β

　　由於世界是充滿矛盾的，因為當我們設定很小之 α 水準（顯著水準），想盡量避免犯第一類誤差時，我們卻相對增加了犯下另一種誤差之可能。因為當我們增加非臨界區的面積時，我們就減少了樣本統計測定之值落入臨界區的可能，而這種情況有可能使我們犯下型 II 誤差，也就是未能拒絕一個事實上為假之 H_0 的誤差。見圖 1-19，犯型 I 誤差的機率雖然是和犯型 II 誤差之機率成反比之關係，但是 β 值（犯型 II 誤差之機率）「並不是」等於 1 − α。β 值的大小是以所謂統計檢定力 (power) 來決定，一個統計測定之 power 即為 1 − β。

二、統計檢定力(power)的計算

　　檢定力 (power) 的計算，可用「R 語言」之函數。例如：相關 / 複迴歸這類型，假設 Pearson 相關 r = −0.58, alpha = 0.05, 樣本數 n = 15 篇，則「R 語言」之指令如下：

```
> library(pwr)
> pwr.r.test(n=15,r=-0.58, sig.level=.05, alternative=c("two.sided"))
```

結果得：power = 0.63，即 (1 − β) = 0.63，所以 type II error β = 0.37。

相對地，若要求 ANOVA 的 power，假設 levels = 3 組，每一組有 10 人，alpha = 0.05，F 值 = 0.25，「R 語言」對應之指令如下：

```
> library(pwr)
> pwr.anova.test(k=3,n=10,F=0.25, sig.level=.05, power=NULL)
```

至於卡方檢定、t 檢定的 power，其「R 語言」對應之指令如下：

```
> library(pwr)
> pwr.chisq.test(w = NULL, N = NULL, df = NULL, sig.level = 0.05, power = NULL)
> power.t.test(n = NULL, delta = NULL, sd = 1, sig.level = 0.05,
               power = NULL,
               type = c("two.sample", "one.sample", "paired"),
               alternative = c("two.sided", "one.sided"),
               strict = FALSE)
```

例如：做單尾測定時，在同樣之顯著水準下，假如 α = 0.05，臨界區是放在抽樣分配之一端，而非平分放在兩端，而 $Z_{(critical)}$ 是 +1.65（或 −1.65）（見圖 1-20）。

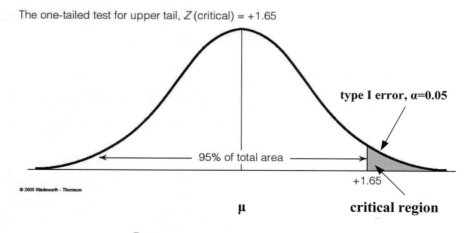

The one-tailed test for upper tail, *Z* (critical) = +1.65

type I error, α=0.05

95% of total area

+1.65

μ

critical region

© 2005 Wadsworth - Thomson

📖 圖 1-20　單尾測定，$Z_{(critical)}$ = 1.65

若判定（實驗組 vs. 控制組）兩組樣本有顯著差異之標準過高，則有可能在有差異（H_0 爲假）時判定爲無差異，是爲型 II 誤差；反之標準過低則爲型 I 誤差。

　　故 Meta-analysis、次族群 Meta 分析或刪除某偏離值 (outlier) 時，若高敏感性之檢定則容易有型 I 誤差，異異性高之檢定則容易有型 II 誤差。

三、注意事項

　　統合分析的發展，起源於傳統文獻分析的問題：將蒐集的文獻內容，依個人判斷歸納成結論。但它易流於個人的見解、偏好及主觀影響，且易陷入追求 p < 0.05 的迷思，而未考慮統計檢定力及型 II 誤差的問題單一（少數幾篇）的研究結果。無法解答某項特定的議題，故改利用統合分析，通常可以得到更大的正確性、客觀性及研究的重驗性。統合分析的發展，起源於推論誤差。如果研究的結果報告都能包括：效果量的估計值與顯著性檢定，就更能避免犯「型 I」(α) 與「型 II」(β) 誤差，導致推論無效。

　　在社會與行爲科學中，犯「型 II」誤差（結果說「X 與 Y 無關」而實際卻相關）遠比「型 I」誤差的可能性要大。我們若能注意估計效果量，有可能讓「型 II」誤差下降。

　　Meta 要選入多少篇的文獻，才夠進行 Meta 分析呢？若以型 I 誤差 $\alpha = 0.05$、型 II 誤差 $\beta = 0.8$ 來計算，理想上是 24 篇以上，但事實很少找到這麼多的相似的文獻。

Chapter 2

Meta效果量的轉換

　　統合分析 (Meta-analysis) 是一種可以讓研究者將不同研究所獲得的發現加以彙整的一種技術 (Cooper & Hedges, 1994)。它藉由計算個別研究效果量 (effect size, ES) 來描述不同研究的研究結果，然後再將這些個別研究的效果量根據其加權值求得一個整體平均的效果量（CMA 有 18 類型 ES），並以該整體平均效果量來代表不同研究整合後所發現的結論。

　　Meta 常見依變數的資料型態 (types of data)，包括：

1.　二分變數 (dichotomous data)，例如：生 vs. 死、男 vs. 女、受試對象分為實驗組與對照組。我們經常做的結果可能不是真正的二分法，只是為了使它們更易於管理和理解。例如：將血液中的膽固醇（對連續量表測定）分為：(1) 超過臨界值「高膽固醇」者、(2) 未超過臨界值「非高膽固醇」者。

2.　事件計數 (counts of events)，例如：懷孕次數、犯罪次數。

3.　短次序 (short ordinal scales)，例如：「無 / 輕 / 中度 / 重度」的疼痛量表。

4.　長次序 (long ordinal scales)，例如：簡短 36 題之生活型態量表或憂鬱指數的量表。有時 long ordinal 資料，常視為連續數據來進行分析。

5.　連續量表測定結果的數據 (continuous data)，例如：膽固醇濃度、血壓、膝關節的運動範圍、數學成績。

6.　刪失數據或存活數據 (censored data or survival data)，例如：癌症復發的時間，在研究結束時，你並無法在病人身上事先測量。

　　為了適應上述 6 種資料型態，Meta 分析分為兩個重點：顯著性檢定與效果量計算。(1) 顯著性檢定目的在探討所有的研究結果，並檢定其顯著水準是否可以拒絕虛無假設，通常以 Z 值、p 值、95%CI（含不含 0 或 1、無效垂直線）來

呈現；(2) 計算平均效果量，並檢定其 95% 信賴區間。效果量計算是用以估計效果量的大小，代表變數間關係之強弱。一般用積差相關 r 值、Fisher's Zr 值、Cohen's d 或是 Hedges's g 不偏估計值來表示。

【統合分析之各種效果量轉換的 Excel 程式】

為補救 p 值的不足或其他效果量之間的轉換，Google 查詢可下載「Excel 公式轉換」來轉換各效果量，包括：「p to t.xls」、「p-values and Critical Values. xls」、「r to d & d to r_1.xls」、「Odds Ratio to r.xls」、「Effect Size Corrections. xls」、「Fail Safe N.xls」、「Calculating g and d.xls」、「Converting effect sizes. xls」、「Odds Ratio to r.xls」、「p-values and Critical Values.xls」、「r to d & d to r_1.xls」等。

【統合分析常見類型】

過去 30 多年統合分析的發展，尤以 Hedges & Olkin (1983)、Rosenthal (1991) 及 Hunter & Schmidt (1990) 所提的方法最受歡迎，使得各領域研究結果之整合方法更有系統、更明確，也更具體化。其中 Hedges & Olkin (1983) 技術較適用於「實驗組 vs. 控制組」之間的差異性檢定（t 檢定），所需要的資料是成對「實驗組 vs. 控制組」的平均數與標準差。Rosenthal (1991) 技術以及 Hunter & Schmidt (1990) 技術則較適用於相關係數的資料（要注意正負方向），亦即著重在分析變數之間的關聯性，其所需的資料是變數間的相關係數。相關統合分析技術類型說明如下：

1. Hedges & Olkin (1983)

採用的統合分析技術主要是利用平均數與標準差作為分析的基礎，以變異數的倒數當加權數。效果量的指標為 d 值，也就是把每一對平均數及標準差標準化，此一標準化動作也使得不同單位的原始資料可以進行劑量性結合，藉由此以探究累積資料的效果量。

2. Rosenthal (1991)

採用的統合分析技術為將相關係數各研究結果轉換為單尾機率 Z 值（標準常態分布），再經由 Fisher's 將這些 Z 值轉換成無偏誤的 Zr，並以此代表效果

量來進行運算，Rosenthal 提出之統合技術方法以自由度為加權值，並且特別強調同質性分析。在進行統合分析之前，需先考驗各個研究之 p 值或效果量是否具有異質性 (Q test)，若達到同質性顯著，需進行調節變數 (moderator variable) 之探究。

3. Hunter & Schmidt (1990)

以相關係數為基本統計量，並且以樣本為加權值，Hunter 等人認為在估計母群相關係數時，各研究相關係數之加權平均數較非加權平均數更適合。此方法具有多種校正誤差之技術，包含抽樣誤差、測量誤差、全距不一致性等。此外，Hunter & Schmidt 不採用顯著性而是使用信賴區間的方式，主要是因為信賴區所犯的型 I 誤差 (α) 可控制在 5%，而顯著性檢定則不行。

 ## 2-1 Meta 分析法之單位轉算法

統合分析是一種將過去個別研究的結果綜合起來做計量結合的技術 (Glass, McGaw, & Smith, 1981)，並在此過程中消除各種誤差來源，以發現變數間的真正關係及其強度 (Hunter & Schmidt, 1990)。因此它是一種與傳統敘述性的文獻分析 (narrative literature reviews) 相反的方法，它從個別的研究結果中使用統計的過程，以蒐集實證性的發現，研究的重點在效果量的大小。因此我們可稱統合分析為「對研究統合的量化方法」(Wolf, 1986)。

Lush (1931) 最早將類似統合分析的觀念使用在農業方面。早期在農業研究有兩個主要的取向：(1) 從各研究結果中做統計顯著性檢定。(2) 從各研究中去估計組合的處理效果 (Hedges & Olkin, 1985)。雖然統計顯著性 (significance) 檢定很多學者加以探討，可是其仍然面臨一些不易克服的缺失，而這缺失最主要為統計顯著性檢定無法告知實驗研究者其實驗處理的效果量有多大。因此便有第二種取向的產生——組合 (combined) 各研究效果的方式（機率 p、積差相關 r、Z 組合法），並從中排除各種誤差，以探求真正 (truth) 的效果量有多大。

2-1-1 效果量之類型：基於平均數、基於二元資料、基於相關資料

效果量是 Meta 分析的基本分析單位，是依據各個原始樣本文獻的研究結果求得的。Meta 分析所使用合併各個原始樣本文獻之研究結果的公式，則是原始

研究所用公式的擴展。例如：研究人員在原始文獻的研究中顯示其樣本的平均數及標準差，或以變異數分析與多元迴歸求出各個變數的相關係數，同樣地 Meta 分析也採用相似的做法呈現統整原始文獻後的平均數、標準差與相關係數。

　　由於各個樣本文獻的研究結果呈現形式可能不一，Meta 分析為了以客觀量化的方式合併各個研究結果，因此需先將各個研究結果轉換成統一尺度及統一形式的效果量。常用效果量可分三類，說明如下 (Borenstein et al., 2011)：

一、基於平均數的效果量

　　當樣本文獻的自變數為類別變數，依變數（應變數）為連續變數且呈現平均數及標準差時，常使用基於平均數的效果量，舉例如下：

1. D（raw mean difference，原始平均數差值），屬於未標準化平均數差值。
2. d，即 Cohen's d，standardized mean difference，標準化平均數差值。Cohen's d 為母群體參數 (population parameter) δ 的樣本估計值。
3. g，即 Hedges'g，校正後標準化平均數差值。因樣本數量小時，d 對母群體參數 δ 的估計過高，即 d 有偏誤 (bias)，需透過簡單校正得到 δ 的不偏估計 (umbiased estimate) Hedges'g (Hedges, 1981)。

二、基於二元資料的效果量

　　當樣本文獻的自變數與應變數皆為二分變數，即研究結果呈現兩組發生和未發生的群體（即典型的 2×2 列聯表）時，常使用基於二元資料的效果量，舉例如下：

1. RR (risk ratio)，風險比，亦稱為相對風險性，為兩組風險率的比值。無單位，用於隨機試驗 (randomised trials) 及世代研究 (cohort studies)。
2. OR (odds ratio)，勝算比，為病例對照研究中，實驗組中發生疾病的勝算與控制組中發生疾病的勝算比值，或罹患疾病的病患暴露於某變因的勝算除以控制組暴露的勝算。範例請見：圖 2-10「odds ratio 之示意圖」。

三、基於相關資料的效果量

　　當樣本文獻的自變數與應變數皆為連續變數，且研究結果呈現自變數與依變數兩者間的關係（即相關係數 correlation coefficient，r），則使用相關係數本身作為效果量。

【各統計量與相關係數 r 效果量之尺度轉算】

Pearson 積差相關係數 (the Pearson product-moment correlation coefficient, Pearson's r) 用以檢驗研究變數之間，兩兩相關的強度和方向性。相關係數越接近 +1 或 –1，表示變數間的關聯性越強，即關係越密切。

Rosenthal (1986) 認為因為許多統計量皆易於轉換為 Pearson 積差相關係數，故以 Pearson 相關係數 r 作為 Meta 分析的效果量是很棒的做法。

因此本研究使用的效果量為 Pearson 相關係數 r，鑒於各個樣本文獻的研究結果係依其相異的檢定方法而以不同形式的統計量呈現，以下舉例說明不同的檢定方法之統計量轉換為 Pearson 相關係數 r 的數學公式（張紹勳，2014）：

一、t 檢定(t-test)：實驗組 vs. 控制組效果

自變數為類別變數，依變數為連續變數，獨立樣本兩組平均數差異顯著性檢定，σ^2（母體變異數）的不偏估計數是 $\hat{S}^2$（樣本變異數）。

當兩組母體標準差 σ_1 與 σ_2 未知，若兩組樣本標準差 $\hat{S}_1$ 與 $\hat{S}_2$ 差異不大，則假設且 $\sigma_1 = \sigma_2 = \sigma$，故採用 t 檢定。

t 檢定值換算為 Pearson 相關係數 r 之公式為：

$$r_i = \sqrt{\frac{t_i^2}{t_i^2 + df_i}} \text{，其中 } df_i = n_1 + n_2$$

二、F 檢定 (F-test)

自變數為類別變數，依變數為連續變數，獨立樣本兩組平均數差異顯著性檢定，σ^2（母體變異數）的不偏估計數是 $\hat{S}^2$（樣本變異數）。

當兩組母體標準差 σ_1 與 σ_2 未知，若兩組樣本標準差 $\hat{S}_1$ 與 $\hat{S}_2$ 差異較大，則假定 $\sigma_1 \neq \sigma_2$，故採用 F 檢定。

F 檢定值換算為 Pearson 相關係數 r 之公式為：

$$r_i = \sqrt{\frac{F_i}{F_i + df(e_i)}} \text{，其中 } df(e_i) = n_1 + n_2 - 2$$

三、卡方檢定(χ^2-test)

自變數與依變數皆為類別變數，則採用卡方檢定。

卡方檢定值換算為 Pearson 相關係數 r 之公式為：

$$r_i = \sqrt{\frac{\chi_i^2}{N}}\text{，其中 } N = n_1 + n_2\text{，適用於 } df = 1$$

四、單因子變異數分析檢定(one-way analysis of variance, one-way ANOVA)

自變數為類別變數，依變數為連續變數，研究一個自變數對依變數的影響，獨立樣本三組以上平均數差異顯著性檢定，採用單因子變異數分析檢定。

單因子變異數分析檢定的做法是檢定組間變異數與組內變異數的比值，並使用 F 分配檢定。

單因子變異數分析，F 檢定值換算為 Pearson 相關係數 r 之公式為：

$$r_i = \sqrt{\frac{F_i}{F_i + df(e_i)}}\text{，其中 } df(e_i) = n_1 + n_2 - 2$$

五、雙因子變異數分析檢定(two-way analysis of variance, two-way ANOVA)

自變數為類別變數，依變數為連續變數，研究兩個自變數對依變數的影響，獨立樣本三組以上平均數差異顯著性檢定，採用雙因子變異數分析檢定。

雙因子變異數分析檢定的做法是檢定組間變異數與組內變異數的比值，並使用 F 分配檢定。

雙因子變異數分析，F 檢定值換算為 Pearson 相關係數 r 之公式為：

$$r_i = \sqrt{\frac{F_a \times df_a}{(F_a \times df_a) + (F_b \times df_b) + (F_{ab} \times df_{ab}) + df(e)}}$$

六、簡單迴歸檢定

$$Y = a + bX\text{，其中 } b \text{ 為迴歸係數}$$

迴歸係數 b_i 轉算為 Pearson 相關係數 r 之公式為：

$$r_1 = \frac{S_X}{S_Y} \times b_i\text{，} b_i \text{ 為未標準化迴歸係數}$$

2-1-2 平均效果量之組合法

　　由於各個研究測量數據單位不同，必須先進行格式的轉換才能合併分析。在 Meta 分析中，關於共同單位 (common metric) 有個專有名詞稱做「效果量」(effect size, ES)，它可以顯示出實驗組與對照組間的差異性，以及實驗處理（e.g. 治療）介入 (intervention) 的影響程度和方向。而效果量有許多指數 (index)，例如：實驗組與對照組測量平均數的差 (mean difference, MD)，一般是直接將實驗組數值減去對照組的。有些會進一步標準化，將「平均數差 ÷ 標準差」來減少背景的影響。

　　在 Meta 分析的平均效果量之組合法，有三種：機率組合法 (combination of probabilities)、母體相關係數估計法 (estimate of population correction)、效果量估計組合法 (combination of effect size estimation)。這 3 種單位的換算法概述如下：

一、機率 p 組合法

　　根據中央極限定理 (central limit theorem, CLT)，當樣本數很大 (n ≥ 30) 時，不論母群體是何種機率分配，樣本平均數 ($\overline{X_i}$) 的抽樣分配為近似常態分配（Z 分數）。如果 n ≥ 30，t 值亦會趨近於 Z 分數（標準常態分布，平均值 = 0，變異數 = 1）。t 分布係以自由度 df 作為圖形的參數，相較於標準常態分布來的矮寬；自由度越大表示曲線越集中、越高窄、越接近標準常態分布。

　　Z 檢定 (Z-test)：當母體標準差已知時，可以常態標準化方式進行檢定。檢定時又因目的的不同，而進行雙尾檢定或單尾檢定二種方式。雙尾檢定一般用於證明與欲檢定之期望值（平均數）相等與否。而單尾檢定則用於檢定抽樣平均值大於或小於期望值時，Meta 也是單尾檢定。

　　機率組合法可求得標準分數 (standard score)（又稱為 Z- 分數），Z 值代表原始分數和母體平均值之間的距離，以標準差為單位計算。當原始分數低於平均值時 Z 則為負數，反之則為正數。其公式如下：

$$標準化\ Z = \frac{X - \mu}{\sigma}，其中，\mu\ 為母群平均數，\sigma\ 為母群標準差。$$

　　機率組合法主要是應用各研究統計值之機率值 (p-value) 加以組合進行檢定。

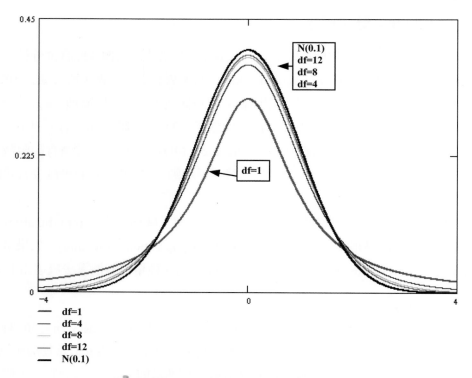

圖 2-1 t 分布 df 越大越趨近於 Z 分布

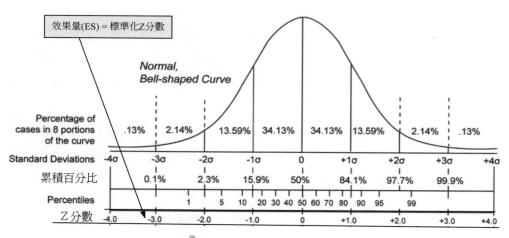

圖 2-2 標準常態分配

Z 檢定一般用於大樣本（樣本數大於 30）或小樣本（樣本數小於 30）的平均值差異性檢驗的方法。它是用標準常態分布的理論來推斷差異發生的概率，從而比較兩個平均數的差異是否顯著。Z 檢定是先對總體的分布規律做出某種假設，然後根據樣本提供的數據，通過統計運算，根據運算結果，對假設做出肯定或否定的決策。如果要檢驗實驗組和對照組的平均數（μ_1 和 μ_2）有沒有差異，其步驟為：

1. 建立虛無假設，即先認為兩者沒有差異，用 $H_0 : \mu_1 = \mu_2$ 表示。

2. 通過統計運算，確定假設 H_0 成立的概率 p。

3. 若 $p < 0.05$，則拒絕虛無假設 H_0。

(一)「右尾檢定」之解說

假設一般人血液中平均膽固醇含量為 180mg/ml，其標準差為 50mg/ml。調查 A 地區 16 個成人之平均膽固醇為 230mg/ml，請問 A 地區成人之膽固醇是否高於一般人？設顯著水準為 5%（即 $\alpha = 0.05$）

〔解答〕：

1. H_0：A 地區成人之膽固醇不高於一般人 ($\mu \leq 180$)

2. H_1：A 地區成人之膽固醇高於一般人 ($\mu > 180$)

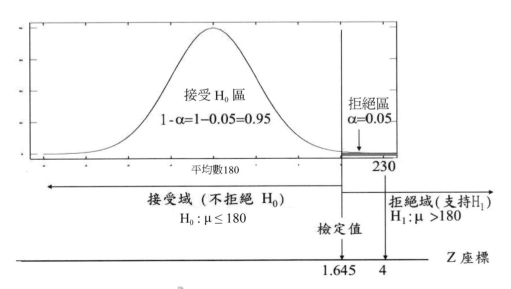

圖 2-3　右尾檢定之示意圖

3. 顯著水準 $\alpha = 0.05$，$Z_{0.05} = 1.645$

4. 計算 Z 值：

$$Z = \frac{\overline{X} - \mu}{\frac{\sigma}{\sqrt{n}}} = \frac{230 - 180}{\frac{50}{\sqrt{16}}} = 4$$

5. $Z = 4 > Z_{0.05} = 1.645$，故支持 H_1

6. 表示在 $\alpha = 0.05$ 情形下，A 地區成人之膽固醇顯著高於一般人。

　　常態分布是變數不受其因素的影響，而使其所有可能值以平均數爲中心，左右兩側對稱的鐘形分布。它具有集中性、對稱性和均勻變動性等特點，是次數分布中最重要、最常見的一種連續型分布，是許多統計方法建立的基礎。Z 分數本身就是標準化常態分配。

　　統計右尾、左尾跟雙尾都可算 Z 值，但 Z 值要怎麼轉爲 p 值？(1) 在單尾 $\alpha = 0.05$ 下，若 $Z_{0.05} = 1.645$，查下表可求得右尾面積 p-value = 0.05。(2) 在雙尾 $(\alpha/2) = 0.25$ 時，$Z_{0.25} = 1.96$，則查下表得機率 p-value = 0.025。

(二) 機率 p 值組合法

　　機率 p 值組合法 (combination of probabilities) 主要是應用各研究統計值之機率值 (p-value) 加以合併進行檢定。從統計理論觀點來看，各研究結果所應表達的重點應在於結果可能產生的機會有多少，而不僅僅只是檢定其假設是否成立，或達到多少特定的顯著水準而已，因爲後者的資料對於結論的推斷性強度無法了解。致使在預測與應用時，所可能造成的最大誤差也不能清楚掌握。因此，將研究結果之統計量所對應之機率值（或稱顯著水準）呈現出來，是近幾年來統計學者所提倡的方法。

　　Rosenthal (1984) 倡導的機率 p 值組合法，共有 9 種方法。主要是應用各研究統計值之機率值 (p-value) 加以合併進行檢定。這九種合併機率值的方法，皆有其優劣及限制之處，而且可能發生不一致的情況。建議在使用時，若研究樣本少時，最好能採用加總 Z 值法，並至少再用另外二種方法，而且要把三種方法的總 p 值要估計出來，以減少偏誤的機率。

　　機率值組合法的缺點是，當研究篇數很多時，則易傾向拒絕 H_0，即認爲變數 X 與 Y 間有關係存在；但當各研究結果值很小或研究樣本數少時，則易傾向

Z分配表

$P(0 < Z < z) = \alpha$

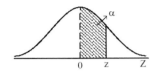

Z	0.00	0.01	0.02	0.03	0.04	0.05	0.06	0.07	0.08	0.09
0.0	0.0000	0.0040	0.0080	0.0120	0.0160	0.0199	0.0239	0.0279	0.0319	0.0359
0.1	0.0398	0.0438	0.0478	0.0517	0.0557	0.0596	0.0636	0.0675	0.0714	0.0753
0.2	0.0793	0.0832	0.0871	0.0910	0.0948	0.0987	0.1026	0.1064	0.1103	0.1141
0.3	0.1179	0.1217	0.1255	0.1293	0.1331	0.1368	0.1406	0.1443	0.1480	0.1517
0.4	0.1554	0.1591	0.1628	0.1664	0.1700	0.1736	0.1772	0.1808	0.1844	0.1879
0.5	0.1915	0.1950	0.1985	0.2019	0.2054	0.2088	0.2123	0.2157	0.2190	0.2224
0.6	0.2257	0.2291	0.2324	0.2357	0.2389	0.2422	0.2454	0.2486	0.2517	0.2549
0.7	0.2580	0.2611	0.2642	0.2673	0.2704	0.2734	0.2764	0.2794	0.2823	0.2852
0.8	0.2881	0.2910	0.2939	0.2967	0.2995	0.3023	0.3051	0.3078	0.3106	0.3133
0.9	0.3159	0.3186	0.3212	0.3238	0.3264	0.3289	0.3315	0.3340	0.3365	0.3389
1.0	0.3413	0.3438	0.3461	0.3485	0.3508	0.3531	0.3554	0.3577	0.3599	0.3621
1.1	0.3643	0.3665	0.3686	0.3708	0.3729	0.3749	0.3770	0.3790	0.3810	0.3830
1.2	0.3849	0.3869	0.3888	0.3907	0.3925	0.3944	0.3962	0.3980	0.3997	0.4015
1.3	0.4032	0.4049	0.4066	0.4082	0.4099	0.4115	0.4131	0.4147	0.4162	0.4177
1.4	0.4192	0.4207	0.4222	0.4236	0.4251	0.4265	0.4279	0.4292	0.4306	0.4319
1.5	0.4332	0.4345	0.4357	0.4370	0.4382	0.4394	0.4406	0.4418	0.4429	0.4441
1.6	0.4452	0.4463	0.4474	0.4484	0.4495	0.4505	0.4515	0.4525	0.4535	0.4545
1.7	0.4554	0.4564	0.4573	0.4582	0.4591	0.4599	0.4608	0.4616	0.4625	0.4633
1.8	0.4641	0.4649	0.4656	0.4664	0.4671	0.4678	0.4686	0.4693	0.4699	0.4706
1.9	0.4713	0.4719	0.4726	0.4732	0.4738	0.4744	0.4750	0.4756	0.4761	0.4767
2.0	0.4772	0.4778	0.4783	0.4788	0.4793	0.4798	0.4803	0.4808	0.4812	0.4817
2.1	0.4821	0.4826	0.4830	0.4834	0.4838	0.4842	0.4846	0.4850	0.4854	0.4857
2.2	0.4861	0.4864	0.4868	0.4871	0.4875	0.4878	0.4881	0.4884	0.4887	0.4890
2.3	0.4893	0.4896	0.4898	0.4901	0.4904	0.4906	0.4909	0.4911	0.4913	0.4916
2.4	0.4918	0.4920	0.4922	0.4925	0.4927	0.4929	0.4931	0.4932	0.4934	0.4936
2.5	0.4938	0.4940	0.4941	0.4943	0.4945	0.4946	0.4948	0.4949	0.4951	0.4952
2.6	0.4953	0.4955	0.4956	0.4957	0.4959	0.4960	0.4961	0.4962	0.4963	0.4964
2.7	0.4965	0.4966	0.4967	0.4968	0.4969	0.4970	0.4971	0.4972	0.4973	0.4974
2.8	0.4974	0.4975	0.4976	0.4977	0.4977	0.4978	0.4979	0.4979	0.4980	0.4981
2.9	0.4981	0.4982	0.4982	0.4983	0.4984	0.4984	0.4985	0.4985	0.4986	0.4986
3.0	0.4987	0.4987	0.4987	0.4988	0.4988	0.4989	0.4989	0.4989	0.4990	0.4990
3.1	0.4990	0.4991	0.4991	0.4991	0.4992	0.4992	0.4992	0.4992	0.4993	0.4993
3.2	0.4993	0.4993	0.4994	0.4994	0.4994	0.4994	0.4994	0.4995	0.4995	0.4995
3.3	0.4995	0.4995	0.4995	0.4996	0.4996	0.4996	0.4996	0.4996	0.4996	0.4997
3.4	0.4997	0.4997	0.4997	0.4997	0.4997	0.4997	0.4997	0.4997	0.4997	0.4998
3.5	0.4998	0.4998	0.4998	0.4998	0.4998	0.4998	0.4998	0.4998	0.4998	0.4998

📖 圖 2-4　標準常態分配之對應的 Z 值表

接受 H_0，即認為變數 X 與 Y 間沒有關係存在。此外，機率 p 值組合法只是檢定假設是否存在，因此無法提供相關強度之說明。Rosenthal (1991) 建議對最好每一種組合的 p 估計值做出其效果量估計值，且如果可能的話，每一個效果量最好伴隨有信賴區間。

　　由於 Meta 分析的篇數通常相當多，且研究者傾向採用限制較少的方法，因此針對不同的樣本大小，有不同的結合方式。研究者根據不同的情況，將處理流程圖整理如下：

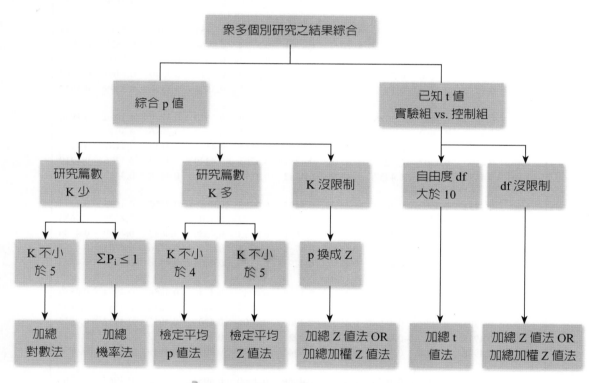

🔊 圖 2-5　機率值組合法之處理流程圖

依 9 種方法的所需樣本篇數的多寡及其優缺點，做成比較，如表 2-1。

● 表 2-1　Rosenthal 9 種組合機率值的方法（第 i 篇論文統計值的加總）

方法	組合機率之公式	應用限制
1. 加總對數法 (adding Logs)	$\chi^2_{(df=2N)} = \sum_{i=1}^{K}[-2 \times Ln(P_i)]$ 查表 $\chi^2_{(2N)}$ 找出對應p值（單尾），是否大於臨界值。	累積有限；可支持相反理論，可應用於個別研究樣本數N很小時(≤5)。
2. 加總機率法 (adding p's)	$P = \dfrac{(\sum_{i=1}^{K} P_i)^n}{N!}$	當 $\sum_{i=1}^{K} P_i$ 近於或小於1時，都可應用。
3. 加總t值法 (adding t's)	$Z = \dfrac{\sum_{i=1}^{K} t_i}{\sqrt{\sum_{i=1}^{K}[df_i/(df_i-2)]}}$ 由標準化Z值，查表找出對應p值，是否大於臨界值。	df最好 ≥10，且各研究內樣本大小n_i最好 ≥3。
4. 加總Z值法 (adding Z's)	$Z = \dfrac{\sum_{i=1}^{K} Z_i}{\sqrt{N_i}}$，由標準化Z值，查表找出對應p值。	任何時候。
5. 加總加權Z值法 (adding weighted Z's)	$Z = \dfrac{\sum_{i=1}^{K} df_i \times Z_i}{\sqrt{df_i^2}}$	需要加權時。
6. 平均P值檢定法 (testing mean p)	$Z = (0.5 - \overline{P})(\sqrt{12N_i})$，由標準化Z值，查表找出對應p值。	計算簡單，要個別研究樣本數N≥4。
7. 平均Z值檢定法 (testing mean Z)	$t = \dfrac{\sum_{i=1}^{K} \dfrac{Z_i}{N_i}}{\sqrt{\sum_{i=1}^{K} S^2_{(z)}/N_i}}$ 或 $F = \dfrac{(\sum_{i=1}^{K} Z_i)^2}{S^2_{(z)} \times N_i}$， 查t表或F表對應p值（單尾）。	個別研究樣本數N≥5，當研究大小N很小時，檢定力低。
8. 計算法 (counting)	$\chi^2 = \sum_{i=1}^{K} \dfrac{(O_i - E_i)^2}{E_i}$，$O_i$實際值；$E_i$理想值。查$\chi^2$表，即可找出對應臨界的p值（單尾）。	當個別研究樣本數N極大時。
9. 區隔法 (blocking)	χ^2找出對應p值（單尾）。 ANOVA	當N很大時很費事。

＊K代表個別論文數

上述 9 種組合機率法，Rosenthal 認為沒有任何一種方法適用於所有情況，但其中以 Z 值加總法及 Z 值加總加權法適用於多數情況且最常被採用。

舉例來說，假設有 5 篇論文之 t 檢定（即實驗組 vs. 對照組平均差或迴歸係數 b 的顯著性檢定），如表 2-2，其中 t 值若為正，表示實驗處理效果比控制組佳（或迴歸斜率為正）。

● 表 2-2　5 篇論文 t 檢定之摘要表

Studies	t值	自由度df	單尾p	Pearson's r	標準常態Z	$-2Ln(p)$
1	+1.19	40	.12	0.18	+1.17	4.24
2	+2.39	60	.01	0.29	+2.33	9.21
3	−0.60	10	.72	−0.19	−0.58	0.66
4	+1.52	30	.07	0.27	+1.48	5.32
5	+.98	20	.17	0.21	+0.95	3.54
Σ	+5.48	160	1.09	+0.76	+5.35	22.97
平均值	+1.10	32	.22	−.15	+1.07	4.59
中位數	+1.19	30	.12	+.21	+1.17	4.24

Rosenthal 9 種組合機率法中，前 7 種是較常見的。以表 2-2 為例，其實驗機率的組合法之計算如下：

1. 加總對數法：$\chi^2(df=2N)=\sum -2Ln(p)=22.97$，p = 0.011，單尾。

2. 加總機率法：當 $\sum p$ 近似於 1 時可用。此法 $=\dfrac{(\sum p_i)^N}{N!}=\dfrac{(1.09)^5}{5!}=0.13$，單尾。

3. 加總 t 值法：$\overline{Z}=\dfrac{\sum t_i}{\sqrt{\sum \dfrac{df_i}{df_i-2}}}=\dfrac{5.48}{\sqrt{\dfrac{40}{38}+\dfrac{60}{58}+\dfrac{10}{8}+\dfrac{30}{28}+\dfrac{20}{18}}}=\dfrac{5.48}{\sqrt{5.5197}}=2.33$，

   p = 0.01，單尾。

4. 加總 Z 值法：$\overline{Z}=\dfrac{\sum Z_i}{\sqrt{N}}=\dfrac{5.35}{\sqrt{5}}=2.39$，p = 0.009，單尾。

5. 加總加權 Z 值法：

$$\overline{Z}=\dfrac{T}{\sigma_T}=\dfrac{\sum df_i \times Z_i}{\sqrt{\sum df_i^2}}=\dfrac{40(1.17)+60(2.33)+\cdots+20(0.95)}{\sqrt{40^2+60+\cdots+20^2}}=\dfrac{244.2}{\sqrt{6600}}=3.01,$$

p = 0.013，單尾。

6. 檢定平均 p 值法：$\overline{Z} = (.50 - \overline{p})\sqrt{12N} = (.50 - .22)\sqrt{12(5)} = 2.17$，p = 0.015，單尾。

7. 檢定平均 Z 值法：$\overline{t} = \dfrac{\sum Z_i / N}{\sqrt{S_{(Z)}^2 / N}} = \dfrac{1.07}{\sqrt{.22513}} = 2.26, df = 4$，p < 0.05，單尾。

或 $\overline{F} = \dfrac{(\sum Z_i)^2}{N \times S_{(Z)}^2} = 5.09$，$df = (1,4)$，p < 0.05，單尾。

(三) 機率p值組合法之實例：迴歸模型的Meta法

　　以張火燦等人（2007）「員工工作滿意、組織承諾與離職意圖關係的統合分析」為例，其研究架構如下圖。它是簡單迴歸模型 $Y_i = a + bX_i + e_i$ 的代表，旨在估計能夠正確描述 X 與 Y 關係的截距 a 與斜率 b。

　　此例在選擇論文樣本時，必須以同時包含「工作滿意、組織承諾與離職意圖」3 構念的個別研究作為統合分析的樣本資料，所以符合此條件的樣本僅 37 篇。為提高研究的效度，在所蒐集的研究樣本中針對其構念、量測、資料型態、資料遺漏等進行逐一篩選，最後僅採取 10 個研究樣本來做統合分析，根據 Rosenthal 統合分析的方法，2 篇以上的研究即可進行統合分析研究 (Rosenthal, 1991)。

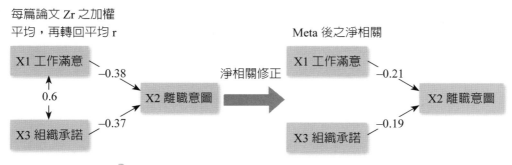

圖 2-6　工作滿意、組織承諾與離職意圖的相關

Step 1：機率 p 組合法來求出 Meta 平均效果量 r

　　本例旨在求出圖 2-6（左半部）工作滿意、組織承諾與離職意圖，三者的迴歸模型的 Meta 後的相關 r。它採機率 p 組合法來求出 Meta 平均效果量 r。

迴歸模型之 Meta 法，詳細公式計算，請見「2-1-3b 迴歸模型之效果量轉算程序」。本例只採較簡單的迴歸模型之單位變換法：若原始研究中所給的資料不足，無法計算出確切的效果量時，則由研究中所給的單尾 p 值來估計效果量 r 值；即第 i 篇論文，可先將 p_i 值轉換為 Z_i 值（見圖 2-4 標準常態分配之對應的 Z 值表），再由公式 2-5 將 Z_i 值轉為 r_i 值，最後 r_i 值再轉成 Zr_i，並校正 Zr_i

為 $Zr_{ci} = [Zr_i - \dfrac{r_i}{2(N_i-1)}]$。接著算出平均效果量 $\overline{Zr_{ci}} = \dfrac{\sum\limits_{i=1}^{k}(w_i \times Zr_{ci})}{\sum\limits_{i=1}^{k} w_i}$，此 $\overline{Zr_{ci}}$ 再還原成

Pearson's $\overline{r}$，結果顯示：(1) 工作滿意、組織承諾相關 $\overline{r}$ 為 0.6。(2) 組織承諾與離職意圖的相關 $\overline{r}$ 為 –0.37。(3) 工作滿意與離職意圖的相關 $\overline{r}$ 為 –0.38。

Step 2：平均效果量 r 之 95% 信賴區間

　　Meta 之平均效果量 95% 信賴區間，其公式如下，若 95%CI 不包含 0，表示兩變數間達 0.05 顯著水準之相關。本例「工作滿意與離職意圖」平均 $\overline{r_{12}}$ = –0.38，95%CI = [0.31,0.69]，因 95%CI 不包含 0，表示「工作滿意與離職意圖有顯著負相關」。

步驟 1a. $^{U}Zr = \overline{Zr} + 1.96 \times \sqrt{\dfrac{1}{n-3}}$，$U$ = 95%CI的 *upper*，n為每篇論文樣本數的總和。

步驟 1b. $^{L}Zr = \overline{Zr} - 1.96 \times \sqrt{\dfrac{1}{n-3}}$，$L$ = 95%CI 的 *lower*

步驟 2. r 的 95%CI $\begin{cases} ^{U}r = \dfrac{(e^{2 \times ^{U}Zr}-1)}{(e^{2 \times ^{U}Zr}+1)} \\ ^{L}r = \dfrac{(e^{2 \times ^{L}Zr}-1)}{(e^{2 \times ^{L}Zr}+1)} \end{cases}$，$e = 2.71828$

　　套用上列公式求得，本例「組織承諾與離職意圖」平均 r 值 $\overline{r_{32}}$ = –0.37，95%CI = [0.31,0.68]，因 95%CI 不包含 0，表示「組織承諾與離職意圖有顯著負相關」。

Step 3：以淨相關來校正 $\overline{r}$

　　由於工作滿意與組織承諾呈現高度正相關 ($\overline{r}$ = 0.60)，會高估三個迴歸式彼此的相關。故再以下列淨相關公式，分別求「工作滿意與離職意圖淨相關 $\gamma_{12.3}$ =

–0.21」、「組織承諾與離職意圖的淨相關 $\gamma_{23.1} = -0.19$」。分析結果支持本研究假設，亦即，由於工作滿意與組織承諾的高度正相關，使得變數間的淨相關低於過去統合分析的研究結果。故工作滿意與離職意圖以及組織承諾與離職意圖的相關，會因組織承諾與工作滿意的高度相關而有較低的淨相關。

1. 工作滿意與離職意圖排除組織承諾影響後的淨相關（排除 X_3 的影響）：

$$\gamma_{12.3} = \frac{\gamma_{12} - (\gamma_{13}\gamma_{23})}{\sqrt{1-\gamma_{13}^2}\sqrt{1-\gamma_{23}^2}} = \frac{(-0.383) - (0.604 \times (-.37))}{\sqrt{1-0.604^2}\sqrt{1-(-0.372)^2}} = -0.21$$

2. 組織承諾與離職意圖排除工作滿意影響後的淨相關（排除 X_1 的影響）

$$\gamma_{32.1} = \frac{\gamma_{32} - (\gamma_{13}\gamma_{12})}{\sqrt{1-\gamma_{13}^2}\sqrt{1-\gamma_{12}^2}} = \frac{(-0.372) - 0.604 \times (-0.383)}{\sqrt{1-0.604^2}\sqrt{1-(-0.383)^2}} = -0.19$$

(四) 標準常態分數Z之組合法實例：華人vs.美國學生之數學能力比較

　　例如：Wang & Lin (2009) (A Meta-analysis of comparative studies on Chinese and US students' mathematics performance)，利用 Meta 分析，比較華人學生 vs. 美國學生之數學能力，其中數學能力共 12 項指標，包括：

1. number concepts：基本的數字感、現象、關係或圖案，檢查學生的理解。

2. measurement: 測量屬性和單位，評估學生的理解以及使用測量工具、技術或公式。

3. representation：衡量學生的發展和翻譯象徵、代數、圖形、表格或用於各種數學與現實世界的幾何表示能力。

4. geometry：檢查學生的理解空間、型態、規模、空間格局、關係和利用推理、計算和表述來解決幾何問題。

5. algebra：學生理解的變數，包括公式、線性和非線性方程及其模型、分析和解決現實世界的能力和形式化的數學問題。

6. statistics：衡量學生在系統地蒐集、整理、描述數據、構建、閱讀和解釋表格、圖表和圖形或製造和評估的基礎上的數據分析能力的參數。

7. problem solving：問題學生的理解，找出自己的特點、形成了相關聲明、制定解決方案、反映和溝通解決問題的過程。

8. patterns identification：學生的能力來識別數字、符號、圖形圖案，並用數學表達出來。

9. fraction and proportionality：包括評估學生分數意識的任務、使用機型為涉及零碎小數或經營上的等值分數應用。

10. mathematics reasoning：學生可以畫出基於顯式的假設，並有能力證明一個正式的系統內的數學陳述的邏輯結論，而不依賴於計算。

11. computation：學生在計算單和多步的問題，涉及加法、減法、乘法、除法、分數和能力。

12. estimation：數學的學生的理解並超越確定精確解、見解概念和程序、用數字和測量靈活性或有能力判斷結果的合理性。

此例子，華人 (G1) 和美國 (G2) 這二組學生之數學能力之效果量，計算步驟依序為 (Lipsey & Wilson, 2001)：

Step 1：個別效果量 Hedges' g

$$ES_i = g_i = \frac{M_{G1} - M_{G2}}{S_{(pooled)}} \quad (源自 \ t \ 檢定 = \frac{\overline{X}_1 - \overline{X}_2}{S_{(pooled)}})$$

Step 2：平均效果量

$$\overline{ES} = \frac{\sum_{i=1}^{K} w_i \times ES_i}{\sum_{i=1}^{K} w_i} \quad (共 \ K \ 篇論文)$$

其中 $w_i = (N_i - 3)$，為第 i 篇論文的權重。

Step 3：平均效果量 (population effect size) 的顯著性檢定，使用 Z 分數 (Lipsey & Wilson, 2001)：

$$平均效果量 \ Z = \frac{\overline{|ES|}}{S.E_{\overline{ES}}}，其中 \ S.E_{\overline{ES}} = \sqrt{\frac{1}{\sum w_i}}。$$

若單尾 Z > 1.96，則達 p ≤ 0.05 顯著水準。若雙尾 Z > 2.58，則達 p ≤ 0.01 顯著差異水準。

Step 4：每篇研究間之異質性 Q 檢定 (Rosenthal & Rubin, 1982)：

$$Q = \sum_{i=1}^{K} w_i \times (ES_i - \overline{ES})^2 \sim 符合 \ \chi^2_{(K-1)} \ 分配。$$

若 $Q > \chi^2_{(K-1),0.05}$ 分配的臨界值，則表示每篇研究間具有異質性 (Hedges & Olkin, 1985)。

此例根據上述公式，Meta 分析 16 篇論文共 28 個資料檔 (data sets)，結果整理成表 2-3。這些 28 個資料檔學生，包括：中、港澳、臺的華人學生，pre-Kindergarten (Pre-K), K (Kindergarten),1st, 3rd, 4th, 5th, 7th, 8th grade 及高中 levels，華人對美國學生數學能力的比較，得 overall mean effect size = 0.35，Z = 43.76(p < 0.01)，表示整體而言，華人學生 12 項數學能優於美國學生。但 28 個資料檔間之具有異質性 (Q = 1.19, df = 27)，亦達 0.05 顯著水準，故應改隨機效果模型來估計平均效果的誤差。

干擾 (moderate) 變數來看，以「次族群」(subgroup) 來分割資料檔，結果顯示，華人對美國學生 pre-school to 1st grade levels 的平均效果量爲 0.05，Z = 22(p > 0.05) 未達顯著差異；Q = 1.59(df = 4)，p > 0.05，未達顯著的異質性。但從 higher elementary 到 high school level，華人對美國學生數學能力，學童年齡越大差距就越大，次族群的平均效果量依序爲 0.32, 0.29, 及 0.46；Z 值依序爲 19.2, 22.42, 及 36.68，均達 0.05 顯著差異水準。異質性 Q 檢定結果，顯示 elementary 3–5 grades, middle school 6–8 grades 及 high school 9–12 grades，Q 值依序爲：Q = 1.10(df = 8), Q = 1.14(df = 6) 及 Q = 1.14(df = 6)，均未達 0.05 顯著水準，故應視爲同質。

由表 2-3 Meta 結果顯示，若由 12 項數學測量成績來看，華人學生整體數學成績優於美國學生。然而，從學前班到一年級，華人學生整體表現並不比美國學童優。但隨著年級越高，華人學生似乎比美國越來越優秀。

此外，本例亦可細部來看，華人及美國學生，分別在 12 項數學能力指標之個別差異（共 12 個 Meta 摘要表）。基於篇幅的原因，在此就省略不再說明。

🔵 表 2-3　Individual data set statistics for overall mathematics competence.

	來源	Chinese group[a]	Chinese N	US group[b]	US N	Grade level	Effect Size	Measurement instrument
1	Huntsinger等人 (1997)	2	40	2	40	Pre-K	0.13	TEMA-2 Mathematics測驗
2	Huntsinger等人 (1997)	2	40	3	40	Pre-K	0.04	TEMA-2 Mathematics測驗
3	Stevenson Lee和 Stigler(1986)	2	286	1	288	K	0.00	School Content Based測驗
4	Stevenson等人 (1985)	2	240	1	240	1	0.07	School Content Based測驗
5	Chen和 Stevenson(1995)	2	169	1	213	1	0.08	School Content Based測驗
6	Mullis等人(1997)	3	4396	1	3819	3	0.32	TIMSS Standardized測驗
7	Mullis等人(1997)	3	4411	1	7296	4	0.19	TIMSS Standardized測驗
8	Mullis等人(2004)	2	4661	1	9829	4	0.45	TIMSS Standardized測驗
9	Mullis等人(2004)	3	4608	1	9829	4	0.32	TIMSS Standardized測驗
10	Tuss Zimmer和 Ho(1995)	2	226	1	204	4	0.14	School Content Based測驗
11	Stevenson等人 (1985)	2	240	1	240	5	0.10	SchoolContent Based測驗
12	Gu(1997)	1	44	1	95	5	0.55	WRAT-3:Math 測驗

Comparison of overall mathematics competence between Chinese and US students.								
	來源	Chinese group[a]	Chinese N	US group[b]	US N	Grade level	Effect Size	Measurement instrument
13	Benjamin(2006)	2	361	1	95	5	0.17	WRAT-3:Math 測驗
14	Benjamin(2006)	1	272	1	95	5	0.12	WRAT-3:Math 測驗
15	Beaton等人(1996)	3	3413	1	3886	7	0.26	TIMSS Standardized測驗
16	Livingstone(1986)	3	5495	1	6648	8	0.05	SIMS Standardized測驗
17	Mullis等人(2000)	2	5772	1	9072	8	0.35	TIMSS Standardized測驗
18	Mullis等人(2000)	3	5179	1	9072	8	0.32	TIMSS Standardized測驗
19	Mullis等人(2004)	3	5379	1	8912	8	0.43	TIMSS Standardized測驗
20	Beaton等人(1996)	2	3339	1	7087	8	0.30	TIMSS Standardized測驗
21	Mullis等人(2004)	3	4972	1	8912	8	0.28	TIMSS Standardized測驗
22	Chen和 Stevenson(1995)	2	169	1	213	HS	0.08	School Content Based測驗
23	Ho(2003)	3	4405	1	3700	HS	0.45	PISA Standardized測驗

Comparison of overall mathematics competence between Chinese and US students.								
	來源	Chinese group[a]	Chinese N	US group[b]	US N	Grade level	Effect Size	Measurement instrument
24	PISA(2004a)	3	1250	1	5456	HS	0.48	PISA Standardized測驗
25	PISA(2004a)	4	4478	1	5456	HS	0.30	PISA Standardized測驗
26	PISA(2007)	2	4645	1	5611	HS	0.54	PISA Standardized測驗
27	PISA(2007)	3	8815	1	5611	HS	0.31	PISA Standardized測驗
28	PISA(2007)	4	4760	1	5611	HS	0.77	PISA Standardized測驗

干擾變數（次族群）分析

年級Level	平均效果量	Z^*	異質性Q	機率p	自由度df
整體數學能力之Meta摘要					
Pre-K to ES1	0.05	0.22	1.59	9.48	4
ES 3–5	0.32	19.20*	1.10	15.51	8
MS 6–8	0.29	22.42*	1.14	12.59	6
HS 9–12	0.46	36.68*	1.14	12.59	6

期間Period	平均效果量	Z^*	異質性Q	機率p	自由度df
整體數學能力之Meta摘要					
Pre-2000	0.25	17.16*	1.18	22.36	13
Post-2000	0.42	44.21*	1.11	22.36	13

Overall mean effect size	Z*	異質性Q	機率p	自由度df
Summary statistics of overall mathematics competence				
Final results	0.35	43.76*	1.19*	40.11	27

Pre-K, pre-Kindergarten; ES, elementary school; MS, middle school; HS, high school.

a 1, Mainland China; 2, Taiwan; 3, Hong Kong; 4, Macao.

b 1, General US; 2, Caucasians; 3, Asian-Americans.

* p < .05.

二、母體相關係數估計法

母體相關係數估計法 (estimate of population correction) 是由 Hunter、Schmids 與 Jackson 於 1982 年提出，主要方法是將各研究結果的相關係數值，扣除若干的人為誤差 (artifacts)，包括抽樣誤差 (sampling error)、測量誤差 (measurement error) 及範圍變異 (rangevariation) 三項之後，判斷各研究間結果差異的原因是否存在干擾變數 (moderate variable) 的影響，並求出母體相關係數的信賴區間估計值，以了解研究變數之間相關的真正程度。

此法的產生主要是為了解決傳統文獻評論的缺點。因為傳統上累積知識最常用到的便是統計顯著性結果計數法 (counting statistically significant findings)，亦稱為傳統投票法 (traditional voting method)，主要是將各篇顯著的研究結果集合，看多數的研究是屬於那一方。依照顯著性的比例來判斷中介變數是否存在，及對關係結果的推論。

Hunter 等人認為此種分析方式所給的結論很可能完全是錯誤的，其原因是各研究間不一致的研究結果，很可能純屬虛擬誤差的因素所造成，因此干擾變數的影響效果 (moderator effect) 也可能是機遇原因所引起；若以顯著性比例來判斷中介變數的存在，很不精確，而且很可能發現這只是虛構的推想和解釋。Hunter 的方法並未討論異質性，而認為各研究之間不一致的研究結果，很可能純屬人為誤差 (artifacts) 因素所造成，因此在整合前應當應用較嚴格的數量方法消除各種虛擬誤差（例如：抽樣誤差、測量誤差及範圍變異等人為因素）。若各研究結果在消除這些人為因素誤差後，仍然有很大的差異，便需進一步探索是否存在著中介變數的影響；而對於所獲得的整合樣本相關係數，其對母體相關係數之推論，建議採用信賴區間法估計母體相關係數的程度，不用顯著性檢定。

三、（非）實驗設計之效果量組合法

由於顯著水準組合法所表達的意義仍然有限，於是有學者便提出除了顯著水準合併外，應再對影響各研究結果差異之效果量進行分析，以了解影響差異的大小及顯著性 (Glass, 1976)。

統合分析除了要篩選一個研究問題外，統合分析也比單一研究 (primary study) 多出兩個步驟：(1) 將研究的綜合所使用的研究方法予以明確化。(2) 將不同的研究結果予以量化，成為一個標準的共同比較單位，稱為「效果量」，使不同研究有了共同的比較單位之後，才能求出「總平均效果量」，來判定往昔研究正反兩方（或實驗組與控制組效果的平均差）的辯解，哪方才是正確的（實驗處理是否有效）？

效果量的計算方法很多，依研究者對效果量定義不同而有差異，而 Holbert 及 Daniel (1993) 將效果量分為三種類型：(1) 檢視實驗組和對照組間之成效差異；(2) 檢視變數之間的相關係數；(3) 檢視相對危險性 (relative risk) 或勝算比 (odds ratio)。其中，由於機率值組合法所表達的意義有限，所以有學者便提出除了將機率值合併之外，應再計算各研究結果差異之效果量，以了解差異的大小及顯著性。

上述效果量之三種類型，詳述如下：

(一) 實驗組和對照組間之成效差異

效果量的觀點最常應用在實驗設計方面的實證研究上，如精神醫療、心理治療方面，將樣本分為實驗組及控制組二組進行比較觀察，最後分析二組對某一變數的反應差異現象。例如：由知覺動作訓練的統合分析研究結果得知，知覺動作訓練幾乎是不具有任何訓練效果的。此外，有心智練習比沒有任何心智練習來得好，但是差異不大。

此種效果量一般有 4 種算法，包括 Glass's Δ（M_1-M_2/ 控制組的 S）、Cohen's d（M_1-M_2/ 合併的 σ）、Hedges's g（M_1-M_2/ 合併的 S），這三種算法差別只在分母不同 (Rosenthal, 1991)。這類的應用例子有：(1) 使用局部麻醉藥降低靜脈穿刺及靜脈留置針疼痛效果之統合分析 (Fetzer, 2002)；(2) 糖尿病衛教措施效果之統合分析 (Brown, 1988)。

旨在求出實驗組與控制組的差值，最常見的便是標準化的平均差值。因各個

研究者對效果量有不同的定義，而有不同的算法。若以單一公式來看效果量的單位變換，較出色的有：Glass's Δ、Hedges' g、Cohen' d、Rosenthal 等 4 個類型，本書整理如下：

1. Glass 估計值 Δ (Glass's Δ)

$$\Delta = \frac{\overline{X_E} - \overline{X_c}}{S_C} \ , \ S_C = \sqrt{\frac{\sum\limits_{i=1}^{K}(X_i - \overline{X_C})^2}{n_C}}$$

其中，$\overline{X_E}, \overline{X_c}$ 分別爲實驗組、控制組之平均數。K 爲 Meta 總篇數。

S_C 爲控制組之標準差。

n_C 爲控制組之樣本數。

這公式明顯的缺點是，只用控制組的標準差來標準化兩組的平均值差，這樣的方法明顯是不妥的，但它是以後的效果量計算方法的基礎。

2. Hedges' g 值

統合分析最有名的個別研究效果量 d_i 之公式，就屬 Hedges 與 Olkin (1985) 之個別研究的效果量，稱爲 g 值。它針對 Glass 的估計值進行了修改，改用實驗組和控制組的合併後標準差 $S_{(pooled)}$，求得 g 值，其公式如下：

$$個別研究之效果量 \ g_i = \frac{M_1 - M_2}{S_{(pooled)}} \ （延自 \ t \ 檢定 = \frac{\overline{X_1} - \overline{X_2}}{S_{(pooled)}}）$$

$$合併的標準差 \ S_{(pooled)} = \sqrt{\frac{(N_1 - 1)S_1^2 + (N_2 - 1)S_2^2}{N_1 + N_2 - 2}}$$

其中，M_1 爲第一組（實驗組）平均數；M_2 爲第二組（控制組）平均數。

S_1^2 爲第一組（實驗組）變異數；S_2^2 爲第二組（控制組）變異數。

N_1 爲第一組（實驗組）研究篇數；N_2 爲第二組（控制組）研究篇數。

i 爲第 i 篇論文。

可是，當總樣本數過小時，計算所得的個別研究效果量 g 值會有一些誤差，對此，Hedges 與 Olkin 提出一個公式來校正 g 值，所求得的校正值稱爲 d_i 值，如公式所示：

$$個別研究之修正效果量 \ d_i = (1 - \frac{3}{4(n_E + n_C) - 9}) \times g_i$$

其中，$n_T = n_C + n_E$ 為個別研究之總樣本數。若 d_i 值 < 0，則代表第二組（控制組）的效果量高於第一組（實驗組）。

3. Cohen 估計值 d (Cohen's d)

接著，Cohen 再針對 Hedges' g 的 d_i 值提出了另一個修正公式，稱為 Cohen's d：

$$源始自 \ d_i = \frac{(\overline{X_E} - \overline{X_C})}{\sigma_i} \ , \ \sigma_i = \sqrt{\frac{(n_E - 1)S_E^2 + (n_C - 1)S_C^2}{n_E + n_C}}$$

Cohen's d 主要是針對獨立的觀測資料。從式中可以清楚發現 g 值與 d 值間的關係式為：

$$再修正為 \ g_i = \sqrt{\frac{n_E + n_C - 2}{n_E + n_C}} \times d_i$$

以上三種方法，至今已普遍使用在「實驗組 vs. 對照組」之比較分析。故對此種類型的研究在 Meta 分析時，應對各研究的效果量先予以計算，再進行一連串的處理分析。

Cohen (1960)、Hunter 和 Schmidt (1990) 等人，所擴充「個別效果量」的轉換公式，可整理成表 2-4。

依據 Cohen (1977) 對效果量 (ES) 的界定，當效果量 d ≈ 0.2 左右，代表「微量 (small) 效果」；當效果量為 0.5 左右，代表「中度 (medium) 效果」；當效果量為 0.2 左右，代表「強烈 (large) 效果」。但這只是直觀的認定，故本書都是採用嚴謹的「標準常態 Z」來判定，若 $p < 0.05$ 則達「顯著水準」。

上述可見，個別研究結果之統計量，無論 χ^2、t 值，將它們除以樣本人數，即可獲得效果量估計值。此種方法比前述的 Cohen's d 或 Hedges' g 必須獲得各組之平均值與標準差的限制來得有彈性，特別是對於在社會科學研究中，非實驗設計性質（非人為控制）的研究，也可以使用此法獲得效果量估計值。故本書亦納入此演算法。

● 表 2-4　各統計量轉換為「個別效果量」d_i 之公式

已知統計量	轉換為d值之公式		
	求出個別效果量 d_i	符號說明	注意事項
$\overline{X}_E$、$\overline{X}_C$、S_p	$d_i = t值 = \dfrac{\overline{X}_E - \overline{X}_C}{S_p}$ $\left(S_p = \sqrt{\dfrac{(N_E-1)S_E^2 + (N_C-1)S_C^2}{N_E - N_C - 2}}\right)$	$\overline{X}_E$ = 實驗組平均數 $\overline{X}_C$ = 控制組平均數 S_p = 合併標準差 S_E = 實驗組標準差 S_C = 控制組標準差 N_E = 實驗組樣本數 N_C = 控制組樣本數	只適用獨立樣本t檢定(Hedges & Olkin, 1980)
	$d_i = \dfrac{\overline{X}_E - \overline{X}_C}{S_p}$ $\left(S_p = \dfrac{S_E + S_C}{2}\right)$		Cooper (1998)提出另一公式
t 值	$d_i = \dfrac{2t_i}{\sqrt{df_i}}$	相依樣本t值轉d值的另一公式	可用在成對或非成對 t 檢定
F 值	$d_i = \sqrt{\dfrac{F}{df(e)}}$		只能適用在單因子變異數分析
r 值	$d_i = \dfrac{2r}{\sqrt{1-r^2}}$		積差相關 r 轉 d

來源：Cohen(1960); Friedman(1989); Hunter & Schmidt(1990)

小結

　　上述 4 種效果量單位變換，只適合「實驗組 vs. 控制組」之實驗處理效果，但這公式，你亦可延伸非實驗設計「男生組 vs. 女生組」這類調查法之認知差異比較。

　　有關 Cohen's d 的 Meta 實作，請詳見本書「第 3 章　Meta 分析的研究設計實施」。

(二) 檢視連續間的相關係數「r」

　　除了「標準化平均差」效果量外，我們還可以使用其他方式去估計標準化效果量，例如：用相關係數 (correlation coefficient)。相關係數直接估計兩個變數的關係，即使如上述實驗組、控制組的情況，也可以用點二系列相關 (point biserial correlation) 來表達實驗效果的大小，而不必用到平均數、標準差。由於很多時候，所蒐集到的研究並未提供平均數、標準差等資料，以至於 Hedges 的 g 或 Cohen 的 d 都無法計算，因此，Rosenthal (1984, p.23) 比較偏好用皮爾遜相關係數 (Pearson r) 做為標準化效果量的估計，因為很多統計數都可以很輕易的轉化為相關係數 (Rosenthal, 1984, pp. 24-26)。

　　若是相關性研究設計，在探討變數間關係時，此時第一手研究之相關性統計可能用 Pearson's r、Spearman's rank-order 或 ψ（乘積動差相關）表示，可將其轉換為 Pearson's r 來衡量其效果量。若是推論之調查研究，其統計值可能包含 t、F 或 Z，而這些統計值皆可轉換為相關係數「r」（詳見表 2-5），再依公式求得平均效果量 (Reynolds,et al., 1992)。這類例子較有名的有：產後憂鬱症對母嬰互動的影響之統合分析 (Beck, 1995)、產後憂鬱症的預測因子之統合分析 (Beck, 1996)。

　　Rosenthal 認為以積差相關係數 r 為效果量估計值，來進行 Meta 分析，是更佳的方法，它比 Cohen's d 或 Hedges' g 更廣泛性，原因有二：

1. Cohen's d 或 Hedges' g 必須有各組平均數及標準差才可以獲得各研究之效果量估計值，但當研究中只提供最後檢定統計量值，就無法求得算式，但若以 r 值為效果量估計值，便可經由上表格中所列的計算公式獲得，故限制較少，因此被應用機會較廣。

2. Cohen's d 或 Hedges' g 必須假設是二組獨立樣本的觀察，才能計算二組間的效果量估計值，但若以 r 值為效果量估計值，則不必假定二組為獨立樣本。因為如果是相依樣本觀察或重複測量下所獲得的觀察值與獨立樣本所獲得的觀察值在求效果量估計值 r 是相同的，不需經任何轉換公式（即 $t_i = \dfrac{r_i}{\sqrt{1 - r_i^2}} \times \sqrt{df_i}$，t 值不限定是獨立樣本或相依樣本假定），而 Cohen's d 或 Hedges' g 則無法有此便利。

　　此外，若從「平均效果量 $\bar{r}$ 值」的平方，即決定係數 r^2，亦可看出該研究中，因子（自變數）對依變數「可解釋的變異量」的大小。

● 表 2-5　各種統計量轉換為積差相關 (Pearson's r_i) 摘要表（第 i 篇論文）

primary study的統計量	轉換為Pearson's r的公式
t統計量及自由度df值	效果量 $r_i = \sqrt{\dfrac{t^2_i}{t^2_i + df_i}}$
$F_{(1,df)}$統計量及自由度df值	(1) 先算 $t_{(df)} = \sqrt{F_{(1,df)}}$ 再代入上式 (2) $r_i = \sqrt{\dfrac{F_{(1,\sim)}}{F_{(1,\sim)} + df_{error}}}$
簡單迴歸中之迴歸係數b Y = a + bX	$r_i = \dfrac{\hat{S}_X}{\hat{S}_Y} \times b_i$，$b_i$為未標準化迴歸係數
效果量Hunter's d	$r_i = \dfrac{d_i}{\sqrt{d_i^2 + \dfrac{4(N_i - 2)}{N_i}}}$ （當 $n_E = n_C = \dfrac{N}{2}$）
效果量Cohen's d	(1) $r_i = \dfrac{d_i}{\sqrt{d_i^2 + \dfrac{1}{pq}}}$，當$p \neq q$，p成功率，q失敗率。 (2) $r_i = \dfrac{d_i}{\sqrt{d_i^2 + 4}}$，當 $p = q = \dfrac{1}{2}$。
效果量Hedges's g	$r_i = \sqrt{\dfrac{g_i^2 \times n1 \times n2}{g_i^2 \times n1 \times n2 + (n1 + n2)df_i}}$

來源：應立志、鍾燕宜（2000），頁75

　　由於 Rosenthal 倡導使用 r 值為效果量估計值，使得許多研究本屬於非實驗設計性質的研究，亦可透過此法獲得各研究的 r 值以進行比較及合併分析。而在應用 r 值為效果量估計值時，在計算過程中需先將 r 值轉換成 Fisher's Zr，這樣兩個 r 之間差異的顯著性檢定才會比較準確。r 與 Zr 的關係如下：

　　第 i 篇論文之 ES：$Zr_i = \dfrac{1}{2}Ln(\dfrac{1 + r_i}{1 - r_i})$

　　表 2-6 即可以找到 r 值與 Fisher's Zr 的對應表。轉換 Zr 之後，就可用此標準化的 Z 機率組合法來求加權平均效果量 $\overline{Zr_+}$ (Hedges & Olkin, 1985)：

$$Z_p = \overline{Zr_+} = \sum_{i=1}^{K} w_i Z_{r_i}$$

其中，$w_i = \dfrac{N_i - 3}{\sum\limits_{j=1}^{K}(N_j - 3)}$，$N_i$ 與 N_j 都是每篇研究的樣本數。

表 2-6　Pearson r 值與 Fisher's Z_r 的對應表

r	Zr	r	Zr	r	Zr
0.00	0.0000	0.36	0.3769	0.72	0.9076
0.01	0.0100	0.37	0.3884	0.73	0.9287
0.02	0.0200	0.38	0.4001	0.74	0.9505
0.03	0.0300	0.39	0.4118	0.75	0.9730
0.04	0.0400	0.40	0.4236	0.76	0.9962
0.05	0.0500	0.41	0.4356	0.77	1.0203
0.06	0.0601	0.42	0.4477	0.78	1.0454
0.07	0.0701	0.43	0.4599	0.79	1.0714
0.08	0.0802	0.44	0.4722	0.80	1.0986
0.09	0.0902	0.45	0.4847	0.81	1.1270
0.10	0.1003	0.46	0.4973	0.82	1.1568
0.11	0.1104	0.47	0.5101	0.83	1.1881
0.12	0.1206	0.48	0.5230	0.84	1.2212
0.13	0.1307	0.49	0.5361	0.85	1.2562
0.14	0.1409	0.50	0.5493	0.86	1.2933
0.15	0.1511	0.51	0.5627	0.87	1.3331
0.16	0.1614	0.52	0.5763	0.88	1.3758
0.17	0.1717	0.53	0.5901	0.89	1.4219
0.18	0.1820	0.54	0.6042	0.90	1.4722
0.19	0.1923	0.55	0.6184	0.91	1.5275
0.20	0.2027	0.56	0.6328	0.92	1.5890
0.21	0.2132	0.57	0.6475	0.93	1.6584
0.22	0.2237	0.58	0.6625	0.94	1.7380

r	Zr	r	Zr	r	Zr
0.23	0.2342	0.59	0.6777	0.95	1.8318
0.24	0.2448	0.60	0.6931	0.96	1.9459
0.25	0.2554	0.61	0.7089	0.97	2.0923
0.26	0.2661	0.62	0.7250	0.98	2.2976
0.27	0.2769	0.63	0.7414	0.99	2.6467
0.28	0.2877	0.64	0.7582		
0.29	0.2986	0.65	0.7753		
0.30	0.3095	0.66	0.7928		
0.31	0.3205	0.67	0.8107		
0.32	0.3316	0.68	0.8291		
0.33	0.3428	0.69	0.8480		
0.34	0.3541	0.70	0.8673		
0.35	0.3654	0.71	0.8872		

(三) 檢視類別變數之相對風險比(relative risk, RR)或勝算比(odds ratio, OR)

在自然科學領域中，RR、OR 效果量的計算法比 Cohen's d、Glass's Δ 與 Hedges's g 的範圍更廣。

除了 RR、OR 外，亦可用比例間差異指標，如 Cohen's g(p-.50)、Cohen's d (p1-p2) 及 Cohen's h（p1-p2，其 p 值要先轉換成角度，用弳來測量：$2\ arcsin\sqrt{p}$）(Rosenthal, 1991)。這類型的研究，較有名的例子是，每天飲酒相較於不飲酒者，其發生乳癌之相對危險性有多高 (Holbert & Daniel, 1993)。

Rosenthal 對 Meta 貢獻方面，首先他提出加權 (weight) 觀念，認為「檢定統計值 = 效果量 × 樣本數」，因此所有研究都可經由研究結果檢定統計值除以樣本數而得到效果量之值（詳見表 2-7、表 2-8）。再提出相關來取代「標準化平均差」，進而將實驗設計 Meta 跨向非實驗性研究（調查法）中。

● 表 2-7　獨立觀察之檢定統計量與效果量關係

已知統計量	=	求出效果量	×	樣本數
$\chi^2_{(1)}$	=	ϕ^2	×	N
Z	=	ϕ	×	$\sqrt{N}$
t	=	$\dfrac{r}{\sqrt{1-r^2}}$	×	$\sqrt{df}$
t	=	$\left(\dfrac{M_1-M_2}{S_c}\right)^a$	×	$\dfrac{1}{\sqrt{\dfrac{1}{n_1}+\dfrac{1}{n_2}}}$
t	=	$\left(\dfrac{M_1-M_2}{S_{pooled}}\right)^b$	×	$\left[\dfrac{\sqrt{n_1 n_2}}{n_1+n_2}\times\sqrt{df}\right]$
t	=	$\left(\dfrac{M_1-M_2}{\sigma}\right)^c$	×	$\left[\dfrac{\sqrt{n_1 n_2}}{n_1+n_2}\times\sqrt{df}\right]$
t	=	d	×	$\dfrac{\sqrt{df}}{2}$

註：a 亦稱爲Glass's Δ；b 亦稱爲Hedge's g；c 亦稱爲Cohen's d
來源：Rosenthal, 1991, p.15

● 表 2-8　相關觀察之檢定統計量與效果量關係表

已知統計量	=	求出效果量	×	（已知）樣本數
F^a	=	$\dfrac{r_i^2}{1-r_i^2}$	×	df_{error}
F^b	=	$\dfrac{eta_i^2}{1-eta_i^2}$	×	$\dfrac{df_{error}}{df_{means}}$
F^b	=	$\dfrac{S_{means}^2}{S^2}$	×	n_i
t^c	=	$\dfrac{r_i^2}{\sqrt{1-r_i^2}}$	×	$\sqrt{df_i}$
t^c	=	$\dfrac{\overline{D}}{S_D}$	×	$\sqrt{n_i}$

已知統計量	=	求出效果量	×	（已知）樣本數
t^c	=	d_i	×	$\sqrt{df_i}$

註：a 分子自由度為1；b 分子自由度可為任意數；c 觀察相關
來源：Rosenthal (1991), p.15

小結

　　進行 Meta 分析的資料可以分為三大類：(1) 二元類別資料 (dichotomous data)，例如：陽性或陰性；通過或失敗。常用的單位有：相對風險比 (relative risk 或稱 risk ratio, RR)、風險差 (risk difference, RD)、勝算比 (odds ratio) 等；(2) 連續性資料 (continuous data)，常用平均數的差來表示結果；(3) 相關 r 族系 (Pearson r, Fisher's Zr)。

　　有關「二元類別資料」(odds ratio) 之 Meta 實作，請見第一章範例。

四、檢定與信賴區間之關係

　　樣本統計是點估計，是我們的猜測。區間估計則是母體參數有可能落在其中的眾多點估計。要正確估計母體參數是不可能的，但是可以假設母體參數應該落在一定的區間，稱為信賴區間 (confidence interval)。點估計加減誤差便是區間估計。

　　信賴區間的定義：由樣本資料定義一段數值區間，宣稱有多少信心以估計母體的參數包含於此區間內 (The level of uncertainty in the estimate of treatment effect)。該數值區間上、下限稱為信賴界限 (confidence limit)。用以估計的信心程度稱為信賴（心）水準 (confidence level)。因此，信賴區間估計常表示為：

$$[p - Z_{1-\alpha/2} \times (s.e), p + Z_{1-\alpha/2} \times (se)]$$

　　當母體為連續變數時，我們使用樣本平均值推論母體平均值。$\overline{X}$ 的標準誤 (se) 為 $\dfrac{S_x}{\sqrt{n}}$。

　　一般常以95%或99%為信賴水準指標；相對應的 Z 分數（相差幾個標準差）分別為 1.96 與 2.58。即 CI 可表示為：

(1)95% 信心估計母群體平均數，在樣本平均數 ±1.96×（母群體標準差／樣本數 n 的平方根）的範圍內。當我們抽樣夠多次，則其中約有 95% 左右個（100

個之中有 95 個）信賴區間會包含 μ。

(2) 99% 信心估計母群體平均數，則在樣本平均數 ±2.58×（母群體標準差／樣本數 n 的平方根）的範圍內。

CI 科學符號表示有二方式：

$$\mu \text{ 之 } 95\% \text{ CI} = \overline{X} \pm 1.96 \times \frac{\sigma}{\sqrt{n}}$$

$$\mu \text{ 之 } 99\% \text{ CI} = \overline{X} \pm 2.58 \times \frac{\sigma}{\sqrt{n}}$$

由上式可看出，抽樣樣本 n 越大，相同的樣本變異數 σ^2 下，樣本平均值的標準誤越小，則信賴區間也越小，也就是不確定程度越小。

例如：平均值標準誤 (standard error of the mean)，它是我們藉著手邊的樣本 (sample) 資料，對母群體 (population) 平均值做估計時，對這個估計結果誤差程度的表示方法。我們也可以把標準誤轉換成信賴區間的方式，來表示對所估計母群體平均值的把握程度。因此，若我們的樣本數 (sample size) 越大，所得的標準誤越小，亦即信賴區間越小，表示我們對所獲得的數據（平均值）越有把握。例如當電腦報表上印出 10 位病人的血壓平均為 120.4mmHg，標準差 13.2mmHg，和標準誤 4.18mmHg 時，意味著這種情況的病人血壓大約為以 120.4mmHg 為中心，呈現標準差為 13.2mmHg 之分散程度的分布。由於這個資料乃根據 10 位病人的血壓值來估計，以樣本平均血壓 120.4mmHg 來估計母群體平均血壓的誤差程度為標準誤 4.18mmHg，我們並可計算由此樣本所得母群體平均值的 95% 信賴區間 (95% confidence interval) 為 111.0mmHg 至 129.8mmHg，簡言之，在此區間 (111.0 mmHg,129.8mmHg) 內有 95% 的機率會包括真實的母群體平均血壓值。

標準差 (S) 及標準誤 (se)，這兩種表示法傳遞不同的訊息。當以「平均值 ± 標準差」來描述資料時，是表示了這個資料的中央趨勢（用平均值來描述）和分散程度（用標準差來描述）兩樣性質。而若以「平均值 ± 標準誤」時，則僅描述了這個資料的中央趨勢（用平均值來描述），以及對母群體平均值估計的可能誤差程度。

在同樣型 I 誤差（α 值）的情形下，信賴區間可以用來判定樣本平均值與假定母體平均值是否有顯著差異，結論會跟雙尾檢定相同。若以樣本平均值推論出 μ 的信賴區間，包含了原本假定的母體平均值，則表示樣本平均數與母體平均值

沒有顯著差異。若以樣本平均值推論出 μ 的信賴區間，不包含原本假定的母體平均值，則表示樣本平均數與母體平均值有顯著差異。

　　常態母體，σ 未知時。假設型 I 誤差 = α，自由度 = n − 1，平均數的信賴區為：$\overline{Y} \pm t_{\alpha/2,n-1} \times (se)$，其中 $se = \dfrac{S}{\sqrt{n}}$。

　　例如：從一常態母體中隨機抽出 n = 25 的樣本，並得到樣本平均數 $\overline{Y}$ = 50, 樣本標準差 S = 8。則母體平均數的 95% 信賴區間為：

$$\overline{Y} \pm t_{\alpha/2,n-1} \times \frac{S}{\sqrt{n}} = 50 \pm 2.0639 \times \frac{8}{\sqrt{25}}$$

　　如果 n ≥ 30，t 值亦會趨近於 Z 分數。當樣本標準差 S 已知，且樣本個數大於 30，我們改用 Z 分配求 95%CI：

$$95\%CI = \overline{X} \pm Z_{\alpha/2} \times \frac{S}{\sqrt{n}} = \overline{X} \pm 1.96 \times \frac{S}{\sqrt{n}}$$

2-1-3a Meta 分析處理 Pearson 相關係數之運作原理

一、處理Pearson相關係數之運作流程

　　求各個原始樣本文獻的 Pearson 相關係數彙總後之平均效果量時，不可直接將 Pearson 相關係數相加求平均數，必須先將各個文獻的 Pearson 相關係數效果量初始尺度（即初始分數）轉換成 Fisher's z 分數，再算出各個已轉化為 Fisher's z 分數尺度效果量的平均，最後將所得之「Fisher's z 分數尺度的合併後平均效果量」再還原回 Pearson 相關係數的初始尺度，始得平均效果量。流程示意圖如下：

見「表 2-6 Pearson r 值與 Fisher's Zr 的對應表」

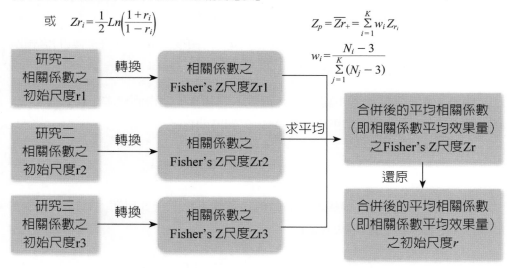

或　$Zr_i = \frac{1}{2}Ln\left(\frac{1+r_i}{1-r_i}\right)$　　$Z_p = \overline{Zr_+} = \sum_{i=1}^{K} w_i Z_{r_i}$

$w_i = \frac{N_i - 3}{\sum\limits_{j=1}^{K}(N_j - 3)}$

Fisher's Zr 還原為 r 公式：　$\gamma = \frac{\exp(2z)-1}{\exp(2z)+1} = \tanh(z)$

圖 2-7　使用 Fisher's z 轉換求相關係數平均效果量之 Meta 分析流程

來源：改自 Borenstein et al. (2011)

　　所有分析及合併的運作皆以轉換後的值進行，分析的結果（如：平均效果量）及信賴區間 (Confidence interval, CI) 再還原回初始尺度。

　　運作說明及公式如下：

(一) 將樣本相關係數的初始尺度轉換為 Fisher's z 值

1. r 值轉換為 Fisher's z 值之公式：

$$z = \frac{1}{2} \times ln\left(\frac{1+r}{1-r}\right)$$

Fisher's Zr 變換是改造方式來抽樣分布的 Pearson's r（即相關係數），使之成為常態分布。將 r 轉換為 z 分數的公式為：

$$Zr = .5\,[ln(1+r) - ln(1-r)]$$

例如：假設相關係數 r = 0.4，代入轉換公式：

$$Zr = .5\ [\ln(1 + 0.4) - \ln(1 - 0.4)]$$

$$Zr = .5\ [\ln(1.4) - \ln(\ 0.6)]$$

$$Zr = 0.5\ [0.33647223662 - 0.51082562376]$$

$$Zr = 0.5\ [0.84729786038]$$

$$Zr = 0.4236$$

其中 ln 是自然對數。

2. Fisher's z 值的變異數（最佳近似值）公式：

$$V_z = \frac{1}{n - 3}$$

3. Fisher's z 值的標準誤公式：

$$SE_z = \sqrt{V_z}$$

(二) 在Fisher's z值的尺度中，計算各個樣本文獻效果量的加權平均數，作為合併之效果量（即平均效果量）

1. 各個樣本文獻效果量的權重是各個樣本文獻變異數的倒數之公式：

$$W_i = \frac{1}{V_{Y_i}}$$

2. 各個樣本文獻效果量的加權平均數（即合併之效果量，平均效果量）M 之公式：

$$M = \frac{\sum_{i=1}^{k} W_i Y_i}{\sum_{i=1}^{k} W_i}$$

(三) 在Fisher's z值的尺度中，計算合併之效果量（即平均效果量）的95%信賴區間

1. 合併之效果量（即平均效果量）的變異數是權重之和的倒數：

$$V_M = \frac{1}{\sum_{i=1}^{k} W_i}$$

2. 合併之效果量（即平均效果量）的標準誤是變異數的平方根：

$$SE_M = \sqrt{V_M}$$

3. 合併之效果量（即平均效果量）的 95% 信賴區間的下限之值：

$$LL_M = M - 1.96 \times SE_M$$

4. 合併之效果量（即平均效果量）的 95% 信賴區間的上限之值：

$$UL_M = M + 1.96 \times SE_M$$

(四) Fisher's z值還原回初始尺度r值之公式

$$r = \frac{e^{2z} - 1}{e^{2z} + 1}$$

二、使用Fisher's z轉換處理Pearson相關係數之理由

Pearson 相關係數之母群體參數 ρ 的估計值是其樣本統計量 r。r 的變異數 V_r 之近似值為 $V_r = \frac{(1 - r^2)^2}{n - 1}$，其中 n 為樣本大小。

上式 V_r 為一次項，r^2 為二次項，因此可知 V_r 和 r 有強烈的非線性關係，即「相關係數的變異數」和「相關係數」有強烈的非線性關係，且當相關係數較大時，相關係數的抽樣分配是有偏的。所以 Meta 分析計算各個原始樣本文獻的 Pearson 相關係數合併之效果量（即平均效果量）時，不可將 Pearson 相關係數直接相加求平均，必須先轉換成 Fisher's z 分數尺度，再求平均，最後再還原回初始尺度，以求出合併後的平均相關係數。

2-1-3b 迴歸模型之效果量轉算程序

$Y_i = a + bX_i + e_i$，簡單線性迴歸分析旨在於此估計能夠正確描述 X 與 Y 關係的截距 a 與斜率 b。

後來，簡單線性迴歸演變成複迴歸。接著再演變成：縱橫 / 追蹤資料 (panel data) 迴歸、多層次或縱貫性(multilevel and longitudinal) 模型、處理效果 (treatment effects) 模型（虛擬變數）。而時間序列之迴歸，依序出現 ARIMA、向量自我迴歸 (VAR)、向量誤差修正模型 (VECM)、半對數和分量迴歸模型等。相對地，類

別依變數的迴歸，包括：probit 模型、survival 模型、multinomial logit 等。詳情請見作者《Stata 廣義時間序列：Panel data 迴歸模型》一書。

　　上述這些迴歸分析，都可用 Meta 分析來統整正反兩派的辯正。總體而言，迴歸的目的有 4 個：

1. 將 X 與 Y 的關係以一種量化的方式來表達 (quantify a theory)。
2. 檢驗有關於 X 與 Y 之間關係的理論 (test a theory)。
3. 測量 X 與 Y 之間的關係強度 (measuring the strength of relationships)。
4. 在已知 X 值得條件下對 Y 做樣本外預測 (forecasting)。

　　以官蔚菁（2004）「臺灣健康信念模型研究之統合分析」研究爲例，針對國內將健康信念模型應用於健康行爲的研究做統合分析，希望了解此模型對健康行爲的解釋效果及模型中主要 4 個自變數（自覺罹病性、自覺嚴重度、自覺行動利益、自覺行動障礙）對健康行爲之關係，其研究架構如下圖。

一、研究架構（含次族群之干擾變數）

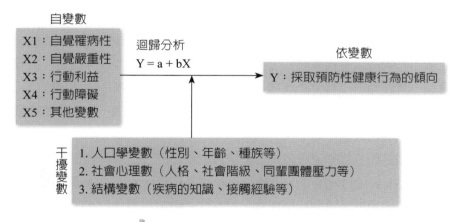

📖 圖 2-8　健康信念模型

來源：改自Rosenstock (1974)

　　根據 Rosenstock(1974) 之健康信念模型 (health belief model)，其組成要素包括：

1. 自覺罹病性 (perceived susceptibility)：指個人對罹患疾病之可能性的主觀評估。因爲這是一個主觀的變數，所以每一個人對於自覺罹病性的感受差異非常大，有人可能覺得自己很容易就罹患某疾病，但也有人認爲自己絕不會得

此疾病。在健康信念模型中認為，自覺罹病性越強烈，越容易採取行動。

2. 自覺嚴重性 (perceived seriousness)：指個人對罹患某病嚴重性的感受。此為主觀之感受，因此每個人的差異性很大，主要受到個人對某疾病的看法，以及個人認為此疾病是否會影響其生活，甚至造成其死亡之主觀的評估。健康信念模型認為，自覺嚴重性越強烈，越容易採取行動。

3. 自覺行動利益 (perceived benefits of taking action)：指個人對所採取的行動是否能降低罹病性或嚴重性，這些利益之主觀性評估。關於自覺行動利益這個信念，會受個人社會團體的規範及壓力所影響而採取不同的行動。在健康信念模型中認為，自覺行動利益越強烈，則越容易採取行動。

4. 自覺行動障礙 (perceived barriers of taking action)：指個人在行動過程中對可能存在之障礙的評估。例如：個人可能覺得要採取此行動存在有太貴、很痛苦或不舒服等負向因素，會影響到個人不願採取行動，這些因素即為行動障礙。在健康信念模型中認為，自覺行動障礙越強烈，則越不容易採取行動。

5. 其他還有人口學、社會心理和結構等因素，會直接及間接影響健康行為的表現。

　　在 Rosenstock (1974) 提到健康信念模型假設個人採取某健康行為和其自覺可能罹患某病（自覺罹病性），及自覺罹患該病後的可能嚴重後果（自覺嚴重性）有關，若感覺自己易罹患該病，且後果會十分嚴重，而採取某種行為以預防此種疾病之益處超過障礙時，此時若有適當的行動線索刺激，則他真正採取這些行為的可能性會增大。

　　本例將研究樣本所貢獻之四個變數對健康行為之解釋效果量，定義為研究層次 (study level) 的效果量。接著分別計算出每篇樣本的四個變數，包括自覺罹病性、自覺嚴重度、自覺行動利益、自覺行動障礙與健康行為間的關係效果量，定義為結果層次 (outcome level) 的效果量（官蔚菁，2004）。

二、研究工具

1. 編碼表 (coding sheet)

　　編碼表主要參考 Lipsey、Wilson (2001) 以及 Brown (2003) 修改而成，內容包括五大部分，第一部分「研究特徵」包括：作者姓名、作者數、第一作者背景、第一作者學歷、出版年代、出版類別及出版資料等 7 項；第二部分「樣本特

性」包括：個案性別、各性別人數、個案平均年齡（± 標準差）、個案年齡全距、婚姻狀況、教育程度、疾病狀況、居住狀況、宗教信仰及回收率等十項；第三部分「方法學特徵」包括：理論架構、研究設計、樣本數、取樣方法、資料取得方式、自覺罹患性工具信效度、自覺嚴重性工具信效度、自覺行動利益工具信效度、自覺行動障礙工具信效度、收案場所、自覺罹患性定義、自覺嚴重性定義、自覺行動利益定義、自覺行動障礙定義、健康行為定義及健康行為分類等16 項；第四部分，原始資料的「效果量相關資料」包括：迴歸係數 b 值、S.E.$_{(b)}$值、β 值、p 值、N(df)、t 值、r 值、Fisher's Zr 值、R^2 值等 9 項（如表 2-9）；第五部分「其他」包括：編碼時間、選入與否及選入原因等 3 項。

● 表 2-9　primary data 之編碼表

欄位	統計量		自覺罹病性	自覺嚴重度	自覺行動利益	自覺行動障礙	4個自變數對健康之總解釋
7	登錄4變數分別之slope資料，比較重要性	b值	登錄在作迴歸分析時，健康信念模型4個自變數之迴歸係數b值，若資料經由計算而得，需以紅筆書寫，若缺乏此資料則寫NA				
8		S.E.$_{(b)}$	登錄在作迴歸分析時，健康信念模型4個自變數之「迴歸係數b值的標準誤」，若資料經由計算而得，需以紅筆書寫				
9		β 值	登錄在作迴歸分析時健康信念模型4個自變數之「標準化迴歸係數β值」				
10		p值	登錄在作迴歸分析時健康信念模型4個自變數之「p值」。並註記單尾或雙尾檢定，若只提供p < 0.05，則p登錄為0.05，其餘則類推，若缺乏此資料則寫NA，例如：0.05（單尾）				
11		N(df)	樣本數（自由度）				
12		直接由研究中獲得或計算得統計量t值	迴歸係數b值之顯著性檢定t值；若資料經由計算而得，需以紅筆書寫				

欄位	統計量		自覺罹病性	自覺嚴重度	自覺行動利益	自覺行動障礙	4個自變數對健康之總解釋
13		由統計量t或由p,N值轉為效果量r值	(1) 由登錄欄位12所獲得之t值及df欄位11之N-1，代入下列公式轉換為效果量r值：$$r = \sqrt{\frac{t^2}{t^2 + df}}$$ (2) 由登錄欄位10所獲得之p值及欄位11所獲得之N，依公式：$$r = \frac{Z}{\sqrt{N}}$$ 轉換為效果量r值。因資料經由計算而得，需以紅筆書寫。				
14		迴歸係數b之Fisher's Zr	由登錄欄位13所獲得之r值，經由公式 Fisher's $Zr = \frac{1}{2}LN(\frac{1+r}{1-r})$ 轉換而得，需以紅筆書寫。				
	總解釋力	R^2值					

2. 編碼簿 (codebook)

編碼簿主要是將編碼表的登錄方法做詳細的說明及規定，以利登錄者進行登錄工作，及提高登錄的可信度。編碼簿的內容是依據編碼表來訂定，其依照編碼表的項目一一說明如何做登錄，或說明每個號碼代表之意義。

三、效果量的轉算

(一)「研究層次」（混合4個自變數對1個依變數）的效果量

在效果量估計時，本例採用 Rosenthal 建議的 r 值來計算。在研究層次的效果量部分，本例登錄原始論文之 R^2 值，主要分為兩類：(1) 是 4 個變數對健康行為之解釋效果量。(2) 是 4 個變數加上「其他變數」對健康行為之解釋效果量。登錄 R^2 值後再將其轉為效果量 r 值做計算，因原始論文中皆有提供 R^2 值，故可直接取平方根得正的效果量 r 值。

由於在「研究層次」的效果量部分，會有單一論文產生多重效果量之情形，

在此情形下，本例採用 Cooper (1989) 的建議，使用「改變分析的單位」方法，把每個統計檢定一開始都當作獨立事件登錄。

(1) 在合併同一論文之多重效果量時，則計算該研究的「**平均效果量**」，以平均效果量爲分析單位，所以對於整體的評估，每篇論文只提供單一個「**平均效果量**」。

(2) 但是，當檢驗可能影響整個關係的「其他變數」之時，只有在「其他變數」的不同類別之間，來累積其研究結果。

　　根據以上這 2 個計算方式，在研究層次的效果量方面，一共 24 篇論文符合納入標準，共產生了 35 個效果量，總個案數爲 22,423 人，每一個研究產生之效果量數目範圍從 1 到 4。故在研究層次所計算的效果量中，全部都是根據原始論文之 R^2 值，再直接取平方根得正的效果量 r 值。

(二)「結果層次」的效果量

　　在結果層次的效果量方面，自覺罹病性、自覺嚴重度、自覺行動利益、自覺行動障礙與健康行爲間的關係，分別是用複迴歸或逐步 (stepwise) 迴歸中的係數 b 來算出效果量 r 值。故原始論文中所提供的原始資料主要分爲兩類：

1. 迴歸分析 (Y = a + bX) 已提供「β 值與 p 值」或「b 值與 p 值」：先依公式 2-1 求出 b 值，再依公式 2-2 求出 S_b，最後由公式 2-3 求出 t 值，再根據公式 2-4 得效果量 r 值。

若原始研究中所給的資料不足，無法計算出確切的效果量時，則由研究中所給的 p 值來估計效果量 r 值；即可先將 p 值轉換爲 Z 值（見圖 2-4 標準常態分配之對應的 Z 值表），再由公式 2-5 將 Z 值轉爲 r 值，最後 r 值再轉成 Zr。

Step 1：迴歸係數 $b_i = \beta_i \dfrac{\hat{S}_X}{\hat{S}_Y}$，β 爲標準化迴歸係數　　　　　（公式 2-1）

Step 2：迴歸係數標準差 $S_b = \sqrt{\dfrac{S_{y.12}^2}{\sum(x-\bar{x})^2(1-r_{12}^2)}}$　　　（公式 2-2）

Step 3-1：Student's $t = \dfrac{b}{S_b}$　　　　　（公式 2-3）

Step 3-2：Pearson's $r = \sqrt{\dfrac{t^2}{t^2 + df_{error}}}$　　　　　（公式 2-4）

Step 4：Pearson's $r = \dfrac{Z}{\sqrt{N}}$ （公式 2-5）

2. 迴歸係數 b（即 Y = a + bX）已提供顯著性檢定 t 值，直接由公式 2-4 算出效果量 r 值。

算出效果量估計值 r 之後，再配合樣本數 N 與研究設計，計算其顯著性（單尾 p 值）。計算過程中，最後再根據公式 2-6 將 r 值轉換成 Fisher's Zr 值。因為 Zr 則是 r 經過 Fisher 轉換後的 Z 值，會比 Pearson's r 相關來得準確。接著，再代入公式 2-7 與公式 2-8 中求出平均 Fisher's Zr 值與加權平均 Fisher's Zr₊ 值，本例是依參考 Rosenthal (1991) 的建議，以每一個研究之效果量之變異數的倒數 ($w_j = N_j - 3$) 來加權，之後再將平均 Fisher's Zr 值與加權平均 Fisher's Zr₊ 值依公式 2-9 轉換回效果量 Pearson's r。接著，先求 Zr 的 95%CI，先由而 Fisher's Zr 帶入公式 2-10 及公式 2-11，最後由公式 2-12 還原求出效果量 r 之 95% 信賴區間。由 95%CI 未含「0」，即可判定「達顯著性」。

Step 1：Fisher's $Zr = \dfrac{1}{2} Ln(\dfrac{1+r}{1-r})$ （公式 2-6）

Step 2-1：平均 Fisher's $\overline{Zr} = \dfrac{\sum Zr}{K}$，K 論文篇數 （公式 2-7）

Step 2-2：加權平均 Fisher's $\overline{Zr_+} = \dfrac{\sum w_j \times Zr_j}{\sum w_j}$ （公式 2-8）

Step 3：Perason's $r = \dfrac{(e^{2 \times Zr} - 1)}{(e^{2 \times Zr} + 1)}$ （公式 2-9）

Step 4-1：$^U Zr = \overline{Zr} + 1.96 \times \sqrt{\dfrac{1}{n-3}}$，$U = 95\%CI$ 的 *upper* （公式 2-10）

Step 4-2：$^L Zr = \overline{Zr} - 1.96 \times \sqrt{\dfrac{1}{n-3}}$，$L = 95\%CI$ 的 *lower* （公式 2-11）

Step 5：r 的 95%CI $\begin{cases} ^U r = \dfrac{(e^{2 \times {}^U Zr} - 1)}{(e^{2 \times {}^U Zr} + 1)}, e = 2.71828 \\ ^L r = \dfrac{(e^{2 \times {}^L Zr} - 1)}{(e^{2 \times {}^L Zr} + 1)} \end{cases}$ （公式 2-12）

公式 2-10 及公式 2-11 所求出 Fisher's $\overline{Zr}$ 的 95%CI，若未含「0」，則達 0.05 顯著水準，反之，95%CI 含「0」則不顯著。

　　由於在「結果層次」的效果量部分，會有單一論文產生「多重效果量」之情形，在合併同一篇論文之多重效果量時，則可計算該研究的「平均效果量」，以平均效果量為分析單位。故每篇論文對自覺罹病性、自覺嚴重度、自覺行動利益、自覺行動障礙對健康行為關係的效果量，都各只提供單一個效果量，所以每篇論文都會有 4 個效果量。在檢驗「結果層次」效果量時，本例採用 Cooper (1989) 的建議，使用「改變分析的單位」方法，把每個統計檢定一開始都當作「獨立事件」登錄，在檢驗可能影響整個關係的其他變數之時，只有在「其他變數」的不同類別之間，累積其研究結果。根據此方式，在結果層次的效果量方面，一共 24 篇研究符合納入標準，產生了 140 個效果量，總個案數為 22,423 人，每篇研究產生之效果量數目範圍從 4 到 16。在「結果層次」的效果量中，53% 是根據「β 值與 p 值」或「b 值與 p 值計算」而得，47% 是由迴歸係數 b 的 t 值轉換來的。

　　由於每篇論文皆會產生自覺罹病性、自覺嚴重度、自覺行動利益、自覺行動障礙與健康行為關係的 4 個效果量，因此，每一個研究都有 4 個效果量，而這樣的方式會造成效果量間的非獨立性。故本例在結果層次效果量的比較中，也採用無母數統計分析中之 Friedman 檢定法做顯著性檢定，若有顯著差異則再用 Hollander-Wolfe 之多重比較做事後檢定來分析效果量之間的差異情形，在本例中，將整個實驗訂於 $\alpha = 0.30$，即每一組比較之 $\alpha = 0.05$ (Daniel, 1990)。

補充資料

一、Friedman檢定：多組有關樣本的推論法

　　若我們某一資料集，可表示成有 k 行（表示處理）n 列（表示各樣本組數目），如下所示：

處理 集區	1	⋯	⋯	j	⋯	⋯	k
1	X_{11}	⋯	⋯	X_{1j}	⋯	⋯	X_{1k}
2	X_{21}	⋯	⋯	X_{2j}	⋯	⋯	X_{2k}
⋮	⋮	⋮	⋮	⋮	⋮	⋮	⋮
i	X_{i1}	⋯	⋯	X_{ij}	⋯	⋯	X_{ik}

集區＼處理	1	...	...	j	...	...	k
⋮	⋮	⋮	⋮	⋮	⋮	⋮	⋮
⋮	⋮	⋮	⋮	⋮	⋮	⋮	⋮
n	X_{n1}	...	...	X_{nj}	...	...	X_{nk}

我們可以將每一個集區去做排序並給予等級，如下表：

集區＼處理	1	...	...	j	...	...	k
1	R_{11}	...	...	R_{1j}	...	...	R_{1k}
2	R_{21}	...	...	R_{2j}	...	...	R_{2k}
⋮	⋮	⋮	⋮	⋮	⋮	⋮	⋮
i	R_{i1}	...	...	R_{ij}	...	...	R_{1k}
⋮	⋮	⋮	⋮	⋮	⋮	⋮	⋮
⋮	⋮	⋮	⋮	⋮	⋮	⋮	⋮
n	R_{n1}	...	...	R_{nj}	...	...	R_{nk}
等級和	R_1	...	...	R_j	...	...	R_k

進而可計算檢定統計量 $F_r = \dfrac{12}{nk(k+1)} \sum_{i=1}^{k} R_i^2 - 3n(k+1) \sim \chi^2_{(k-1)}$ 分配。

檢定步驟

1. $\begin{cases} H_0：各個處理一樣好 \\ H_1：各個處理不一樣好 \end{cases}$

2. 假設顯著水準 $\alpha = 0.05$

3. 計算檢定統計量：$\chi^2_{(k-1)} = \dfrac{12}{nk(k+1)} \sum_{i=1}^{k} R_i^2 - 3n(k+1)$

4. 決策：若臨界值 $\chi^2 \geq \chi^2_{0.05,\,(k-1)}$，則拒絕 H_0

理論基礎

當 k 組有關樣本所來自母體相同或 k 種處理效應相同，則 k 組等級和 R_i 應

相去不遠，使得卡方值較小，故各組等級和 R_i 相差太多，則拒絕虛無假設。

範例

　　以 12 名受訪者，進行 A 案、B 案、C 案三種包裝設計滿意順序的測驗，得下表：

受訪者	1	2	3	4	5	6	7	8	9	10	11	12人
A案	1	2	1	2	1	1	1	2	1	1	1	2
B案	2	3	2	1	2	3	3	1	2	3	2	1
C案	3	1	3	3	3	2	2	3	3	2	3	3

試以 $\alpha = 0.05$ 檢定三種設計方案是否一樣好？

答：

受訪者	1	2	3	4	5	6	7	8	9	10	11	12人	等級和
A案	1	2	1	2	1	1	1	2	1	1	1	2	16
B案	2	3	2	1	2	3	3	1	2	3	2	1	25
C案	3	1	3	3	3	2	2	3	3	2	3	3	31

$$\chi^2_{(3-1)} = \frac{12}{nk(k+1)}\sum_{i=1}^{k}R_i^2 - 3n(k+1) = \frac{12}{12 \times 3(4)}(16^2 + 25^2 + 31^2) - 3 \times 12(3+1) = 9.5$$

查表：$\chi^2_{0.05,2} = 5.991$

因爲手算卡方值 9.5 > 查表 5.991，故拒絕「H_0：三種包裝設計一樣好」。

Friedman test 此方法可以檢定序列尺度彼此間是否有統計上的差異，它可用 SPSS 來計算，在 SPSS 選「Select Analyze Nonparametric Tests K Related Samples」，畫面即可出現下圖。

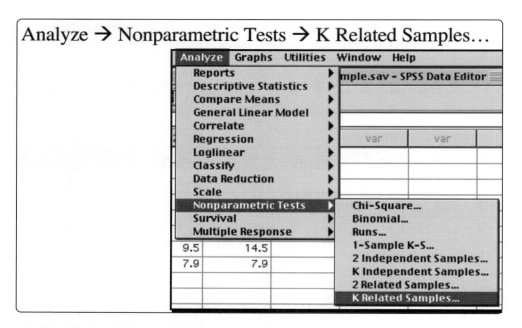

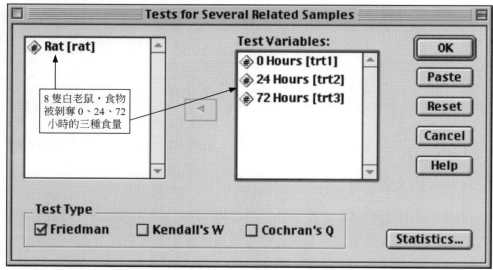

圖 2-9　SPSS 之 Friedman Test 畫面

　　舉例來說，假設 8 項「森林功能」代碼，依序為：R_1 涵養水源、R_2 國土保安、R_3 碳吸存、R_4 森林產物、R_5 森林遊憩、R_6 自然教育、R_7 景觀美質、R_8 自然資源保育。以序列尺度分析方法，並採用 Friedman 法及 Hollander-Wolfe 檢

測，「森林功能」在山坡地及平地之重要性排序，所得結果：呈現此兩區位在森林功能的重要性上呈現不一致的現象，民眾認為森林的功能以「國土保安」和「涵養水源」在山坡地最為重要；但在平地則以「碳吸存」和「涵養水源」最為重要。

本例之假設為：

H_0：民眾對於造林功能之排序相同（無明顯差異）

H_1：民眾對於造林功能之排序不同（具有顯著差異）

$$F_r = \frac{\frac{12}{nk(k+1)}\sum_{i=1}^{k} R_i^2 - 3n(k+1)}{1 - \frac{\sum_{j=1}^{C}(\sum t_j^2 + \sum t_j)}{nk(k^2-1)}} \sim \chi^2_{(k-1)} 分配$$

其中，k：表示 8 項森林功能。n：樣本數量。R_i：表示各功能之等級和。

　　t_j：第 j 列之等級相同者個數。

　　F_r 為近似 (k − 1) 個自由度的卡方分配。若 F_r 小於等於卡方分配的臨界值，則接受虛無假設 H_0，即民眾對於森林功能之排序沒有明顯差異。反之，若 F_r 大於卡方分配的臨界值，則拒絕虛無假設 H_0，表示民眾對於森林功能之排序具明顯差異，則需再以 Hollander-Wolfe 之多重比較不同森林功能之差異性。

二、Hollander-Wolfe多重比較

　　經過 Friedman 檢定法後，所得的結果如呈顯著（項目間具有差異性存在），本例採用 Hollander-Wolfe 之多重比較，此統計方法常用以序列尺度之比較，其公式如下：

$$\left| R_i - R_j \right| > Z \sqrt{\frac{nk(k+1)}{6}}$$

其中，R_i、R_j：第 i、j 處理的等級和。

　　k：表示 8 項功能。

　　n：樣本數。

　　Z：機率 $1 - \dfrac{\alpha}{k(k-1)}$ 所相當的標準常態隨機變量。

2-1-4 個別效果量之變異數估計

Meta 統計分析，將每篇文獻測量的結果轉換成相同的計量，然而大多數的研究會使用不同的量表，此時就必須將這些結果做一個適當的轉換，然後才能整合。對於探討介入成效的研究，若為類別型的資料則是轉換為風險比 (risk ratio, RR)、勝算比 (odds ratio, OR) 或絕對風險減少率 (absolute risk reduction, ARR)；而連續型的資料則是轉換為組間的平均差 (mean difference)、加權後的平均差 (weighted mean difference, WMD) 或標準化的平均差 (standardized mean difference, SMD)。組間的平均差是指二組平均值的差異；加權後的平均差主要是用於以同一種量表來測量同一個結果，且各研究間的變異性不大時；標準化的平均差則是用於以不同量表來測量同一個結果時，將數值轉為同一單位。其中以標準化的平均差較常被使用於統合分析中，標準化的平均差又常以效果量為代表。

Comprehensive Meta-analysis (CMA) 軟體，在鍵入原始資料時，除了 d_i, g_i, $95\%CI$ 等外，亦須提供個別效果量之變異數（或標準誤）。變異數的估計法包括勝算比、勝算比之自然對數 (natural logarithm of the odds ratio, LOR) 這幾種類比變數之變異數，個別效果量（d_i, OR, LOR 等）之變異數估計值 $\hat{\sigma}_i^2$，其對應的公式如下表。

● 表 2-10　個別效果量及其對應的「研究間」抽樣變異數

效果量之指標	個別研究之效果量	變異數估計值 $\hat{\sigma}_i^2$
mean difference（連續變數之平均差）	$D_i = \bar{Y}_E - \bar{Y}_C$	$V(D) = \dfrac{S_E^2}{n_E} + \dfrac{S_C^2}{n_C}$
standardized mean difference（連續變數之標準化平均差）	Cohen's $d_i = (1 - \dfrac{3}{4N-9})\dfrac{\bar{Y}_E - \bar{Y}_C}{S}$	$V(d) = \dfrac{n_E + n_C}{n_E n_C} + \dfrac{d^2}{2(n_E + n_C)}$
risk difference（類別變數之風險差）	$rd_i = P_E - P_C$	$V(rd) = \dfrac{P_E(1-P_E)}{n_E} + \dfrac{P_C(1-P_C)}{n_C}$
natural logarithm of the risk ratio（風險比的自然對數）	$Lrr_i = Ln(\dfrac{P_E}{P_C})$	$V(Lrr) = \dfrac{1-P_E}{n_E P_E} + \dfrac{1-P_C}{n_C P_C}$

效果量之指標	個別研究之效果量	變異數估計值 $\hat{\sigma}_i^2$
natural logarithm of the odds ratio（勝算比的自然對數）	$Lor_i = Ln[\dfrac{P_E(1-P_C)}{P_C(1-P_E)}]$	$V(Lor) = \dfrac{1}{a} + \dfrac{1}{b} + \dfrac{1}{c} + \dfrac{1}{d}$
Pearson correlation coefficient（積差相關係數）	$r_{xy} = \dfrac{\sum\limits_{i=1}^{n}(x_i - \overline{x})(y_i - \overline{y})}{\sqrt{(x_i - \overline{x})^2}\sqrt{(y_i - \overline{y})^2}}$	$V(r_{xy}) = \dfrac{(1-r_{xy}^2)^2}{N-2}$
Fisher's Z（修正相關係數之Zr）	$Zr = Ln(\dfrac{1+r_{xy}}{1-r_{xy}})$	$V(Zr) = \dfrac{1}{N-3}$

其中，$\overline{Y}_E, \overline{Y}_C$：分別代表實驗組、控制組的平均數。

S_E^2, S_C^2：分別代表實驗組、控制組的變異數。

n_E, n_C：分別代表實驗組、控制組的樣本大小。而 $N = n_E + n_C$。

S：代表實驗組、控制合併後的標準差。

P_E, P_C：分別代表實驗組、控制組的成功率（失敗率）。

一、勝算比(OR)、勝算比之自然對數(LOR)的定義

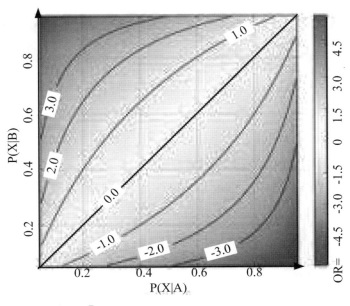

圖 2-10　odds ratio 之示意圖

下表 2×2 交叉表中，a, b, c, d 分別代表實驗組、控制組的成功失敗的細格人數 (cell frequenceies)。

🔵 表 2-11 2×2 交叉表之示意

	實驗組(treated group)	對照組(not treated group)
失敗(events)	a_i人	b_i人
成功(non-events)	c_i人	d_i人

定義：勝算比、勝算比之自然對數

以上面之 2×2 交叉表來說，勝算比 $= \dfrac{a \times d}{c \times b}$

勝算比之自然對數 $= Ln(\dfrac{a \times d}{c \times b})$

二、勝算比(Odds Ratio, OR)、勝算比之自然對數 (LOR)的實例

🔵 表 2-12 以人數來計算 OR 及 LOR 之示意

公式	$OR = \dfrac{a \times d}{c \times b}$	$LOR = LN(\dfrac{a \times d}{c \times b})$
	實驗組(treated group)	對照組(not treated group)
events	a_i人	b_i人
non-events	c_i人	d_i人

實例 1：實驗組與控制組之效果沒顯著差異

有關風險的計算，OR 及 LOR 的算法，如下二個表所示。

● 表 2-13　OR 及 LOR 的計算值（情況一，以「負面事件」人數來算）

人數	OR = 1	LOR = 0	OR = 1	LOR = 0
	experimental group（有處理）	control group（無處理）	experimental group（有處理）	control group（無處理）
events	10人	10人	100人	100人
non-events	5人	5人	50人	50人

實例 2：實驗組效果顯著優於控制組

● 表 2-14　OR 及 LOR 的計算值（情況二，以「成敗」人數來算）

人數	OR = 4	LOR = 1.39	OR = 0.25	LOR = −1.39
	實驗組之處理	對照組	實驗組之處理	對照組
失敗(events)	20人	10人	10人	20人
成功(non-events)	10人	20人	20人	10人

實例 3：機率來算 OR, LOR

　　相對地，若 2×2 交叉表，改以聯合機率分配 (population cell probabilities)，則其風險的計算，如下表所示。

● 表 2-15　OR 及 LOR 的計算值（情況三，以「成敗」機率來算）

機率	OR = 1	LOR = 0	OR = 16	LOR = 2.77
	實驗組之處理	對照組	實驗組之處理	對照組
失敗(events)	0.4	0.4	0.4	0.1
成功(non-events)	0.1	0.1	0.1	0.4

表 2-16「實例：風險減少」、表 2-17「實例：風險增加」來說，其對應的各種風險之公式，可整理成表 2-19。

● 表 2-16　實例：風險減少（∵勝算比 < 1）

	experimental group (E)	control group (C)	合計
events (E)	EE = 15	CE = 100	115
non-events (N)	EN = 135	CN = 150	285
合計subjects (S)	ES = EE + EN = 150	CS = CE + CN = 250	400
event rate (ER)	EER = EE/ES = 0.1, or 10%	CER = CE/CS = 0.4, or 40%	

● 表 2-17　實例：風險增加（∵勝算比 >1）

	experimental group (E)	control group (C)	合計
events (E)	EE = 75	CE = 100	175
non-events (N)	EN = 75	CN = 150	225
合計subjects (S)	ES = 150	CS = 250	400
event rate (ER)	EER = 0.5 (50%)	CER = 0.4 (40%)	

三、其他風險的計算公式

● 表 2-18　「odds ratio」交叉表的應用數據

treatment	event: positive	event: negative	合計
exposed（實驗組）	a = 1	b = 29	30
not exposed（控制組）	c = 9	d = 21	30
合計	10	50	50

表 2-19　各種風險之計算公式

方程式(equation)	變數定義	縮寫	實例1	實例2
ARR = CER − EER 其中EER = a/a + b = 0.033。 CER = c/c + d = 0.30。	< 0：absolute risk reduction	ARR	(-)0.3, 或 (-)30%	N/A
	> 0：absolute risk increase	ARI	N/A	0.1, or 10%
$RR = \dfrac{(CER - EER)}{CER}$ 或 relative risk = EER/CER = (a/a + b)/(c/c + d) = 0.11	< 0：relative risk reduction	RRR	(-)0.75, 或 (-)75%	N/A
	> 0：relative risk increase	RRI	N/A	0.25, or 25%
$\dfrac{1}{CER - EER}$	< 0：number needed to treat	NNT	(-)3.33	N/A
	> 0：number needed to harm	NNH	N/A	10
$\dfrac{EER}{CER} = \dfrac{實驗組}{控制組}$	relative risk（相對風險）	RR	0.25	1.25
OR = relative odds = $\dfrac{\text{experiment event Odds}}{\text{control event Odds}} = \dfrac{a/b}{c/d} = 0.08$	odds ratio（勝算比）	OR	0.167	1.5
AR = EER − CER relative risk = EER/CER = (a/a + b)/(c/c + d) = 0.11	attributable risk（歸因風險）	AR	(-)0.30, 或 (-)30%	0.1, or 10%
$ARP = \dfrac{RR - 1}{RR}$	attributable risk percent	ARP	N/A	20%

(一) 相對風險(relative risk, RR)意義

某事件的風險 (risk of an event) ＝某事件 (event) 發生的機率。

相對風險 (relative risk) $= \dfrac{\text{probability that event occurs for group 1}}{\text{probability that event occurs for group 2}}$

假設有一 2×2 交叉表如下，則其相對風險是：

$$\text{risk of disease for exposed} = \frac{a}{a+b}$$

$$\text{risk of disease for exposed} = \frac{c}{c+d}$$

故相對風險 $RR = \dfrac{a/(a+b)}{c/(c+d)}$。

● 表 2-20　風險之交叉表示意

	disease: event	no disease: no event	合計
exposed group：實驗組	a	b	a + b
not exposed group：控制組	c	d	c + d

　　相對風險 RR 之 95% 信賴區間的公式，與 odds ratio 算法一樣。請見下一段文章。只是 RR 的標準誤要改為：

$$SE_{RR} = \sqrt{\frac{b}{a(a+b)} + \frac{d}{d(c+d)}}$$

原始 scale 的 $95\%CI = Ln(RR) = 1.96 \times \sqrt{\dfrac{b}{a(a+b)} + \dfrac{d}{d(c+d)}}$

　　假設求出的 95%CI = (m, n)，則再用 Excel 指數函數 EXP( )，將它還原成 original scale 95%CI 值 = (e^m, e^n)，若信賴區間 (e^m, e^n) 不含「1」，則達 0.05 顯著性。

(二) 勝算比(odds ratio)意義

　　舉例來說，如果今天我們想知道：吃了 A 家快餐店跟拉肚子有沒有相關性？

● 表 2-21　odds ratio 之交叉表示意

	D（診斷出疾病的人） 拉肚子	D_bar（沒有疾病的人） 沒有拉肚子
實驗組：吃A家快餐店 E（有暴露於危險因子的人）	a人	b人
控制組：無吃A家快餐店 E_bar （無暴露於危險因子的人）	c人	d人

其中：E：吃了 A 家快餐店的人數

E_bar：沒有吃 A 家快餐店的人數

D：有拉肚子的人數

D_bar：沒有拉肚子的人數

1. odds ratio 計算公式

$$對於吃了 A 家快餐店的人們，\frac{有拉肚子人數}{沒拉肚子人數}=\frac{a}{b}$$

$$沒吃 A 家快餐店的人們，\frac{有拉肚子人數}{沒拉肚子人數}=\frac{c}{d}$$

$$odds\ ratio\ (OR)=\frac{吃了 A 家快餐店拉肚子比率}{沒吃 A 家快餐店拉肚子比率}=\frac{a\times d}{c\times b}$$

(1) 若 odds ratio (OR) > 1，那就表示，吃了 A 家快餐店的人，拉肚子的 odds 高於沒吃的人（而且 OR 越高，這個趨勢越明顯）。

(2) 若 odds ratio (OR) = 1，那就表示，有沒有吃 A 家快餐店跟拉肚子沒有什麼相關。兩者 odds 一樣多。

(3) 相反地，若 OR < 1，則吃 A 家快餐店的人，拉肚子的 odds 低於沒吃的人。

2. 當我們藉由統計得出 odds ratio 之時，往往還要搭配信賴區間來看最後的結果。這是怎麼說呢？

承接本例子，如果我們不幸得出 OR = 1.5，單純看來，似乎 A 家快餐店不要吃比較好。

但是如果我們又算出了 95% 信賴區間是 [0.9, 2.1]，包含「OR = 1」點，所以有一定機率，A 家快餐店還是可以吃的（OR = 1，有沒有吃跟拉肚子沒有相關）。

反之，如果今天 95%CI = [1.2, 1.8]，未含「OR = 1」點，則 A 家快餐店就不能吃了。

上述例子，A 家快餐店能不能吃，係實驗設計的 OR 值；相對地，OR 亦可應用至非實驗設計之調查法。例如：下表所示，OR = 0.436(< 1)，顯示隔代教養會提高「子女偏差行為」的風險比。

🔵 表 2-22 「odds ratio」交叉表的應用數據

	實地實驗組： 隔代教養	對照組： 正常家庭	
event： 偏差行為	已知1人	已知2人	odds ratio $= \dfrac{1 \times 34}{39 \times 2} = 0.436$ LN(odds ratio) = LN(0.436) = -0.83
no event： 正常行為	推算(40 − 1) = 39	推算(36 − 2) = 34	
合計	已知$N_E = 40$	已知$N_E = 36$	

2-2 連續變數的 Meta 分析步驟

目前學界較有名的 Meta 效果量「單位變換」之分析，係 Leonard 和 Debra 觀點，其步驟如下：

Step 1：決定探討之變數（即 Meta 研究架構所納入的所有構念）。

Step 2：轉算研究結果之個別效果量

將各個研究顯著檢定之結果，包括：卡方值、t（t 檢定下之 t 值）、F（變異數分析下之 F 值）及積差相關 r 等等，代入下列公式將「第 i 篇論文統計值」轉換為效果量 Pearson's r（積差相關係數）。

1. 卡方檢定之 χ^2 值：

$r_i = \sqrt{\dfrac{\chi_i^2}{N_i}}$（$N_i$：第 i 篇論文之樣本數），此式只適用於 $df = 1$ 之情況（2×2 細格）。

2. t 檢定下之 t 值：

$r_i = \sqrt{\dfrac{t_i^2}{t_i^2 + df_i}}$，但要注意「正負」方向。

3. 單因子變異數分析下之 F 值：

$r_i = \sqrt{\dfrac{F_i}{F_i + df(e_i)}}$

當 df = $n_1 + n_2$，則 df_1（消減變異數）= k – 1，df_2（剩餘變異數）= $df(e)$ = N – k。
k：組數。N：樣本總數。

4. 雙因子變異數分析下之 F 值：

$$r_i = \sqrt{\frac{F_a \times df_a}{(F_a \times df_a) + (F_b \times df_b) + (F_{ab} \times df_{ab}) + df(e)}}$$

5. Pearson's 積差相關 r_i，轉成 Fisher's Zr：
   儘管 Rosenthal 喜歡直接使用 r_i 值當作效果量 d_i 的指標，可是當母群的 r_i 值
   離 0 越來越遠時，偏差就越顯嚴重，此時建議改採用 Fisher's 的 Zr 再轉換一
   次。

$$Zr_i = \frac{1}{2} LN\left(\frac{1+r_i}{1-r_i}\right)$$

   故積差相關 r_i 值，就可直接當效果量來用；或者先轉成標準化之 Z_r 再用。

6. 機率 p-value，轉換成標準化 Z 值：
   若遇到有些個別研究之原始報告中，並無顯示上述 t 值、F 值、r 值、迴歸係
   數 b 的 t 檢定、或卡方值，而只顯示 p-value，則用下列 2 步驟，將 p-value 轉
   成效果量 Z。若只顯示「p < 0.05」，則用近似的 p-value 替代。
   ① 若遇到雙尾的 p 值，則先轉換為單尾的 p 值（即 p/2) 之後。
   ② 對照圖 2-4「標準化常態分配之對應的 Z 值表」，將 p-value 轉成 Z 值。

Step 3：計算組合之平均效果量

　　你可選擇下列二種方法之一，來進行「true population effect size」（以 $\bar{d}$、d_u
或 $\bar{Z}$ 表示）的計算。

1. 方法一，有加權：以「Step 2」公式，所求出的各種 r_i 值（轉成 Fisher's
   Zr_i），將它再轉成常態化之 Fisher's Zr_i，接著進行加權以求得「平均效果量
   $\overline{Zr}$」（或 $\bar{d}$）。

$$\bar{r} = d_u = \overline{Z}_r = \frac{\sum\limits_{i=1}^{K}(N_i - 3)Zr_i}{\sum\limits_{i=1}^{k}(N_i - 3)}$$

2. 方法二，未加權：查表，找出 r 相對應之 Fisher's Zr，Zr 再代入下列公式，求
   出 Meta 分析之平均效果量（以 $\bar{d}$ 或 $\bar{Z}$ 表示）：

$$\overline{d} = \overline{Z} = \frac{\sum_{i=1}^{K} Zr_i}{K}，其中，K 為論文總篇數。$$

Step 4：「平均效果量」的顯著性檢定

實際上，計算組合 r 及組合 p 這 2 種統計方法之前，各個個別研究的 r 值和 p 值都應先以該個別研究的樣本數加權，再選下列任一統計法，來算「組合後總平均效果量」之對應的機率值 p。

「平均效果量」顯著性檢定共有二種方法，包括：(1)Zc 的顯著性檢定 Stouffer' $Z = \frac{\sum_{i=1}^{K} Z_i}{\sqrt{K}}$。(2)Winner' t 顯著性 $Zc = \frac{\sum_{i=1}^{K} t_i}{\sqrt{\sum_{i=1}^{K} \left(\frac{df_i}{df_i - 2} \right)}}$。

方法 1：組合 r 值 (combined r-value) 之對應的機率值 p

計算過程如下：

1. 將各篇研究的統計值（t 檢定、F 檢定、卡方檢定或相關分析），單位換成 Pearson's r_i，r_i 再轉成標準常態 Fisher's Zr_i 值。

2. 以各篇研究的樣本數 n_i 為權重，求出加權平均 Zr_+。

   加權 $Zr_+ = \frac{\sum n_i \times Zr_i}{\sum n_i}$，其中，$n_i$ 為第 i 篇論文之樣本數。

3. 再以這些 Zr_{+i} 值給予組合為平均效果 $\overline{Zr_{+i}}$，再查表：「平均效果 $\overline{Zr_{+i}}$ 值」對應的機率值 p，是否達 p < 0.05 顯著水準。

方法 2：組合機率值 p (combined p-value)

簡單迴歸模型 $Y_i = a + bX_i + e_i$，旨在於估計能夠正確描述 X 與 Y 關係的截距 a 與斜率 b。迴歸係數 b 所代表的相關 r，則可採機率 p 組合法來求出 Meta 平均效果量 r。迴歸模型之 Meta 法，詳細公式計算，請見「2-1-3b 迴歸模型之效果量轉算程序」。若原始研究中所給的資料不足，無法計算出確切的效果量時，則由研究中所給的單尾 p 值來估計效果量 r 值；即第 i 篇論文，可先將 p_i 值轉換為 Z_i 值（見圖 2-4 標準常態分配之對應的 Z 值表），再由公式 2-5 將 Z_i 值轉為 r_i 值，最後 r_i 值再轉成 Zr_i，並校正 Zr_i 為 $Zr_{ci} = (Zr_i - \frac{r_i}{2(N_i - 1)})$。接著算出平均效果量

$$\overline{Zr_{ci}} = \frac{\sum\limits_{i=1}^{k}(w_i \times Zr_{ci})}{\sum\limits_{i=1}^{k} w_i}，此 \overline{Zr_{ci}} 再轉回 Pearson's \bar{r}。$$

事實上，合併其機率的方程式至少有 6 種 (Strube & Miller, 1986)，其中最有名的「史道佛方式」(Stouffer method) (Stouffer, et al.,1949) 被使用的越來越廣。這種方式又稱為 Z 值加總方式，可分為下列 3 個步驟：(1) 將各個研究的雙尾檢定 p 值、F 值、t 值、r 值或 χ^2 值轉換成單尾 p 值；(2) 參考圖 2-4，將各個研究的單尾 p 值轉換成 Z 值（正向效果轉換成正 Z 值，負向效果轉換為負 Z 值）；(3) 使用下列公式合併 Z 值：

$$Z_c = (\sum_{i=1}^{K} Z_i)/\sqrt{K}$$

其中，K 指 K 篇獨立研究。參考常態分配表之後，就可知 Z_c 是否顯著，如果 Z_c 顯著了，表示 K 個研究中的效果至少有一個不是 0。

Step 5：連續變數之異質性（Heterogeneity Q Test 法）

異質性 Q 檢定旨在判定一些個別研究是否適合放在一齊做比較分析。它有 2 種類型：

1. Stouffers's Z 值加總法

在合併之前，如果發現各個研究的研究對象、實施程序、測量方式、或名詞定義有很大的不同，也就是說各個研究可能是異質的 (heterogeneous)，那麼，應先用下列公式來檢定它們的異質程度 (Rosenthal, 1984, P.77)：

$$Q\text{-}test = \sum_{i=1}^{K}(Z_i - M_z)^2 \sim \chi^2_{(K-1)}，df = K - 1。$$

其中，M_z 是這一系列 Z 值的平均數。假如此一檢定達到顯著，則表示各個研究有頗大的異質性，合併起來並不恰當，應再加以分類，再探討其可能的干擾變數。

2. Cohen's d 值加總法

下列公式之 Q 檢定，它符合自由度 (K – 1) 的 χ^2 分配，其中，K 為論文總篇數。Q 值越大代表異質性越高。此 Q 的公式如下：

$$符合 \chi^2 分配之 Q = \sum_{i=1}^{k}[w_i(d_i - \bar{d})^2] \text{ 或 } \sum_{i=1}^{k}[w_i(r_i - \bar{r})^2]$$

其中，$\bar{d}$（或 $\bar{r}$）為平均效果，d_i（或 r_i）為各研究的效果量：

$$平均效果量 \ \bar{d} = \frac{\sum_{i=1}^{K} w_i d_i}{\sum_{i=1}^{K} w_i} \text{ 或 } \bar{r} = \frac{\sum_{i=1}^{K} w_i r_i}{\sum_{i=1}^{K} w_i}$$

　　因為各研究的樣本數、實驗設計及架構的品質不一，所以影響力不同，倘若簡單的進行效果量大小的加減會造成誤導。所以，賦予一定的權重做貢獻調整，稱作加權值賦予 (weighting)。加權值就是變異數的倒數，而變異數就是標準差除以樣本數，因此樣本數越大，或是標準差越小就會有越大的加權值。加權公式如下：

$$w_i = \frac{1}{\mathrm{var}iance} = \frac{1}{SE^2} = \frac{n_i}{S.D_i} \quad （CMA, RevMan \ 等軟體都採用此法來加權）$$

$$(V_i = \frac{S.D_i}{n_i})$$

　　總之，異質性分析方法有以下兩種：一為卡方檢定 (Chi-Square test)，計算實驗間的考克蘭 Q 值 (Cochrane Q test)，另一種是 I^2 檢測。Q 值計算前必須先提出虛無假設，假定各研究都表現出相同的結果。簡單來說，就是計算個別研究的效果量與平均效果量的差值，再賦予權重 w_i。

Step 6：挑選固定效果或隨機效果模型

　　Egger 等人 (2001) 提出固定效果假設研究樣本皆來自於一般母體，所以如果研究樣本數為無限大，則每一研究之效果量都會是一樣的，是屬於 Meta 分析的一般式或簡單式。如此做法太過簡單，因此，面對差異過大之結果（Q 值過大），固定效果的模型就不適用，有 3 個方式可以考慮：(1) 試著解釋變異的原因；(2) 改用隨機效果模型；(3) 刪除 outlier 之研究，再重做一次 Meta。

　　隨機效果假設樣本之母體皆不相同，若研究之樣本數趨近無限大，則各研究效果量不會一樣，這表示此 Meta 分析並非單一數值的估計，而是一種分配，一般最常見的隨機效果模型，是假設這些不同的效果量屬於常態分配。

小結

綜合上述，Meta 分析的步驟，概略分爲：

Step 1：蒐集文獻。

Step 2：選取適用的研究樣本，刪除不符準則的論文。

Step 3：分類整理及登錄研究樣本的數量性資料。

Step 4：採用 Comprehensive Meta-analysis (CMA)、MetaWin、DSTAT 軟體。將個別研究之統計值（卡方、t 值、F 值、r 值、迴歸係數 b 的 t 值），自動「單位轉換」成其對應的效果量 (d_i, r_i, Fishers Zr_i, Z_i, Winner t_i)，並自動進行異質性 Q 檢定 ($Q = \sum_{i=1}^{k}\left[w_i\left(r_i - \bar{r}\right)^2\right]$)、發表偏誤 ($N_{f.s.05} = \left(\dfrac{\sum_{i=1}^{K} Z_i}{1.645}\right)^2 - K$)，最後再算出「平均效果量」($\overline{Zr} \dfrac{\sum_{i=1}^{k}(N_i - 3)Zr}{\sum_{i=1}^{k}(N_i - 3)}$) 及其顯著性檢定（$Zc$ 的顯著性檢定 Stouffer' $Z = \dfrac{\sum_{i=1}^{K} Z_i}{\sqrt{K}}$、Winner' t 顯著性 $Zc = \dfrac{\sum_{i=1}^{K} t_i}{\sqrt{\sum_{i=1}^{K}\left(\dfrac{df_i}{df_i - 2}\right)}}$）。

Step 5：分析各篇論文之方法、個案、治療者、治療過程等特徵。再判定是否爲干擾變數來處理。

Step 6：研究發現，並彙總影響依變數的各因子。

2-3 發表偏誤 (publication bias) 分析

發表偏誤（又稱出版偏誤），係指只針對已經出版的文章做統合分析，而忽略了未出版的研究。一般而言，研究發現達到統計顯著性的文章較容易被期刊所接受與刊登，相對的，研究發現未達統計顯著性的文章不僅不容易被刊登，同時也容易被研究者將文章鎖在抽屜中，Rosenthal (1979) 將這種現象稱爲文匣問題 (file drawer problem)。

造成發表偏誤的來源大致可分爲三種，分別爲：(1) 研究者本身傾向將未達顯著統計的研究選擇不發表；(2) 期刊審查委員多傾向接受顯著統計的研究；(3)

以及接受經費補助的研究。

　　這對於統合分析所造成的問題在於，研究者在資料蒐集的過程中若只著重在已經出版的文章，則這些文章很可能都是達到統計顯著性同時其效果量也較大的；而那些未達顯著性同時效果量小的文章，則會因為未出版而被研究者在蒐集資料時所忽略，如此一來計算所得之整體平均效果量會有高估的情形。

　　常用來檢測發表偏誤的方法有漏斗散布圖 (funnel plot)、fail-safe number 及 Egger 檢定法，StatsDirect 及 CMA 軟體都同時提供這三者：

方法 1：採用 Light 與 Pillemer 的漏斗散布圖 (funnel plot)(Gurevitch & Hedges, 1999)

　　CMA、RevMan 等軟體，都有供漏斗散布圖，它是 1984 年由 Light 和 Pillemer 所提出的，以圖形方式表現與發表偏誤的關係，圖的橫軸（X 軸）代表各個研究的效果量，縱軸（Y 軸）代表研究樣本數或標準誤 (Petitti, 2000)。由於 Cooper 與 Hedges 認為樣本數的大小會影響其變異數，樣本數大的研究其變異數通常較小，因此其效果量的分布會較集中。相對的，樣本數小的研究變異數通常較大，因此其效果量的分布會較分散，如果所繪製的圖形像漏斗散布一樣呈現上窄下寬的形狀，則代表發表偏誤的問題並不嚴重（圖 2-34）。

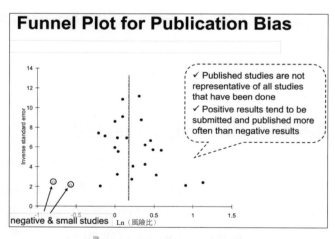

圖 2-11　漏斗圖之示意圖

　　如果沒有發表偏誤，小樣本數的研究效果量會越接近圖形底部，大樣本數的研究效果量則會分布在圖形高處，而呈現一個對稱的倒漏斗形狀（圖 2-12）。

雖然使用便利，但如納入的研究篇數較少、研究間的異質性太高，都會影響圖形的對稱性。

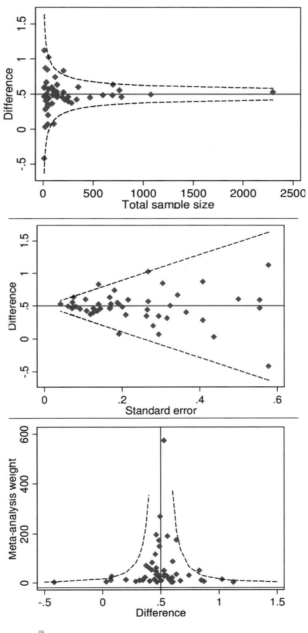

圖 2-12　沒有發表偏誤之各種漏斗圖形

方法 2：Rosenthal (1979) 提出的「fail-safe number, $N_{f.s}$」來進行發表偏誤的分析

Rosenthal (1979) 提出的 fail-safe number 又稱安全失效數，目的是了解統合分析結果，如為顯著意義時，還需要多少篇「未顯著」的原始研究，才能使得顯著的研究結果變得不顯著。

其計算公式為 $N_{f.s}$ = 19S – N（S 表研究中達 0.05 顯著水準的篇數，N 表研究中未達 0.05 顯著水準的篇數），若 fail-safe number 大於 tolerance level = (5K + 10)（其中 K 表統合分析納入之研究總數），則表示發表偏誤對統合分析的結果可能影響不大，即發表偏誤的問題並不嚴重。fail-safe number 的值越大，表示越沒有影響發表偏誤的因素。但其缺點是過度強調統計的顯著性，易忽略實際顯著效果。

Rosenthal 的 $N_{f.s}$ 概念，是計算尚需幾篇不顯著的研究才能推翻統合分析的結論。(1) 當計算所得的 $N_{f.s}$ 很大時，代表需要相當多篇不顯著的研究才足以推翻統合分析的結論，因此發表偏誤的問題並不嚴重；(2) 若計算所得的 $N_{f.s}$ 很小時，則代表只需要少數幾篇不顯著的研究就足以推翻統合析的結論，因此發表偏誤的問題很嚴重。

此外，計算「fail-safe N」for cumulating Z-value across studies，如 p-value 設為 0.05 及 0.01，其對應的「計算安全篇數」為：

$$N_{fs\,0.05} = (\frac{\sum\limits_{i=1}^{K} Z_i}{1.64})^2 - K \text{ 或 } N_{fs\,0.01} = (\frac{\sum\limits_{i=1}^{K} Z_i}{2.33})^2 - K$$

其中，K 為研究篇數，Z 為獨立研究的 Z 值。N_{fs} 越大，則 Meta 分析結果越穩。

方法 3：Egger's test，（CMA 軟體有提供此法）

本法是由 Egger、Smith、Schneider 與 Minder (1997) 所提出的線性迴歸分析法。主要在分析效果量與變異數的關係，檢定方程式的截距是否 = 0，若 CMA 軟體「Meta regression」截距越接近 0，則表發表偏誤越小，意即當 p-value > 0.05，即接受虛無假設 H_0：Meta 研究結果無發表偏誤。Egger 檢定法的缺點是，當統合分析的研究篇數過少時，其統計檢驗力較低，且易高估發表偏誤。

例如：StatsDirect 等軟體若顯示「Egger: bias = 0.580646 (95% CI = –0.88656 to 2.047852) p = 0.3881」，因 p > 0.05，則表示無發表偏誤問題。

2-4 異質性分析

異質性的來源

1. 臨床異質性
   (1) 生理：不同觀察對象，有不同性別、年紀、人種。
   (2) 病理：疾病程度、病程長短、疾病不同（冠狀肺炎又分SARS、武漢肺炎）。
   (3) 治療：方式（打針 vs. 吃藥）、結果指標（多久好 vs. 後遺症）、不同劑量、治療時間長短。

2. 方法論異質性：盲法、隨機抽樣法不同、分配隱藏不同、對結局的定義不同、測量方法不一致等。

3. 統計學異質性：不同研究效果之間的變異、不同檢驗方法、不同 p 值大小的結果組合。

   異質 (heterogeneous) 意義的取向，可分為：

1. 統計的異質：在各個研究之間有多重「眞」的治療效果 (multiple 'true' treatment effects across the studies)，如圖 2-13。

2. 方法論 (methodological) 的異質：研究設計的變異、實驗處理結果、及後續醫學追蹤長短。

3. 臨床 (clinical) heterogeneity：患者特徵或治療方案的差異。

　　在 Meta 分析中，異質係指「variation among study outcomes」。如果發現各個研究的研究對象、實施程序、測驗方式、或名詞定義有很大的不同，也就是說各個研究可能是異質的。於是 Rosenthal 表示在合併效果量之前，應先做研究樣本異質性分析，它有下列 3 種檢定法：

一、Cochrane Q檢定(Chi-square test of Cochran Q statistic)

　　CMA、RevMan、MetaWin、DSTAT、Stata 軟體及本書 Excel 程式，都有 Q 檢定。

　　若依個別研究結果之「統計分析摘要表」數據，其檢定可分 3 種情況：比率變數、傳統統計值（卡方值、t 值、F 值、r 值）、Z 族系的效果量。

情況 1：當眾多的個別原始研究，其數據係用二分變數之比率時，此種類別變數可用以下公式來檢定「一些個別的研究結果，是否適合以固定效果來估計平均效果量」。

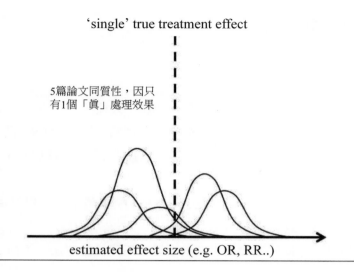

'single' true treatment effect

5篇論文同質性，因只
有1個「眞」處理效果

estimated effect size (e.g. OR, RR..)

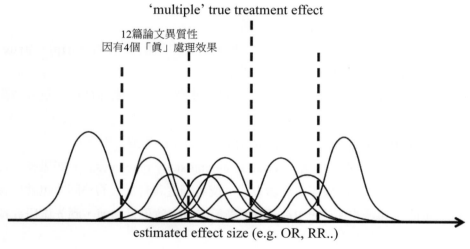

'multiple' true treatment effect

12篇論文異質性
因有4個「眞」處理效果

estimated effect size (e.g. OR, RR..)

圖 2-13　同質性 vs. 異質性之示意圖

$$\chi^2 = \sum_{i=1}^{k} W_i \times [\log(OR_i) - \log(OR_F)]$$

其中 OR 代表 Peto odds ratio（勝算比），OR_F 爲加權之總平均效果量。

這種類別變數的變異數估計法，便衍生出「Mentel-Haenszel 法」、Peto 法等估計法。

情況 2：當眾多的個別之原始研究，其統計結果之摘要表是「χ^2、t 值、F 值或 r 值」，將它們利用「Meta 分析：單氏轉換公式」，全部轉換成「共同比較基礎的 Cohen's d 值」，再改用 Fredric 等人 (1986) 所提下列公式，來計算其 Q 值，它符合自由度 (K − 1) 的 χ^2 分配（K = 個別研究之論文數），當 Q 值越大代表異質性越高，我們即可判定這些個別研究，要改用隨機效果來估計平均效果量。

$$Q = \sum_{i=1}^{K}[w_i(d_i - \overline{d})^2] \text{ 或 } \sum_{i=1}^{K}[w_i(r_i - \overline{r})^2]，Q \sim 符合 \chi^2_{(k-1)} 分配。$$

其中，$\overline{d}$（或 $\overline{r}$）為平均效果，d_i（或 r_i）為各研究的效果量，

$$平均效果量 \ \overline{d} = \frac{\sum_{i=1}^{k} w_i d_i}{\sum_{i=1}^{k} w_i} \text{ 或 } \overline{r} = \frac{\sum_{i=1}^{k} w_i r_i}{\sum_{i=1}^{k} w_i}$$

當 Q 值越大，其對應的 p 值越小。如果 $Q \geq \chi^2_{\alpha,K-1}$，$p \leq \alpha$，表示各篇研究間存在異質性；相反地，若 $p > \alpha$，表示各篇研究間存在同質性。根據經驗法則，絕大多數 Meta 研究是異質性。

情況 3：Z 族系的效果量

通常我們常將 Pearson r 轉成常態性 Fisher's Zr 之後，再做 Meta 分析。像這類標準化「Z 族效果量」而言，其異質性檢定公式如下，當 χ^2 值越大，表示異質程度越高：

$$\chi^2 = \sum_{i=1}^{K}(Z_i - M_Z)，K 為論文總篇數$$

其中，M_Z 是這一族系 Z 值的平均數。假如這個檢定達顯著，則表示這個研究有頗大的異質性。

相對地，另一異質性的檢定法，實驗間的考克蘭 Q 值 (Cochrane test)，其定義為：

$$Q = \sum_{i=1}^{K} w_i(T_i - \overline{T})^2 \sim \chi^2_{(K-1)} 分配$$

其中，K 為 Meta 論文之總篇數。

w_i 為第 i 個個別研究之加權值。

T_i 為第 i 個個別研究之效果量。

總平均效果量 $\bar{T} = \dfrac{\sum\limits_{i=1}^{K} w_i T_i}{\sum\limits_{i=1}^{K} w_i}$。

當 Q 值越大，其對應的 p 值就越小。如果 $Q \geq \chi^2_{\alpha,K-1}, p \leq \alpha$，表示個別研究之間存有異質性；相反地，$Q < \chi^2_{\alpha,K-1}, p \leq \alpha$，表示個別研究之間係同質性。

二、I^2檢定(I^2 test)

RevMan、MetaWin 及 CMA 軟體都有 I^2 統計量，來描述研究間的變異量占總變異量的百分比，也就是說異質性的大小可由 I^2 檢測得知，其計算公式如下：

$$I^2 = \begin{cases} \dfrac{Q - df}{Q}, & \text{若 } Q > df \\ 0, & \text{若 } Q \leq df \end{cases}$$

其中，Q 為 $\chi^2_{(K-1)}$ 的統計量，df 是它的自由度（即研究總數 -1）。

異質性的大小亦可由 I^2 檢測得知。以每 25% 為區隔，等於 0 表示有極佳的一致性，小於等於 25% 表示低度異質性，大於 50% 表示異質性太高，不適合進行統合分析；或是須利用其他的方式進行數據調整，而且要保守地解讀整合的結論。舉例來說，在 Meta 分析的總結圖表中（圖 2-14），左下角會說明同質性檢定的結果。在自由度為 (K − 1) = 2，就是有 3 篇文章的情況下，計算得到 $\chi^2_{(3-1)} = 0.44$，經查表發現小於 95% 的卡方分布，所以研究間不存在有異質性。而根據上列公式：$I^2 = \dfrac{0.44 - 2}{2} = 0 = 0.0\%$ 的結果，顯示同質性非常高，故可放心用固定效果解讀個別效果量、平均效果量及其 95%CI。

以 CMA 及 RevMan 等軟體執行 Meta 分析，通常以森林圖 (forest plot) 做總結。森林圖之方框的大小基本上與樣本數成正比，但也受研究設計的影響。菱形圖則是統合的結果；此外，橫線須與無效垂線 (zero vertical line) 比較，其橫軸刻度有 0 和 1 兩種。舉例來說，(1) 當橫軸跨過無效垂線為 0，表示實驗組和對照組為平均值或平均值差、絕對風險差 (absolute risk difference, ARD)、迴歸係數 (regression coefficient) 之 95%CI 的差值橫跨 0 值，所以實驗組和對照組的差值並無差異性。(2) 另外，橫軸跨過無效垂線為 1 表示實驗組與對照組為優勢比、相

對危險度。當實驗組與對照組的 95%CI 比值橫跨 1 值，表示實驗組與對照組的風險比值並無差異性（圖 2-14）。

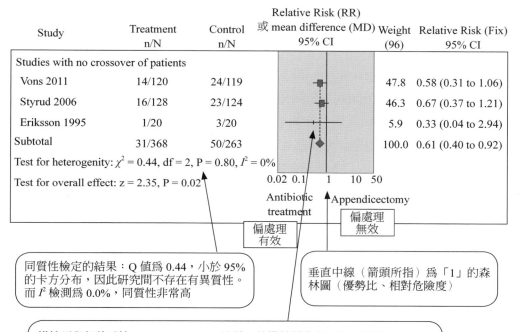

同質性檢定的結果：Q 值為 0.44，小於 95% 的卡方分布，因此研究間不存在有異質性。而 I^2 檢測為 0.0%，同質性非常高

垂直中線（箭頭所指）為「1」的森林圖（優勢比、相對危險度）

橫線須與無效垂線 (zero vertical line) 比較，其橫軸刻度有 0 和 1 兩種。
(1) 當橫軸跨過無效垂線為 0，表示實驗組和對照組為平均值或平均值差、絕對風險差 (absolute risk difference, ARD)、迴歸係數 (regression coefficient) 之 95%CI 的差值橫跨 0 值，所以實驗組和對照組的差值並無差異性。(2) 另外，橫軸跨 過無效垂線為 1 表示實驗組與對照組為優勢比、相對危險度。當實驗組與對照組的 95%CI 比值橫跨 1 值，表示實驗組與對照組的比值並無差異性。

■ 圖 2-14　森林圖（RevMan、MetaWin 軟體的畫面）

$$公式\ I^2 = 100\% \times \frac{(Q - df)}{Q}$$

當 $I^2 = 0$ 時，表示有極佳的一致性，數值越大，異質性可能性增加。通常，$I^2 < 25\%$ 時，表示存在低度異質性。$I^2 = 25\%\sim50\%$，表示存在中度異質性。$I^2 > 75\%$，表示存在高度異質性，須改用隨機效果來估計平均效果量 (Higgins, 2003)。但醫界採更嚴格的標準，像 Cochrane 手冊 (http://www.cc-ims.net/revman) 就認為 $I^2 > 50\%$ 時，則可視為各研究間「實驗處理效果」存在異質性。參考值如下：

1. 0%～40%：可能不是重要。
2. 30%～60%：可能代表中度異質性。
3. 50%～90%：可能代表實質性的異質性。
4. 75%～100%：相當大的異質。

三、L'Abbé plot

　　若以事件發生率 (event rate, ER) 來看，對實證醫學 (evidence-based medicine, EBM) 而言，若試驗 (trials) 分析結果，證明實驗組治療比對照組的效果好 (EER > CER)，且這些個別研究將散布的 L'Abbé 圖 45 度線左上角（圖 2-15）。如果實驗未顯著優於對照組則焦點將落在平等線 (EER = CER)。相反地，如果控制比實驗好 (EER < CER)，則這些個別研究將散布的 L'Abbé 45 度線右下角。

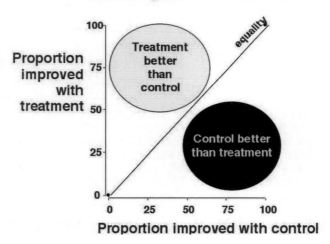

圖 2-15　實驗組 vs. 控制組之 L'Abbé 圖

　　將實驗組之「成功百分比」plot 在 Y 軸上，控制組之「成功百分比」plot 在 X 軸上，從 X 及 Y 軸之交點，畫 45° 的直線，分開有效及無效治療區。如 compactness of plot 越密集，表示所選取的文獻越同質性 (homogenous)。如圖 2-16 醫學例子來說，圖中每個點代表局部非類固藥物及安慰劑的比較。急性（●）情況是在一週後評估其成功率，慢性（■）情況是在二週後評估其成功率。

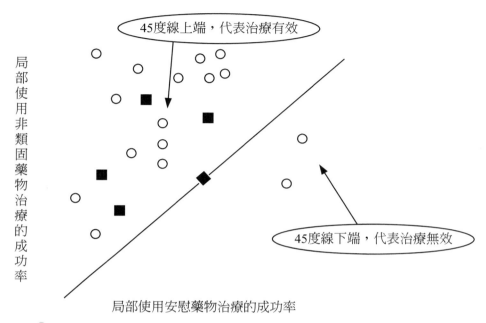

局部使用安慰藥物治療的成功率

🔊 圖 2-16　局部非類固藥物治療急性（●）及慢性（■）疼痛的成功率

　　L'Abbé plot 常應用在類別變數之效果呈現。例如：醫學實證時，就需評估這樣的結果對病人實際上的意義為何？重不重要？(Impact? NNT, NNH?) 所謂醫學衝擊，其計算 NNT (Number needed to treat)、NNH (number needed to harm) 的病人數目（及其 95% 信賴區間），常見有 4 個衡量指標：

1. 絕對風險比率差 ARR (absolute risk reduction)：風險比率差異之絕對值，實驗組和控制組產生不同結果比率之間的差異，公式為：ARR = |EER – CER| = EER (experimental event rate) – CER(control event rate)。

2. 相對風險比率差 RRR (relative risk reduction)：實驗組和對照組間產生的風險比率所降低的相對百分比。其算法為：RRR = |EER – CER| / CER。

3. number needed to treat (NNT = 1/ARR)：需要被治療的病人數目（益一治療數），是絕對風險比率差異值的倒數 (1/ARR)，亦即使一位病人達到實驗組治療之有益結果（或預防產生一個不良結果）所需治療的病人數目。

4. number needed to harm (NNH = 1/ARI)：需要被傷害的病人數目。除了考慮治療的好處外，也要考慮治療帶來的壞處。當病患接受了實驗組的治療後，可能會有病人產生副作用，亦即對多少病人數目進行實驗組療法，與對照組做

比較後，會有多一個病人產生不良副作用。其算法為 NNH = 1/ARI。

小結

像 Stata、CMA 等軟體，異質性檢定法，大致可分為 7 種：

1. 傳統 chi-square (χ^2) 分析 (p > 0.10)。

2. $I^2 = \dfrac{Q - df}{Q} \times 100\%$ (Higgins et al. 2003)，其中 Q ～符合 $\chi^2_{(df)}$ 分布。

3. 繪 test-forest 二維圖 (OR or RR and confidence intervals)。

4. L'Abbe 圖 (outcome rates in treatment and control groups are plotted on the vertical and horizontal axes)。

5. Galbraith 圖（圖 2-17）。

6. 迴歸分析。

7. 比較 fixed effect 及 random effect 模型的差異 (a crude assessment of heterogeneity)。

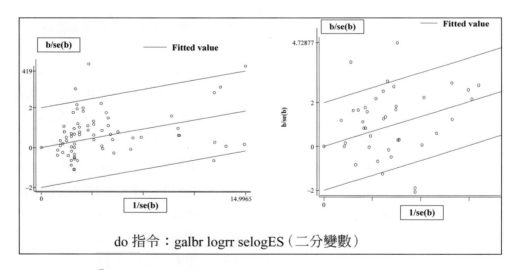

do 指令：galbr logrr selogES（二分變數）

圖 2-17　Stata 軟體之 Galbraith 圖（外掛指令 galbr）

Meta 分析遇到異質性時，處理的策略有：

1. 檢查輸入原始資料是否有錯。

2. 放棄此 Meta 分析。

3. 忽視此 heterogeneity (fixed effect model)。

4. 改用 random effects 來評估 Meta-Analysis 之效果量。

5. 改變 effect measure（e.g. 改用不同的 scale 或 units）

6. 將各個研究分割成幾個次群組 (plit studies into subgroups)：依此次族群（moderate 變數）之 level，分批做 Meta。

7. 用 Meta-regression 來檢定那個 outlier 造成異質。

8. 刪除此論文，再重做 Meta。

 ## 2-5　敏感度分析

敏感度分析 (sensitivity test)，就是將各種可能的調整值各進行一次 Meta 分析，以了解該變因調整後 (moderate) 的效果 (Cooper & Hedges, 1994)。

通常我們做次族群 (subgroup) 之干擾變數的 Meta 分析，它也是敏感度分析之一。即不同族群之 Meta 差異分析，又可分為：(1) 不同群體的參與者之間的處理效果差異；(2) 不同研究型態 (types) 之間的處理效果差異。例如：測試口香糖對戒菸效果，結果如圖 2-18，顯示不同型態（自願者 vs. 受邀者）的戒菸效果是不同的。

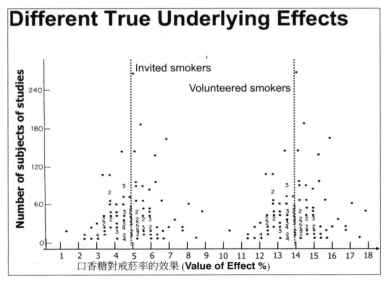

🔊 圖 2-18　口香糖對戒菸效果在不同型態（自願者 vs. 受邀者）身上是不同的

　　假如：將某一干擾的變因「抽掉」，以了解如果不對此變因進行調整，對整個 Meta 分析的影響會有多大。如果差異不大，表示該干擾效果在 Meta 分析中並不敏感，則可以對此 Meta 分析的結果更有信心。

　　進行敏感度分析的原因在於統合分析計算所得的個別研究效果量很可能會有極端值 (outliers) 的存在，極端值的出現會導致接下來所計算的整體平均效果量產生偏誤，進而影響統合分析所獲得的結論。因此必須藉由敏感度分析來偵測極端值，並檢視極端值的刪除是否會對研究結論產生影響(Lipsey & Wilson, 2001)。

　　敏感度分析，亦可參考 Cooper 與 Hedges (1994) 的建議，以圖 2-19 莖葉圖 (stem-and-leaf plots) 來進行敏感度分析；其概念是將個別研究效果量的數值以莖葉圖的方式呈現，接著檢視莖葉圖中個別研究效果量的分布是否存在跳躍數值 (gap values)，如果存在跳躍數值則將其視為可能的極端值，在檢視該極端值的刪除與否對研究結論的影響後，接著判斷是否刪除該極端值。

Stem	Leaf
	Stem and Leaf Plot of Mean Proportion Cross-Cultural Accuracy of Emotion Recognition (N = 162)
.9	1, 2, 3
.8	5, 6, 6, 7, 7, 9, 9
.8	0, 0, 0, 0, 0, 0, 1, 1, 1, 1, 1, 3, 3, 4, 4, 4,
.7	6, 6, 7, 7, 7, 7, 8, 9, 9, 9, 9
.7	0, 1, 1, 1, 2, 2, 2, 2, 2, 3, 3, 4, 4, 4, 4
.6	5, 5, 5, 5, 5, 7, 8, 8, 9, 9
.6	0, 0, 0, 0, 1, 1, 2, 2, 2, 2, 3, 3
.5	6, 6, 6, 6, 7, 7, 7, 8, 8, 8, 8, 9, 9, 9, 9, 9, 9, 9
.5	0, 0, 0, 0, 0, 1, 2, 2, 3, 3, 3, 4, 4, 4
.4	6, 6, 6, 7, 7, 7, 7, 7, 7, 7, 8, 8, 9, 9, 9, 9
.4	0, 0, 1, 2, 2, 2, 2, 2, 3, 3, 3, 4, 4
.3	5, 6, 7, 8, 8, 9, 9
.3	0, 1, 2, 4,
.2	6, 6, 6, 6, 7, 7, 8
.2	1, 3, 4, 4
.1	8
.1	1, 2
.0	
.0	0, 3

圖 2-19　莖葉圖之示意圖（SPSS/Stata 可繪此圖，N = 162 筆）

2-6 類別變數之 ES 單位變換及其變異數估計法

Review Manager、Stata 等軟體之衡量效果之資料型態，包括：

1. Peto 勝算比 (Peto OR)：二分變數和 IPD，只用於固定效果模型。
2. 勝算比 (odds ratio, OR)：二分變數，用於固定效果和隨機效果模型。
3. 相對風險 (relative risk, RR)：二分變數，用於固定效果和隨機效果模型。
4. 風險差 (risk difference, RD)：二分變數，用於固定效果和隨機效果模型。
5. 加權平均差 (weighted mean difference, WMD)：連續變數，用於固定效果和隨機效果模型。
6. 標準平均差 (standardised mean difference, SMD)：連續變數，用於固定效果和隨機效果模型。
7. 固定效果模型 (fixed effect model)：使用 Mantel-Haenszel 方法。
8. 隨機效果模型 (random effects model)：使用 DerSimonian-Laird 方法。隨機效果模型求效果量。

　　類別變數之 ES 單位變換及其變異數估計法，常見有 4 種方法：Mantel-Haenszel 法。(2)Inverse-variance 法。(3)Peto odds ratio 法。(4)DerSimonian & Laird 法。前二種屬固定效果模型；後二種屬隨機效果模型。

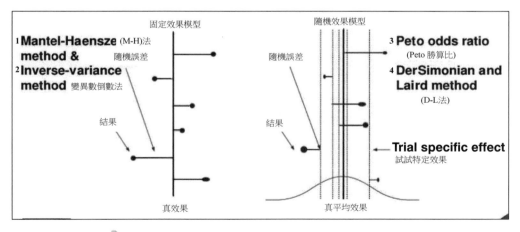

■ 圖 2-20　類別變數之 ES 單位變換及變異數估計法

定義 1：Mentel-Haenszel 法（M-H 法）

M-H 法適用固定效果模型，二分變數之 ratio 測量，尤其是勝算比 (odds ratio)。在 Meta 分析時，以最大概似法來算出「每一研究 odds ratio 的加權平均」。

例如：2×2 表格

	實驗組(treated)	對照組(not treated)	合計
死亡Death (case)	a_i人	b_i人	$n1_i$人
存活Survival (control)	c_i人	d_i人	$n2_i$人
合計	$m1_i$人	$m2_i$人	T_i人

第 i 篇論文的勝算比，$OR_i = \dfrac{a_i \times d_i}{b_i \times c_i}$

第 i 篇論文的權重，$W_i = \dfrac{b_i \times c_i}{T_i}$

兩組合併 (pooled) 的勝算比，$OR_{MH} = \dfrac{\sum W_i \times OR_i}{W_i} = \dfrac{\sum (a_i \times d_i)/T_i}{\sum (b_i \times c_i)/T_i}$

而 OR_4 之變異數，$Var(OR_{MH}) = \dfrac{\sum F}{2\sum R \sum R^2} + \dfrac{\sum G}{\sum R \sum S} + \dfrac{\sum H}{2\sum S^2}$

其中，$F = \dfrac{a_i d_i (a_i + d_i)}{T_i^2}$

$G = \dfrac{a_i d_i (b_i + c_i) + b_i c_i (a_i + d_i)}{T_i^2}$

$H = \dfrac{b_i c_i (b_i + c_i)}{T_i^2}$

$R = \dfrac{a_i d_i}{T_i}$, $S = \dfrac{b_i c_i}{T_i}$

而 pooled OR 之 95% 信賴區間 $= e^{\log OR_{MH} \pm 1.96 \sqrt{Var(OR_{MH})}}$，此時之異質性檢定為：

$$Q = \sum_{i=1}^{k} W_i (\ln OR_{MH} - \ln OR_i)^2 = \sum_{i=1}^{k} W_i [\ln(OR_i)]^2 - \dfrac{[\sum_{i=1}^{k} W_i \ln(OR_i)]^2}{\sum_{i=1}^{k} W_i} \sim \chi_{k-1}^2 \text{ 分配}$$

　　像 Stata 軟體之 Mantel-Haenszel 法，Meta 適合的資料型態，包括：

1. 勝算比 (odds ratio, OR)。Stata 指令包括：

Stata指令	功　能
. binreg	廣義線性模型延伸至「二項分配族系(binomial family)」
. clogit	條作式logic迴歸
. cloglog	互補(complementary) log-log迴歸
. exlogistic	精確(exact) logistic迴歸
. glm	廣義線性模型(generalized linear models)
. glogit	樣本已分群之logit迴歸、或機率(probit)迴歸
. lincom	估計值的線性組合(linear combinations of estimators)
. logit	印出logistic迴歸之係數(coefficients)值
. ologit	比序(ordered) logistic迴歸
. scobit	帶偏態(skewed) logistic迴歸

2. 風險比 (risk ratio, RR)。

Stata指令	功　能
. binreg	廣義線性模型延伸至「二項分配族系(binomial family)」
. mlogit	多項式(multinomial) logistic迴歸
. estat eform [SEM]	印出SEM之指數係數(exponentiated coefficients)

3. 推薦使用稀疏數據（在治療或對照組中 zero events 的試驗）進行審核 (review)。

定義 2：inverse-variance（變異數倒數）加權法，又稱 $\frac{1}{\sigma_i^2}$ 法（fuzzy theory 常用）

因為各研究的樣本數、實驗設計及架構的品質不一，所以影響力不同，倘若簡單的進行效果大小的加減會造成誤導。所以，賦予一定的權重做貢獻調整，稱作加權值賦予 (weighting)。inverse-variance 之加權值就是變異數的倒數，而變異數就是標準差除以樣本數，因此樣本數越大，或是標準差越小就會有越大的加權值。

例如：已知具有變異數 σ_i^2 之序列 y_i，其 inverse-variance 加權法公式為：

$$w_i = \frac{\sum_{i=1}^{n} \frac{y_i}{\sigma_i^2}}{\sum_{i=1}^{n} \frac{1}{\sigma_i^2}}$$

在統合分析中，inverse-variance 加權法，常用來組合各個研究的效果量。

定義 3：Peto 法（CMA、Stata 軟體都有此方法）

是 M-H 法之修正公式，特別適合非實驗設計且固定效果模型。它常用於 Meta 分析中 odds ratio (OR) 之 pooled estimate。由於計算較簡單，故較常被採用。

如下之 2×2 交叉表，其對應的合併後 pooled estimate of OR 為：

$$OR = \exp\left(\frac{\sum(O_i - E_i)}{\sum V_i}\right)$$

其中，$V_i = \dfrac{n1_i m1_i n2_i m2_i}{T_i^2(T_i-1)} = (O_i - E_i)$ 的變異數

例如：2×2 交叉表

	實驗組(treated)	對照組(not treated)	合計
死亡Death(case)	a_i人	b_i人	$n1_i$人
存活Survival(control)	c_i人	d_i人	$n2_i$人
合計	$m1_i$人	$m2_i$人	T_i人

而合併式勝算比 (pooled OR) 的 95% 信賴區間為：

$$\exp\left(\ln OR_p \frac{1.96}{\sqrt{\sum V_i}}\right) = \exp\left(\frac{\sum(O_i - V_i) \pm 1.96\sqrt{\sum V_i}}{\sum V_i}\right)$$

其對應的同質性 Q 檢定為：

$$Q = \sum_{i=1}^{k} \frac{(O_i - V_i)^2}{V_i} - \frac{[\sum_{i=1}^{k}(O_i - V_i)]^2}{\sum_{i=1}^{k} V_i} \sim 符合\ \chi_{k-1}^2\ 分配。$$

其中，k 為 Meta 分析的總篇數。

像 Stata、CMA 等軟體之 Peto 法，Meta 適合的資料型態，包括：

1. odd ratio (OR)。
2. risk ratio (RR)。

3. risk difference (RD)。

4. 但不適合 sparse data 的原始論文（即 trials with zero events in treatment or control group）。

 ## 2-7 Meta 誤差組合法

2-7-1 固定效果 vs. 隨機效果模型之 CMA 算法

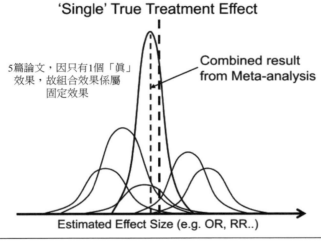

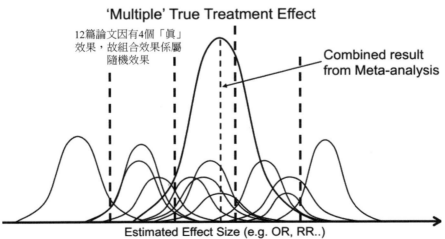

🔊 圖 2-21　固定效果 vs. 隨機效果之示意圖

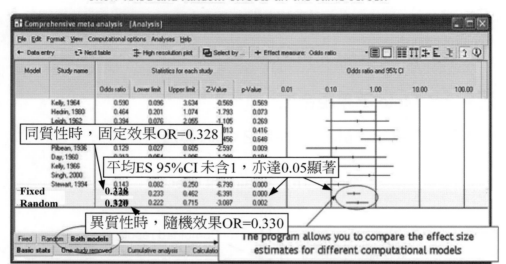

圖 2-22 Comprehensive Meta-analysis 同時顯示：效果量在固定效果 vs. 隨機效果模型，是不同的

　　不論連續變數或類別變數，做完「效果量轉算、同質性 Q 檢定」兩大步驟後，就可以挑選合用的公式來合併每篇研究效果量。一般常用的公式有兩種，固定效果模型和隨機效果模型。

　　當同質性高時可套用固定效果模型，只考慮組內差異來給予加權值。有文獻提到，$I^2 \leq 25\%$ 的情況，可套用固定效果模型。當異質性太高則改用隨機效果模型，加入組間的差異調整權重，所以組間差異越大，占的分量就越輕。

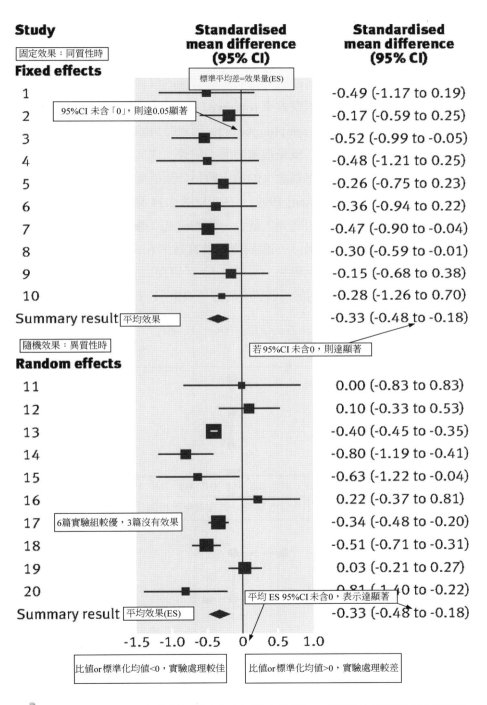

圖 2-23　10 篇研究之個別效果量在固定效果 vs. 隨機效果模型是不同的

2-7-2 固定效果 vs. 隨機效果模型之解說

一、固定效果模型

固定效果模型是假設所有的研究都有一個共通的眞實效果 (true effect)，而每篇論文所觀察到的效果稱爲觀察效果 (observed effect)，之所以每篇論文的觀察效果不同乃是導因於取樣誤差 (sampling error)，因爲每篇論文的病人群不同、年齡分布不同、藥劑使用量不同、或是追蹤時間不同等。由於我們假設這些論文都有相同的眞實效果，因此，當每篇論文的病人數目如果能增加到無限大時，則觀察效果會等於眞實效果 (Thompson, 1999)。在此以圖 2-24 臺北榮總（2013）之統合研究爲例，假設它共有三個研究列入統合分析的研究（●：眞實效果，■：觀察效果）。從圖 2-24 中可以看出，三個研究的眞實效果 (true effect) 都是 0.6，但是我們所觀察到的效果卻是：「研究一」是 0.4；「研究二」是 0.7；「研究三」是 0.5。因此，我們可以看出，對於每個研究的觀察效果「Y_i＝眞實效果＋誤差」，即：

$$Y_i = True\ Effect(\theta) + error(i)$$

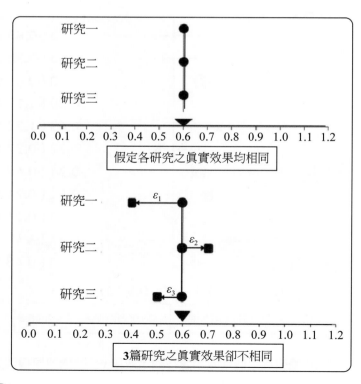

圖 2-24　固定效果模型，「觀察效果 ＝ 真實效果 ＋ 誤差」

由於在固定效果模型中，我們會為每篇研究給予一個權重 (weight)，公式如下：

$$W_i = \frac{1}{V_{Y_i}}$$

其中，V_{Y_i} 為 within-study variance。

接著再算出加權綜合效果平均數 (weighted mean of summary effect size, M) 以及綜合效果變異量 (variance of the summary effect, V_M)：

$$M = \frac{\sum_{i=1}^{k} W_i Y_i}{\sum_{i=1}^{k} W_i} \text{，} V_M = \frac{1}{\sum_{i=1}^{k} W_i} \text{，其中，k 為研究的總篇數。}$$

而綜合效果標準誤 (standard error of the summary effect) 則是：

$$SE_M = \sqrt{V_M} = \sqrt{\frac{1}{\sum_{i=1}^{k} W_i}}$$

其對應的 95% 信賴區間為「$M \pm 1.96 \times SE_M$」。

最後用 Z-value 來檢定虛無假設，$H_0 : Z = 0$，即「真實效果是否為 0」：

$$Z \text{ value} = \frac{M}{SE_M}$$

單尾檢定統計量 $P = 1 - \Phi(\pm|Z|)$；而雙尾檢定量為 $P = 2 \times [1 - \Phi(|Z|)]$，其中 $\Phi(Z)$ 代表標準累積分布 (standard normal cumulative distribution)。

二、隨機效果模型

隨機效果模型的假設是每篇研究的真實效果都不同（因為每篇論文的病人群不同、年齡分布不同、藥劑使用量不同、或是追蹤時間不同等），這些因子的不同而造成了每篇論文的真實效果不同。我們可以從圖 2-25 看出隨機效果模型的概念：假設有三個研究，其觀察效果和上述的固定式效果一樣，即「研究一」為 0.4；「研究二」為 0.7；「研究三」為 0.5。

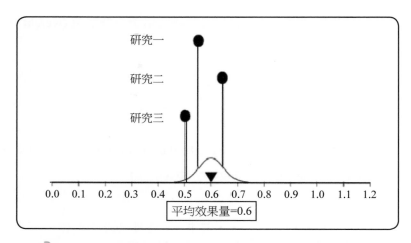

圖 2-25　隨機效果模型（每篇研究的真實效果都不同）

我們以圖 2-26 之「研究三」為例，「研究三」的真實效果 = 0.5，而「μ = 實際效果之平均數」(grand mean of true effects)，而「ζ = 實際效果變異量」(true variation in effect size)。所以就隨機效果模型而言，$Y_i = \mu + \zeta_i + \varepsilon_i$。務必要記住，在隨機效果模型中，我們要測量的是所有真實效果的整體平均值，而 95% 信賴區間是代表我們對這個平均值的不確定性；相對的，在固定效果模型中，所預測量的是真正的真實效果值。在固定效果模型中只有研究內變異量 (within-study variance)，而在隨機效果模型中則同時有「研究內」變異量以及「研究間」變異量。在隨機效果模型一樣，也會計算每篇論文之加權值 (W_i)：

$$W_i^* = \frac{1}{V_{Y_i}^*}$$

$$V_{Y_i}^* = V_{Y_i} + T^2$$

其中，T^2 就是指研究間的變異量。

接著，再算出「全部論文的加權平均綜合效果」為：

$$M^* = \frac{\sum_{i=1}^{k} w_i^* Y_i}{\sum_{i=1}^{k} w_i^*}$$

而綜合效果變異量為：$V_M^* = \dfrac{1}{\sum\limits_{i=1}^{k} w_i^*}$

綜合效果標準誤則是：$SE_m^* = \sqrt{V_M} = \sqrt{\dfrac{1}{\sum\limits_{i=1}^{k} w_i^*}}$

其對應的 95% 信賴區間為「$M \pm 1.96 \times SE_M^*$」。

最後用 Z-value 來檢定虛無假設，$H_0 : Z = 0$，即「眞實效果是否為 0」：

$$Z\,value = \frac{M}{SE_M^*}$$

單尾檢定統計量 $P = 1 - \Phi(\pm|Z|)$；而雙尾檢定統計量為 $P = 2 \times [1 - \Phi(|Z|)]$，其中 $\Phi(Z)$ 代表標準累積分布 (standard normal cumulative distribution)。要查此函數的統計值可以查統計教科書，或是利用 Excel 的函數公式「= NORMSDIST (Z*)」來求得。

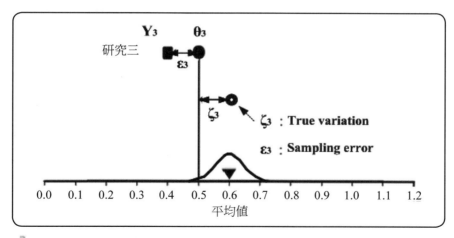

圖 2-26　隨機效果模型，「變異量 = 研究間變異量 + 研究內變異量」

三、固定效果模型和隨機效果模型的區別

在前面已經解釋過，固定效果模型是將所有論文的眞實效果視為相同，而隨機效果模型則將所有論文的眞實效果視為不同。固定效果模型會根據每篇論文的樣本數給予不同的權值，一篇論文的樣本數越大則給予的權值就越大，而樣本數

少的研究，則因它提供的訊息相對較差，所以就會給予較小的權值。

　　然而，在隨機效果模型中，由於每篇研究都有其獨特性，因此不能單以樣本數多寡來衡量權重。假設我們以模擬數據來產生統合分析研究，從圖 2-27 可看出固定效果模型和隨機效果模型的不同之處。在圖 2-27 的上圖，是用固定效果模型作的分析，可以看出每篇研究的黑色方格面積不盡相同，但是同樣的這些論文如果是用隨機效果模型分析，可以看出黑色方格大小的差異性減少了（研究 4 的相對權重由 39% 降到 23%），因此可以看出隨機效果模型會將小型研究的權值調升。

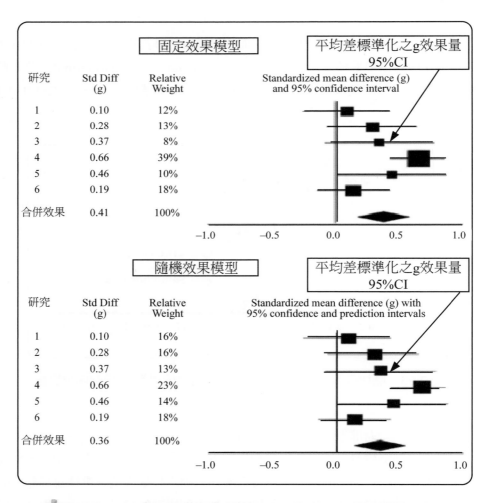

■ 圖 2-27　同一篇研究的固定效果模型和隨機模型的相對權重差別

四、如何選擇固定效果模型或是隨機效果模型來分析

以 RevMan 軟體來說，常見的錯誤做法是：如果卡方檢定沒有異質性的問題，使用固定效果模型來計算；而如果存在有異質性的問題，則改用隨機效果模型來計算合併效果。正確的觀念是：「即使是沒有存在異質性，如果研究者認為研究彼此之間仍存在有異質性時，則仍可以使用隨機式模型；相對的，如果統計發現有明顯異質性時，則當然考慮使用隨機效果模型，或者是做敏感度分析，將不合適的論文剔除之後，再重新分析。」另外，研究者也要問自己，一旦出現異質性時，這些研究是否可合併？如果不能合併，那麼就應該試著排除一些論文後，再試著分析；另外一個思考就是，如果這小型的研究資料無法合併時，此時考慮改採大規模的研究來釐清這個問題。

五、如何處理異質性效果量？

當效果量的分配 (distribution) 具異質性時，可改採下列方法進行分析 (Lipsey & Wilsin, 2001)。

1. 隨機效果模型

隨機效果模型之變異，為研究對象層次的抽樣變異 SE_i^2 加上隨機變異 $\hat{v}_\theta$，隨機變異或研究間變異估值 $\hat{v}_\theta$ 為：

$$\hat{v}_\theta = \frac{Q_T - (K-1)}{\sum\limits_{i=1}^{K} w_i - \dfrac{\sum\limits_{i=1}^{K} w_i^2}{\sum\limits_{i=1}^{K} w_i}}$$

係利用固定效果模型權重 $w_i = \dfrac{1}{SE_i^2}$ 及固定效果模型的同質性檢定 Q 值（上式中的 Q_T）計算而得，如依據公式所得的 $\hat{v}_\theta$ 若為負，則將 $\hat{v}_\theta$ 設為 0。

2. 固定效果模型：分割效果量變異

當研究樣本特徵變數皆為類別變數，若以類似單因子變異數分析的觀念來看，整體同質性檢定統計量 Q 亦可區分為類別變數（研究樣本特徵變數）解釋的部分 Q_B 及殘差變異（合併組內變異）的部分 Q_W。

3. 混合效果模型

當採用固定效果模型，在採用類似單因子變異數分析或迴歸分析解釋研究間變異後，殘差 Q_B 或 Q_W 仍然達統計顯著（不具同質性），此時可考慮混合效果模型，混合效果模型假設除了研究對象層次的抽樣誤差、研究結果的變數所造成的系統差異之外，還有隨機因子所造成的差異。

小結

選擇固定效果及隨機效果的爭議是，要使用假設較不合理，但數據較穩定的結果？或是假設合理但數據較不穩定的數據呢？固定效果或隨機效果會有差異是因為出版或品質的誤差導致，因此在蒐集及輸入原始資料時，必須要小心謹慎。選擇模型在於研究者的判斷，因此必須要將此二種結果都列出來，再做解釋。實務上，若 Meta 之「異質性」Q 值過大，則不適合用固定效果解釋結果，應改選隨機效果解釋。

2-8 Meta 分析的信度與效度

信度乃是指 Meta 分析過程中是否涵蓋相同的研究，且這些研究的一致性如何。此外，研究資料特徵的登錄是否一致、Meta 分析計算過程中的計算及記錄方式是否正確等，都是信度所要探討的部分 (Wolf, 1986)。

而關於資料登錄過程的信度，Stock 等人 (1982) 曾提出下列 7 項增進登錄者信度的方法：

1. 在對 Meta 分析特性登錄前，先發展或制定一個統一格式的編碼表及編碼簿。

2. 發展一套詳細且述說明確的登錄手冊，作為登錄者的標準。

3. 對登錄者進行關於登錄手冊與登錄形式的訓練。

4. 測量和評估 2 位登錄者間的信度，即 Kappa 檢定。Kappa 可以用來評估評分者間同意一致性，很多時候變數測量值來自於他人的評分，例如：醫生對病人的復原評估（因為病人的自我報告分數很可能比較不可信）。然而，有時候我們會懷疑是否這個醫生的評估會有超出想像的測量偏誤 (measurement error)，這時可能會請另一位醫生對同一組病人進行同樣程序的評估，如果這兩位醫生（沒有互相影響的狀況下）的評估完全一致，那麼 Kappa 係數為 1，這意味著評分者測量偏誤存在的現實變小了。K 值落在 −1 與 1 之間，但通常

介於 0 與 1 之間；當完全一致時，則 K = 1，當完全不一致時，則 K = 0。

Kappa 公式：$K = \dfrac{P_O - P_C}{1 - P_C}$

P_O：實際觀測一致的百分比 (observed agreement)，即前後或兩者測驗的結果，一致的機率。

P_C：理論期望一致性的百分比 (chance agreement)，即前後或兩種測驗結果，預期相同的機率。

例如：兩位教授評分 39 個申請入學應徵者書面資料是否符合入學標準。評分結果如下，2×2 表中主對角線是「評分一致」：

教授2 ＼ 教授1	合格	不合格	邊際總和
合格	22	2	24
不合格	4	11	15
邊際總和	26	13	39

$$P_O = \frac{22 + 11}{39} = 0.8462$$

$$P_C = \frac{\dfrac{26 \times 24}{39} + \dfrac{13 \times 15}{39}}{39} = 0.5385$$

$$K = \frac{P_O - P_C}{1 - P_C} = \frac{0.8462 - 0.5385}{1 - 0.5385} = 0.67$$

5. 對登錄手冊及登錄形式加以校正，以符合登錄者的需要。

6. 盡可能地再增加第 3 位登錄者，來仲裁二個的解讀差異。

7. 鼓勵登錄者參與討論，並自我決定關於登錄的一些準則。

　　在研究工具之效度方面，編碼表及編碼簿的發展，可根據 Brown (2003) 提出的發展步驟，並採用內容效度指標 (Content Validity Index, CVI)。例如：延請具有多年研究經驗之教授，針對編碼表及編碼簿之「內容的適合性」及「語意的清晰度」給分，評分等級為：非常不恰當、不恰當、恰當、非常恰當，分數依序為 1 分到 4 分，分數越高表該項目的適用性越高，若給 2 分以下的項目，則請專

家給予意見或說明。編碼表及編碼簿的專家效度在「內容的適合性」及「語意的清晰度」方面之 CVI 皆為 1。

在研究設計之效度方面，外在效度與構念效度所牽涉的就好比是「橘子與蘋果」的問題，並試圖去決定哪些研究較適於 Meta 分析。這些問題可從研究特性的登錄、尋找干擾變數的影響、同質性的檢定來加強。

內在效度關心的是不同的研究設計品質對 Meta 分析結果的影響，這些影響的探究也應做實證性的檢驗。例如：有些研究意外地發現高品質的「研究設計」卻得到比低品質的研究還低的效果量。據此，Glass 等人 (1981) 指出，高低品質的研究，其效果量的差異很少超過 1/10 的標準差，因此研究品質對 Meta 分析而言，並不須立即加以解決。此外 Green 和 Hall (1984) 建議實驗者的客觀程度、實驗的隨機化程度、樣本大小、記錄誤差的控制、依變數的種類、出版的偏差、設計品質等都是一個好的 Meta 分析所必須檢驗的 (Wolf, 1986, P49)。

Chapter 3

Meta分析的研究設計實施

3-1 資料登錄與編碼

　　完成論文關鍵字：自變數之構念名稱、反應變數之構念名稱、調節變數之構念名稱相關文獻蒐集後，研究者逐一登錄各篇研究之資料，如研究者、出版年代、論文名稱、樣本來源、問卷題數、抽樣樣本數、統計分析研究類別、探討之研究變數、各變數間之相關顯著性，為正向顯著、負向顯著或是不顯著等資料，以及各變數間之統計量，其中，相關數值包含了樣本人數 (N)、平均數 (M) 及標準差 (SD)、t、F、x^2 及 95% CI (confidential interval) 等值，並將這些數值轉化其單位數據為 r 值，以作為後續分析與討論之用。本研究採用 Cooper (1989) 的建議，使用「改變分析的單位」的方式，將每個統計檢定一開始都當作「獨立事件」登錄。

　　並採用三角驗證法來進行編碼工作，以避免研究者本身主觀判斷。除研究者本身外，以客觀文獻資料、指導教授及精熟文獻編碼分析之研究者，一同討論與修正，以達成一致性的共識，以提高研究之信度。

3-2 學者對 Meta 分析的批評及改進方法

　　Glass 等人 (1981) 就一般學者的批評，分述以下 4 點：一、無相同標準、樣本不同、程序不同、工具不同的研究數據，不應該放在一起計算；二、研究品質好壞摻雜，有鼓勵低品質研究的產生；三、研究文獻有出版偏差的問題；四、資料不獨立問題，亦即可能將一個研究的多項結果當作獨立的研究結果來分析

(Onyskiw, 1996; Theis & Johnson, 1995; Beck, 1999; Conn & Armer, 1994)，做了澄清及改進方法，茲分述如下：

　　Meta 分析就是要解決因各種不同標準所產生的誤差或結果，進而探究變數間真正的關係；反之，若研究各種條件皆相同，就不需要 Meta 分析。然而，原始研究文獻的好壞會影響 Meta 分析的結果，因此進行 Meta 分析前須藉由一套固定標準來評估篩選使用作為研究的文獻品質，確保其抽取的樣本具有足夠的代表性。量性品質評析包含五項目的：

(1) 作為篩選文章時的最低標準。

(2) 文獻品質的差異性，可用來解釋研究結果所產生的異質性。

(3) 作為 Meta 分析時加權之參考依據。

(4) 可成為輔助研究結果參考價值之強度。

(5) 為未來研究設計的建議。

　　例如：蔡佩樺（2020）曾用前 4 項量性品質評估的方式，以確保所篩選文獻品質及 Meta 分析的結果之信效度。茲分述如下：

(一) 異質性Q檢定

　　使用異質性 Q 檢定來進行定量改進，事先找出可能的中介變數或將所有文獻所有參與者的資料切割成次級群體，進行次群體間的比較，但不將無相同標準、樣本不同、程序不同、工具不同的研究放在一起分析。

(二) 研究品質評分表

　　為了要確保 Meta 分析研究者所採用的整合結果係建立在一定品質水準之實徵研究結果上，就必須仰賴研究品質評估程序，以維持所蒐集實徵研究的效度。Guyatt、Oxman、Kunz、Brozek、Alonso-Coello 與 Rind 等人 (2011) 提出只著重研究設計的證據等級 (level of evidence)，雖可以避免一些偏誤風險 (risk of bias) 問題，但是同時評比研究設計、執行過程與結果評估，才能充分反映至證據品質。如此一來證據品質才可以結合建議強度，直接應用於決策。

　　依據上述觀點，並考量納入本文中的文獻研究方法，皆為問卷調查法，而非隨機控制之實徵研究類型，故採用 Brown (1991) 提出的研究品質評分 (research quality scoring method) 的六項主要評估準則之主要變量分別是「研究設計」、

「研究樣本的選擇及專一性」、「研究方法教育性的描述」（是否可以讓研究者複製介入方法）、「研究樣本狀況的專一性」、「建立成效評估的定義」，以及「成效評估」，以上符合 1 項評估項，得分 1 分，共 6 分。

　　另外，本研究增列一項「研究樣本數量」為文獻量性品質評分標準，目的是為了避免因篩選抽樣樣本之數量不足，而造成取樣偏差。本研究的篩選使用的文獻都是採用抽樣調查，即研究者抽取部分樣本的資料進行統計分析，再透過抽取的樣本以統計方法推論母群體的情況。為確保抽取的樣本具備足夠的樣本代表性，根據研究設計中的「抽樣方法」、「選取樣本數」、「信賴水準」(confidence level) 和「抽樣誤差」(confidence interval) 作為判斷樣本代表性之原則。評估所篩選的文獻抽取樣本大小是否足夠的標準有 4 項，符合 1 項，得分 1 分，共 4 分。

　　第一是根據「研究對象的範圍」來判定 Sudman (1976) 建議研究對象的範圍若是全國性的研究，抽取樣本數量為 1,500～2,500 人；若是地區性研究，則抽取樣本數量為 500～1,000 人較為適宜。

　　第二，是根據「預試問卷之題目數量」來判定。多位學者建議預試問卷樣本人數應為預試題目最多分量表題目 3～5 倍或 5～10 倍的數量（Tinsley & Tinsley, 1987; Comrey, 1988; 吳明隆與涂金堂，2012）。

　　第三，依據所篩選文獻使用的「敘述性統計分析」做為判定標準。樣本數通常會占母群體的 10%，若母群體較小，則抽選的樣本數需提高至母群體的 20% (Gay, 1992)。

　　第四，考量「信賴水準」(confidence level) 和「抽樣誤差」(confidence interval)。多數研究的信賴水準設定為 95% 或 99%，抽樣誤差設定為正負 3% 之間，研究者再藉由文獻提供的母群體人數，計算出其抽取的樣本數大小是否足夠。

　　綜上所述，蔡佩樺（2020）之評析結果僅用來了解各個研究樣本的品質並用以輔佐解釋研究結果如何作為參考價值之強度，並不作為此次 Meta 分析加權分數 (weighting) 之參考。蔡佩樺（2020）量性品質評分標準包含研究設計、執行過程（研究樣本的選擇及專一性、研究方法教育性的描述、研究樣本狀況的專一性）、結果（建立成效評估的定義、成效評估），以及樣本代表性（抽樣方法、選取樣本數、信賴水準及抽樣誤差）為評分依據，共 10 個主要變量，每符合 1 項得分 1 分，共 10 分，如表 3-1。

(三) 比較加權效果量大小

西方學者 Glass 等人 (1981) 認為研究品質和分析結果並無存在相關，故建議針對各研究結果進行加權，將研究品質當成干擾變數，順便探討其和效果量大小間的關係並且將研究品質（與樣本數成正比）作為計算效果量的加權依據。

(四) 計算安全偏誤值

利用 Meta 分析統計軟體計算安全偏誤值 (fail-safe number) 和容忍水平值 (tolerance level) 間數值的差距來判斷。安全偏誤值是指要加上多少未達顯著性、未出版或未尋獲的研究到 Meta 分析才會導致該 Meta 分析結果由顯著變成不顯著；而容忍水平值為評估結果不顯著的研究發生的可能性。如果安全偏誤值大於容忍水平值（5k + 10，k 表示 Meta 分析納入之研究總數），表示未達顯著性、未出版或未尋獲的研究問題不會影響到後設分析結果 (Rosenthal, 1979)。

因此，為了增加 Meta 分析研究結果的量性品質，提升研究結果的信效度，本研究不僅修訂 Brown (1991) 研究品質評分表，也採用 Glass 等人 (1981) 的建議，進行研究結果加權，同時探討效果量大小間的關係。同時，為了避免出版偏差，本研究計算安全偏誤值和容忍水平值間數值的差距來判斷所得到的相關係數效果值的結果是否穩固。

● 表 3-1　研究文獻資料的量性品質分析表（蔡佩樺，2020）

論文編號	第一作者	出版年代	研究人數(N)	研究設計	研究樣本的選擇及專一	樣本代表性	研究方法教育性的描述	建立成效評估的定義	成效評估	量性品質總分	效果量(Zr)	標準誤(SE)
1	沈珮文	2001	1,044	2	1	4	1	1	1	10	0.144^{***}	0.008
2	徐玉婷	2004	1,554	2	1	3	1	1	1	9	$0.007^{n.s.}$	0.004
3	許杏如	2005	665	2	1	4	1	1	1	10	0.063^{***}	0.010
4	曾思維	2005	803	2	1	4	1	1	1	10	-0.058^{***}	0.009
5	林吉祥	2005	953	2	1	4	1	1	1	10	0.068^{***}	0.019

論文編號	第一作者	出版年代	研究人數 (N)	研究設計	研究樣本的選擇及專一	樣本代表性	研究方法教育性的描述	建立成效評估的定義	成效評估	量性品質總分	效果量 (Zr)	標準誤 (SE)
6	蕭鈺貞	2007	512	2	1	4	1	1	1	10	0.108^{***}	0.020
7	周啓葶	2007	876	2	1	4	1	1	1	10	0.139^{***}	0.010
8	莊蕙瑜	2007	675	2	1	4	1	1	1	10	0.085^{***}	0.008
9	林文玉	2009	639	2	1	4	1	1	1	10	0.141^{***}	0.015
10	黃齡萱	2010	1,399	2	1	4	1	1	1	10	0.051^{***}	0.011
11	陳俐禎	2010	64	2	1	1	1	1	1	7	$0.044^{n.s.}$	0.074
12	李俐萱	2011	653	2	1	4	1	1	1	10	0.066^{***}	0.017
13	陳慈珍	2011	806	2	1	3	1	1	1	9	0.044^{*}	0.021
14	洪美玉	2012	915	2	1	4	1	1	1	10	0.134^{***}	0.006
15	陳妍臻	2012	669	2	1	4	1	1	1	10	0.092^{***}	0.009
16	張琬喬	2012	1,122	2	1	4	1	1	1	10	0.092^{***}	0.011
17	許麗秀	2013	338	2	1	2	1	1	1	8	0.087^{**}	0.029
18	王泳欽	2013	572	2	1	4	1	1	1	10	0.116^{***}	0.013
19	邵士原	2013	392	2	1	3	1	1	1	9	0.170^{***}	0.030
20	林昭君	2013	837	2	1	4	1	1	1	10	0.101^{***}	0.008
21	謝觀崢	2015	987	2	1	3	1	1	1	9	$0.017^{n.s.}$	0.018
22	盧小薇	2016	667	2	1	4	1	1	1	10	0.095^{***}	0.016
23	辛怡璇	2017	625	2	1	3	1	1	1	9	-0.065^{**}	0.023

$N = 17,767$

3-3 Meta 分析的實施流程

一、單位轉換

蔡佩樺（2020）研究篩選文獻所擷取的各個研究結果，包括：卡方值 x^2、t（T 檢定下之 t 值）、F（變異數分析下之 F 值或雙因子變異數分析之 F 值）及 Pearson's 積差相關 r_i 值等。Meta 分析的技術中，Rosenthal 法提倡使用 r 值為效果量估計值 (Rosenthal, 1991)，Hunter 法也使用 r 值為效果量估計值 (Hunter & Schmidt, 2004)，但因 Hunter 法在消除人為誤差之計算時，有一些假設存在，因此較受研究者質疑。因此，本研究採用 Rosenthal 技術進行 Meta 分析，此技術的特點是強調同質性分析，以 r 值為估計值，計算各變數關係之效果量。積差相關 r_i 值，可直接當效果量 d_i 的指標或者轉成標準化之 Zr 再用 (Rosenthal, 1991)。因為，當母群的 r_i 值離 0 越來越遠時，偏差就越顯嚴重。本研究將所擷取的各個研究結果，套用學者張紹勳（2014）設計之單位轉換 Excel 公式將不同研究結果的數值，統一轉換為效果量 r 值，計算整體效果量。不同研究結果單位轉換之計算公式（張紹勳，2014）如下：

1. 效果量 R_i 的公式：$r_i = \sqrt{\dfrac{t^2}{t^2 + df}}$ 　　$df = n_1 + n_2$

$$r_i = \sqrt{\frac{F}{F + df(e)}} \quad df(e) = n_1 + n_2 - 2$$

$$r_i = \sqrt{\frac{x^2}{N_i}} \quad N = n_1 + n_2$$

$$r_i = \frac{d_i}{\sqrt{d_i^2 + \dfrac{4(N+2)}{N}}} \quad d = \text{Cohen's d} \ ; \ N = n_1 + n_2$$

2. $R_i \rightarrow d_i$ 的公式：$d_i = \dfrac{2R_i}{\sqrt{1 - R_i^{\,2}}}$

3. Fisher's Zr_i 的公式：$Zr_i = \dfrac{1}{2}\ln\left(\dfrac{1 + R_i}{1 - R_i}\right)$

4. 解釋的變異量 $R^2*100\%$ 的公式：$R_i^2*100\%$

5. $r_i \rightarrow t_i$ 的公式：$t_i = \dfrac{r_i}{\sqrt{1 - r_i^{\,2}}}\sqrt{N_i - 2}$

6. $t_i \rightarrow Z_i$ 的公式：(Rosenthal & Rubin, 1979a) $Z_i = t_i(1 - \dfrac{t_i^2}{4df_i})$ df = 自由度

7. 平均效果量 $\overline{Zr}$ 的公式：$\overline{Zr} = \dfrac{\sum\limits_{i=1}^{k}(N_i - 3)Zr}{\sum\limits_{i=1}^{k}(N_i - 3)}$

二、效果量的計算與整合

(一) 固定效果模型

　　Higgens 與 Thompson (2002) 提到模式選擇取決於研究者對於納入 Meta 分析的文獻是否共同一共同效果的期望，以及進行分析的目標。一旦 Meta 分析結果符合固定效果模式的假設（研究間變異數為 0），隨機效果模式 (random effects model) 的結果也等同於固定效果模式 (fixed effect model)。換句話說，模式選擇應該根據信念，而非依據統計異質性決定模式，因為異質性分析的檢定力經常不足。

　　本研究採用固定效果模型的原因，因為此一效果模型假設所有 Meta 分析的研究擁有一個相同的（真實）效果值，即影響各項研究效果值的因素應該是相同的（故稱為固定效果），即以幾乎相同的研究設計（包括性別、教育階段、不同英語學習經驗等）重複驗證，以及同樣都在學生族群中 Meta 研究結果。實際的 Meta 分析，不是從母群體效果開始，然後計算觀察效果；而是由觀察效果開始，藉由計算每個研究的加權平均數（即變異數的倒數）反推估母群效果。固定效果模型之抽樣誤差的分布，會隨樣本及變異數大小而改變。常態曲線的寬度是隨著變異數的平方根或標準誤而改變。因此，當研究樣本很小、變異數較大時，觀察效果大小在某種程度上可能會較寬；相反的，當樣本大小相對較大、變異數較小時，真實效果值的寬度會較窄（吳政達，2016）。此一真實效果值的寬度在本研究名稱為 95% 信賴區間 (95% confidential interval, 95% CI)。

(二) 相關係數程度的判定及與構面的預測力的關係

　　該研究運用 Meta 分析法進行資料分析，應用 Comprehensive Meta-Analysis (CMA) Meta 分析軟體 (Borenstein, Hedges, Higgins & Rothstein, 2009) 計算相關係數 r_i 之效果量。效果值大小表示變數間關係的強度與方向，負值代表負效果，正值代表正效果，0 則代表無效果 (Borenstein, Hedges, Higgins, & Rothstein, 2009)。

根據張芳全（2019）所提出以相關係數大小判定標準來作爲評估關係強度的標準。相關係數有正負值，介於 -1 與 1 之間，不論正、負值，皆是代表兩個變數之間關係密切與否的程度。正、負值只是關係的程度不同。因此判斷時要加上「絕對值」符號。張芳全（2019）提出之 6 大判定標準如下：

1. 很高相關：$|r_i|$ 值介於 .80 至 1.00 之間；
2. 高相關：$|r_i|$ 值介於 .60 至 0.79 之間；
3. 中等相關：$|r_i|$ 值介於 .40 至 0.59 之間；
4. 低相關：$|r_i|$ 值介於 .20 至 0.39 之間；
5. 微弱相關：$|r_i|$ 值介於 .01 至 0.19 之間；
6. 零相關：$|r_i|$ 值爲 0。

在進行迴歸分析時，爲了要研究各主要構面之自變數（文件特徵）對依變數（英語焦慮、英語學習動機及英語學習策略）的預測力。本研究會估計應用決定係數 (coefficient of determination, r^2)，以了解自變數於依變數之間的相關強度。

(三) p 值的判定

p 值的差別反映了樣本大小的差，而不是效果值的差（吳政達，2016）。爲避免相同的 p 值被認爲反映了相同的效果值，但卻也可能不是；或者是顯著性的 p 值被誤以爲有更大的效果值之疑慮，本研究除檢視效果值的大小外，同時也以 95% 信賴區間呈現精確度，避免將無顯著的 p 值之研究結果解釋爲效果不存在的錯誤。

(四) 解釋變異能力的判定（explained variance, r^2 的百分比）

在 Meta 分析中，由於研究間水準共變量的存在，R^2 只能處理眞實差異 r^2（而不是組內變異數 V）。邏輯處理 R^2 的方法是基於眞實差異重新定義 R^2（或定義一個新的指標），故本研究探用將 R^2 定義爲「共變量解釋的差異占眞實變異的比例」，而非「由共變量解釋的差異占「總」變異數的比例。在原始研究中，R^2 可被用來反映由次群組因素所解釋的差異比例，因此在本研究中，研究者使用 R^2 來反映 Meta 分析中「由次群組因素所解釋的眞正差異比例」。

(五) Meta迴歸分析(meta regression)

用來了解兩組資料間的相關情形，包含方向及預測強度，本研究用以檢驗英

語焦慮、英語學習動機及英語學習策略三者之間的關聯性。

(六) 異質性檢定(heterogeneity test)

異質性形成的原因大致分為兩種，一為可能來自教學實驗設計的不同，例如：選擇的對象、評量的工具、受試對象所在的地區等。另一方面，研究方法也可能形成異質性。本研究檢驗異質性檢定的目的，主要是用來判定一些個別研究是否適合放在一齊做比較分析，也藉以檢視文獻中更多的研究變數(Beck, 1999)。

常見的異質性檢定或評估方式，可用「眼球」檢定或以統計檢定（如：Cochran Q test）或 p 值來評估異質性。首先，「眼球」檢定是利用雙眼觀察各試驗與總結估計值 95% 信賴區間的重疊情況。95% 信賴區間包含 0，代表研究可能是同質的。Fredric (1986) 提出的異質性檢定主要是檢定各效果量之間的異質性，即計算其 Q 值，計算方式為自由度 k − 1 的 x^2 分配（k = 個別研究之論文數），Q 值越小代表異質性越低，而各研究則可進一步進行結合，反之，Q 值越大就不可進行結合，應進行干擾變數的探究。異質性檢定 Q 的計算公式（張紹勳，2014）如下：

$$Q = \chi^2 = \sum_{i=1}^{k}[w_i(d_i - \bar{d})^2] \text{ 或 } \sum_{i=1}^{k}[w_i(r_i - \bar{r})^2]$$

其中，$\bar{d}$（或 $\bar{r}$）為平均效果，d_i（或 r_i）為各研究的效果量，

平均效果量 $\bar{d} = \dfrac{\sum_{i=1}^{K}w_i d_i}{\sum_{i=1}^{K}w_i}$ 或 $\bar{r} = \dfrac{\sum_{i=1}^{K}w_i r_i}{\sum_{i=1}^{K}w_i}$，其中加權值 $w_i = \dfrac{2N}{8+d_i^2}$（$N$ = 總研究數）

如果 Q 值接近 0，代表無異質性。若 Cochran Q 有統計顯著，則異質性確實存在。然而，若 Cochran Q 無統計顯著，但 Cochran Q 和自由度的比值大於 1(Q/df > 1)，則異質性可能存在；反之，若 Cochran Q 無統計顯著，且 Q/df < 1，則異質性不可能存在。綜上所述，虛無假設 H_0：Q = 0 代表所有數據群無顯著差異。對立假設 H_1：Q ≠ 0，代表有顯著的差異性。本研究分析異質性的目的，為的是要看個別論文的效果和綜合性效果是否存在極大的差異性，通常 p 值 < 0.1，研究者就可以判定這些論文間存在有明顯的異質性。Q 值和對應的 p 值可以看成是一種顯著性檢驗，這是因為其對於研究數目很敏感而對效果值不敏感（吳政達，2016）。

有時，異質性的大小亦可由 I^2 檢測得知。另外，Higgens 等人 (2002) 提出用 I^2 統計量來反映異質性部分在效果值總變異中所占的比重。在任何一個給定的自由度的情況下，I^2 值隨 Q 值的變化而變化，I^2 值受到觀察離散度與研究內離散度比值的影響，但該指標對效果值不敏感，又對研究數目不敏感（吳政達，2016）。因此，當 $I^2 = 0$ 時，表示有極佳的一致性，數值越大，異質性的可能性增加。通常，$I^2 < 25\%$ 時，表示存在低度異質性；$I^2 = 25\%\sim50\%$，表示存在中度異質性；$I^2 > 75\%$，表示存在高度異質性，需改用隨機效果來估計平均效果量 (Higgins, 2003)。根據 Higgens 等人 (2002) 臨床試驗的 Meta 分析調查顯示，I^2 值為 0 的占了一半，另一半的 I^2 值在 0～100% 之間。當 I^2 值越接近 100%，說明大多數的觀察變異為真，則推測變異數的來源是有意義的，研究者可以繼續進行次群組分析 (subgroup analysis) 或後設迴歸 (Meta-regression) 來探尋和解釋；同樣地，當 I^2 值接近於 0，代表所有觀察的變異都是虛假的，這說明不需要對變異做任何解釋（吳政達，2016）。

(七) 出版偏差(publication bias)的檢驗

利用 Meta 分析統計軟體計算出版偏差安全偏誤值 (fail-safe number) 和容忍水平值 (tolerance level) 間數值的差距來判斷。安全偏誤值 (fail-safe N) 是指要加上多少未達顯著性、未出版或未尋獲的研究到 Meta 分析才會導致該 Meta 分析結果由顯著變成不顯著；而容忍水平值為評估結果不顯著的研究發生的可能性。如果安全偏誤值大於容忍水平值（5k + 10，k 表示 Meta 分析納入之研究總數），表示未達顯著性、未出版或未尋獲的研究問題不會影響到後設分析結果 (Rosenthal, 1979)。另外，漏斗圖 (funnel plot) 也是檢驗出版偏差的方式之一，若漏斗圖呈現兩端對稱，即可肉眼判定無出版偏差。但最佳預防出版偏差的方法，是做好篩選文獻之量性品質控制。出版偏差之安全偏誤值的公式如下：

$$N_{f.s.0.5} = \left(\frac{\sum_{i=1}^{K} Z_i}{1.645}\right)^2 - K \quad (\text{K 為研究總篇數；5K + 10 為判斷值})$$

Chapter 4

Stata實作Meta分析

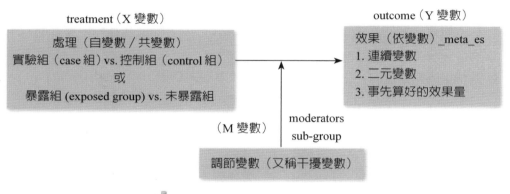

treatment（X 變數）

處理（自變數／共變數）
實驗組（case 組）vs. 控制組（control 組）
或
暴露組 (exposed group) vs. 末暴露組

outcome（Y 變數）

效果（依變數）_meta_es
1. 連續變數
2. 二元變數
3. 事先算好的效果量

（M 變數）

moderators
sub-group

調節變數（又稱干擾變數）

圖 4-1 「Meta 分析」研究架構

一、Meta分析是什麼？

　　統合分析 (MA, Glass 1976) 結合了多項個別研究的結果，為研究問題提供了統一 (unified) 的解答。例如：

1. 服用維生素 C 可以預防感冒嗎？
2. 運動會延長壽命嗎？
3. 睡眠不足會增加患癌症的風險嗎？
4. 時間電表 (daylight) 可以節省能源嗎？
5. 愛的教育 vs. 鐵的紀律之教學成效，誰優？
6. 孕婦要多運動 vs. 少運動，誰有理？

二、結合不同的個別研究有意義嗎？

誠如 Borenstein et al. (2009, chap. 40) 所說：

在 Meta 分析的早期，有人問羅伯特 · 羅森塔爾 (Robert Rosenthal)，進行這項 Meta 分析是否有意義？因爲這些個別研究都以各種（統計、抽樣、背景等）方式所產生理應有所不同，而且 Meta 分析等同於將蘋果及芭樂結合在一起。Rosenthal 回答說，如果您的目標是製作水果沙拉，那麼將蘋果及柳橙混合使用是有意義的。

三、Meta分析的目標

1. 如果合理的話，請提供對效果的總體估計。

2. 探索研究之間的異質性：研究通常報告結果的效果幅度（甚至影響方向）不同（有時是矛盾的）。

3. 評估出版物偏差的存在：少報了文獻中不重要的結果。

四、Meta分析的組成成分(components)

1. 效果量 (effect size)：標準差或原始「實驗—控制組」平均值的差、odds 及風險比、風險差等。

2. MA 模型：共同效果、固定效果、隨機效果。

3. meta summary ≈ 森林圖 (forest plot)。

4. 異質性 (heterogeneity)：MA 中各個研究的效果量估計之間的差異。

5. 小型研究 (small study) 效應；小型研究與大型研究報告的效果量之間的系統差異。

6. 發表偏誤或更普遍的報告偏誤：MA 包含的研究與所有可用的相關研究之間的系統差異。

五、離散型依變數之效果量的公式

定義：odds

發生某事件的人數與未發生該事件人數的比值。

The ratio of events to not-events (risk of having an events divided by the risk of not having it)

定義：勝算比 odds ratio (OR)

（在病例對照研究中）實驗組中發生疾病的勝算與控制組中發生疾病的勝算比值，或罹患疾病的病患暴露於某變因的勝算除以控制組暴露的勝算。

The odds of the event occurring in one group divided by the odds of the event occurring in the other group

定義：相對危險性 (relative risk, RR)

無單位，用於隨機試驗 (randomised trials) 及世代研究 (cohort studies)。

在隨機試驗中，接受治療病患相對未接受治療病患的不良事件風險 (the ratio of risk in the treated group (EER) to the risk in the control group (CER))。RR = EER/ CER。

在世代研究中，具有危險因子（暴露）的人罹病的機率為不具危險因子（非暴露）的幾倍。RR = 暴露組的疾病發生率 / 非暴露組的疾病發生率。

Q：對治療效果的估計有多精確？

A：雖然沒有治療效果的真實數值，但我們可用估計值來替代，每個估計值都是真實治療效果的近似值，但重點是到底有多近似。信賴區間 (confidence intervals, CIs) 是一種統計上的工具，用來表示估計值的精密度，可用來表示治療效果的估計範圍，換句話說，信賴區間可顯示對真實值的估計有多近似。95% 信賴區間表示「此治療效果區間」有 95% 的機率會包含真實數值。如果區間過大表示估計缺乏精確性，反之信賴區間越狹窄，則精確性越高。再者研究的樣本數大小會影響結果的精確性，樣本數越大結果越精確，95%CI 的範圍越窄，反之樣本數小的研究會有較寬的 CIs。

勝算比 (odds ratio) 或是相對危險 (relative risk) 的 95% 信賴區間若包含了 1，表示治療結果不具有統計上的顯著意義。若風險差 (risk difference) 或絕對風險差 (absolute risk reduction) 的信賴區間包含了 0，則表示這個差異不具有統計上的顯著意義。我們應該將治療效果信賴區間的最低值視為最小效果的可能值，並且試問自己：「如果這個治療介入的效果只有這麼小，還值得拿來應用嗎？是否具有臨床上的重要性？」

以下公式中，a，b，c，d 是指下表 2×2 表格之交叉細格人數。

● 表 4-1　交叉表之細格人數及邊際人數

	實驗組(treated)	對照組(not treated)	合計
死亡Death (case)	a_i人	b_i人	$n1_i$人
存活Survival (control)	c_i人	d_i人	$n2_i$人
合計	$m1_i$人	$m2_i$人	T_i人

值得一提的是，Stata（metaaggr 指令，http://fmwww.bc.edu/RePEc/bocode/m）、Comprehensive Meta-analysis 軟體針對你的需求（for 連續變數或類別變數），共提供 18 種類型效果量估計法可讓你選擇，包括：

1. odds ratio(OR)：$OR = Ln(\frac{a \times d}{c \times b})$

2. M-H odds ratio：$OR_{MH} = \frac{\sum W_i \times OR_i}{W_i} = \frac{\sum (a_i \times d_i)/T_i}{\sum (b_i \times c_i)/T_i}$，T 為總人數。

3. Peto odds ratio：$OR = \exp(\frac{\sum(O_i - E_i)}{\sum V_i})$，其中，$V_i = \frac{n1_i m1_i n2_i m2_i}{T_i^2(T_i - 1)} = (O_i - E_i)$ 的變異數。

4. log odds ratio：$Lor_i = Ln\left(\frac{P_E(1-P_C)}{P_C(1-P_E)}\right)$。$P_E$，$P_C$ 實驗組、控制組百分比。

5. M-H log odds ratio：將 M-H odds ratio 取自然對數，變成常態分布。

6. log Peto odds ratio：將 Peto odds ratio 取自然對數，變成常態分布。

7. risk ratio：$RR_i = \frac{P_E}{P_C}$。實驗組風險比除以控制組風險比。

8. M-H risk ratio：Risk ratio 再乘上 weight.

9. log risk ratio：$Lrr_i = Ln(\frac{P_E}{P_C})$

10. M-H log risk ratio：Risk difference 取自然對數之後，再乘上 weight.

11. risk difference：$rd_i = P_E - P_C$

12. M-H risk difference：risk difference 再乘上 weight.

13. risk diff in means（風險平均數差異）：$RR_E - RR_C$

14. Hedges' g：$g_i = (1 - \frac{3}{4N-9})d_i = (1 - \frac{3}{4N-9})\frac{\overline{X}_E - \overline{X}_C}{S_{(pooled)}}$

15. difference in means：$D_i = \overline{Y}_E - \overline{Y}_C$

16. std paired difference：$d_i = (1 - \frac{3}{4N_i - 9})\frac{\overline{Y}_1 - \overline{Y}_2}{S}$

17. correlation：Pearson $r_{xy} = \frac{\sum(Z_x Z_y)}{N_i}$，此效果量 r_i 可從 χ^2, t, F 值轉換求得。

18. Fisher's：$Z_r = Ln(\frac{1 + r_{xy}}{1 - r_{xy}})$，將積差相關轉換為常態化 Zr。

其中，下標 E，C：分別代表實驗組 vs. 控制組。

　　例如：有篇原始論文其個別研究數據如下 2×2 交叉表，其 odd ration 的公式如下：

🔵 **表 4-2　實驗組（世代研究的暴露組 exposed group）vs. 對照組（世代研究的未暴露組 unexposed group）的效果比較**

人數	實驗組	控制組	
死亡	已知1人	已知2人	Odds ratio $= \frac{1 \times 34}{39 \times 2} = 0.436$
存活	推算(40 − 1) = 39	推算(36 − 2) = 34	Ln (odds ratio) = Ln (0.436) = −0.83
合計	已知$N_E = 40$	已知$N_E = 36$	因OR < 1，故實驗組處理效果優於控制組。

4-1 Stata's Meta-analysis suite（套件）：也是 Meta 分析步驟

Stata指令	說明
宣告(declaration)	
• meta set	使用預先計算的效果量當作宣告數據
• meta esize	計算效果量並宣告數據
• meta update	修改meta數據的宣告
• meta query	印出如何設定meta數據

Stata指令	說明
摘要表(summary) • meta summarize • meta forestplot	 MA結果之摘要表 繪森林圖（含總平均效果、p值、95%CI、異質性)
異質性(heterogeneity)時 • meta summarize, subgroup() • meta forestplot, subgroup() • meta regress • predict • estat bubbleplot • meta labbeplot	 subgroup MA摘要表 subgroup森林圖 執行meta-regression 預測random effects等 繪bubble plots 繪 L'Abbe plots
small-study effects/ publication bias • meta funnelplot • meta bias • meta trimfill	 繪funnel plots 檢定small-study effects 修邊及填充(trim-and-fill)分析
累積(cumulative)分析 • meta summarize, cumulative() • meta forestplot, cumulative()	 累積MA summary 累積forest plots

六、Stata Meta分析之重點整理

1. Stata 宣告 Meta 分析之資料，可用 meta esize 或 meta set
   (1)計算及宣告連續結果(continuous outcomes)變數之效果量（meta esize 指令）
   (2)計算及宣告二元結果 (binary outcomes) 變數之效果量（meta esize 指令）
   (3)宣告事先算好 (precomputed) 之效果量（meta set 指令）
2. meta 模型有三類：共同效果 (common effect)、固定效果、隨機效果。
3. 估計方法：
   • Mantel-Haenszel (MH)
   • restricted maximum likelihood (REML)
   • maximum likelihood estimate (MLE)
   • empirical Bayes (EB)
   • DerSimonian-Laird (DL)

- Hedges (HE)
- Sidik-Jonkman (SJ)
- Hunter-Schmidt (HS)

4. meta esize、meta set、metan 或 meta regress 等指令的功能，包括：

- summary tables（摘要表）
- forest plots（森林圖）個別及總平均的「效果量、p 值、95%CI」、同質性檢定
- subgroup analyses（干擾／調節變數）
- L'Abbe plots
- Meta-regression
- funnel plots
- tests for small-study effects
- nonparametric trim-and-fill analysis of publication bias

4-2 Stata Meta-analysis：各類型效果量的編碼格式

　　為補救 p 值的不足或其他效果量之間的轉換，Google 搜尋有「Excel 公式轉換」資料夾，供你查詢、轉換各效果量，包括：「p to t.xls」、「p-values and Critical Values.xls」、「r to d & d to r_1.xls」、「Odds Ratio to r.xls」、「Effect Size Corrections.xls」、「Fail Safe N.xls」、「Calculating g and d.xls」、「Converting effect sizes.xls」、「Odds Ratio to r.xls」、「p-values and Critical Values.xls」、「r to d & d to r_1.xls」等。

	(吃新藥的 case 組) 實驗組			(吃安慰劑的對照組) 控制組（對照組）						顯著性 (+, −, 0)
	n	M	SD	n	M	SD	t	F	ES	

註：ES = 效果量；＋= 正向顯著；－= 負向顯著；0 = 無顯著。

圖 4-2　Meta 分析 key in 資料格式有 4 大類

註：Google 搜尋 Excel 之 Meta 程式，下表前二項的效果量之變數變換：

1. 連續依變數：「t 值、樣本數 n」、「F 值、樣本數 n」、「卡方值、樣本數 n」。

2. 連續依變數：「暴露組（實驗組）—非暴露組（控制組）」各組「n, M, SD」格式（6 變數）。

3. 離散依變數：「暴露組（實驗組）—非暴露組（控制組）」2 組「死 vs. 活」格式（4 變數）。

4. 「OR 比、95%CI 下限及上限」格式（3 變數）。

4-2-1 型 1（連續）：「實驗組—控制組」二組標準化差距（Cohen's d 值）（先 meta set、再 meta regress 指令）

Cohen's d 是 pooled standardized mean difference。公式如下：

$$\overline{ES} = \frac{\overline{X}_{G1} - \overline{X}_{G2}}{s_{pooled}} \qquad s_{pooled} = \sqrt{\frac{s_1^2(n_1 - 1) + s_2^2(n_2 - 1)}{n_1 + n_2 - 2}}$$

「實驗組—控制組」二組標準化差距 (Standardized Mean Difference, SMD) 是什麼？

$$\text{Cohen's d} = \text{SMD} = \frac{\text{mean difference}}{\text{standard deviation}} \text{ 或 } \frac{M_2 - M_1}{\text{pooled standard deviation}}$$

其中，$SD_{pooled} = \sqrt{\dfrac{SD_1^2 + SD_2^2}{2}}$

Cohen's $d = \dfrac{\overline{X}_1 - \overline{X}_2}{\sqrt{\dfrac{(n_1 - 1)SD_1^2 + (n_2 - 1)SD_2^2}{n_1 + n_2 - 2}}}$

Cohen's d 也可由 t-test 值，透過下列公式來轉換：

$$d = t\sqrt{\dfrac{1}{n_1} + \dfrac{1}{n_2}}$$

例如：實驗組：n = 12 人，mean = 15.3, 標準差 (SD1) = 21.4；控制組：n = 6 人，mean = 32.2, 標準差 (SD1) = 34.5。這 6 變數代入上式，可求得下表之三種效果量：

```
Cohen's d = (32.2 - 15.3) / 28.707229 = 0.588702.
Glass's delta = (32.2 - 15.3) / 21.4 = 0.78972.
Hedges' g = (32.2 - 15.3) / 26.206881 = 0.644869.
```

在生醫領域，連續性預後 (continuous outcome) 經常使用的計算方法是 MD(mean difference)，MD 指的是兩組平均 (mean) 的差異，而不是差異 (difference) 的平均 (mean)。所以更正確地來說應該是 DM(difference of mean)。但，MD 只能用於各項研究中所使用的「尺規」(scale) 是相同的，一旦，不同研究中使用的尺規不同，這時候就要使用 SMD。

公式為：SMD = 組間平均差異 / 研究受試者預後的標準差 (standard deviation, SD)

之所以可以「標準化」的原因，在於不論使用的尺規為何（5 分、10 分、7 分），同樣的平均值差異、同樣的標準差，計算出來的 SMD 會是相同的。

標準化平均差，Stata 可分析它，其公式為：

$$d_i = \dfrac{\overline{x}_E - \overline{x}_C}{S_{(pooled)}} \quad \text{或} \quad d_i = \dfrac{2R_i}{\sqrt{1 - R_i^2}}$$

d_i 相當於下列 t-test 公式所轉換 $d = t\sqrt{\dfrac{1}{n_1} + \dfrac{1}{n_2}}$ ：

$$t = \frac{\bar{x}_1 - \bar{x}_2}{\sqrt{s^2\left(\dfrac{1}{n_1} + \dfrac{1}{n_2}\right)}}$$

$$s^2 = \frac{\sum\limits_{i=1}^{n_1}(x_i - \bar{x}_1)^2 + \sum\limits_{j=1}^{n_2}(x_j - \bar{x}_2)^2}{n_1 + n_2 - 2}$$

實驗組		（吃新藥的case組）	控制組		（安慰劑的對照組）	
人數n_1	平均數M_2	標準差SD_1	人數n_2	平均數M_2	標準差SD_2
.	.	.	.	.	.
.	.	.	.	.	.
.	.	.	.	.	.
.	.	.	.	.	.

　　上表「實驗組—控制組」二組的「人數、平均數、標準差」共 6 變數，這類效果量 Cohen's d，Stata(CMA) 有二個輸入格式：

1. 直接輸入 Cohen's d 當效果量。其公式為：

$$\text{Cohen's } d = \frac{\bar{X}_1 - \bar{X}_2}{\sqrt{\dfrac{(n_1 - 1)SD_1^2 + (n_2 - 1)SD_2^2}{n_1 + n_2 - 2}}}$$

2. Cohen's d 係由 t-test 值，透過下列公式來轉換：

$$d = t\sqrt{\frac{1}{n_1} + \frac{1}{n_2}}$$

　　本例所指的 stdmdiff 變數就是 Cohen's d 值。

　　本例「實驗組—控制組」二組標準化差距（≒ t 值），此 t 值效果量亦可適用於 OLS、SEM 迴歸路徑之 β 係數的顯著性檢定（t 值或 Z 值）。故標準化差距可視為「實驗組—控制組」的 t 值，亦可視為迴歸係數 β 的顯著性 t 檢定值。

範例：教師期望程度對學生智商的影響(effects of teacher expectancy on pupil IQ)，meta set指令。

(一) 問題說明

1. 本例是著名的 Raudenbush (1984) 的 Meta 分析研究，該研究評估了教師期望值對學生智商的影響。

2. Rosenthal & Jacobson (1968) 最初研究發現了所謂的「皮格馬利翁 (Pygmalion) 效果」，即教師的期望會影響學生的學習成績。

3. 後來的研究卻難以複製 (replicating) 此結果。

4. 於是，Raudenbush (1984) 對 19 篇個別研究，進行 Meta-analysis。

　　本例旨在：對比「實驗組（吃新藥的 case 組）vs. 控制組（吃安慰劑的對照組）」之處理效果量(effect size) 是否有達到顯著？（分析單位：個別研究之論文）

　　研究者收集數據並整理成下表，此「pupiliq.dta」資料檔內容之變數如下：

(二) 資料檔之內容

　　「pupiliq.dta」資料檔內容內容如下圖。

dy	author	year	nexper	ncontrol	stdmdiff	weeks	catweek	week1	se	se_c
1	Rosenthal et al.	1974	77	339	.03	2	2 weeks	> 1 week	.125	.126
2	Conn et al.	1968	60	198	.12	21	> 2 weeks	> 1 week	.147	.147
3	Jose & Cody	1971	72	72	-.14	19	> 2 weeks	> 1 week	.167	.167
4	Pellegrini & Hicks	1972	11	22	1.18	0	< 1 week	<= 1 week	.373	.397
5	Pellegrini & Hicks	1972	11	22	.26	0	< 1 week	<= 1 week	.369	.371
6	Evans & Rosenthal	1969	129	348	-.06	3	> 2 weeks	> 1 week	.103	.103
7	Fielder et al.	1971	110	636	-.02	17	> 2 weeks	> 1 week	.103	.103
8	Claiborn	1969	26	99	-.32	24	> 2 weeks	> 1 week	.22	.221
9	Kester	1969	75	74	.27	0	< 1 week	<= 1 week	.164	.165
10	Maxwell	1970	32	32	.8	1	1 week	<= 1 week	.251	.26
11	Carter	1970	22	22	.54	0	< 1 week	<= 1 week	.302	.307
12	Flowers	1966	43	38	.18	0	< 1 week	<= 1 week	.223	.223
13	Keshock	1970	24	24	-.02	1	1 week	<= 1 week	.289	.289
14	Henrikson	1970	19	32	.23	2	2 weeks	> 1 week	.29	.291
15	Fine	1972	80	79	-.18	17	> 2 weeks	> 1 week	.159	.159
16	Grieger	1970	72	72	-.06	5	> 2 weeks	> 1 week	.167	.167
17	Rosenthal & Jacobson	1968	65	255	.3	1	1 week	<= 1 week	.139	.139
18	Fleming & Anttonen	1971	233	224	.07	2	2 weeks	> 1 week	.094	.094
19	Ginsburg	1970	65	67	-.07	3	> 2 weeks	> 1 week	.174	.174

Vars: 14　Order: Dataset　Obs: 19　Filter: Off　Mode: Edit　CAP　NUM

圖 4-3　「pupiliq.dta」資料檔內容（N = 19 篇之個別研究）

表 4-3　二組之標準化平均數的差 (stdmdiff)

實驗組	（吃新藥的case組）		控制組	（安慰劑的對照組）	Stdmdiff變數
人數n1	$\overline{X}_1$	SD_1^2	人數n2	$\overline{X}_1\ SD_1^2$	$d = \dfrac{\overline{X}_1 - \overline{X}_2}{\sqrt{\dfrac{(n_1-1)SD_1^2 + (n_2-1)SD_2^2}{n_1+n_2-2}}}$
.	.	.	.	.	.
.	.	.	.	.	.
.	.	.	.	.	.
.	.	.	.	.	.

觀察資料之特徵

```
*----- 型1( 連續 )：二組「實驗組 - 控制組」標準化差距 ----------
* 開啟資料檔
. use https://www.stata-press.com/data/r16/pupiliq
(Effects of teacher expectancy on pupil IQ)

* 各變數的描述
. describe studylbl stdmdiff se weeks week1

              storage   display    value
variable name  type    format     label      variable label
-----------------------------------------------------------------
studylbl       str26   %26s                   Study label
stdmdiff       double  %9.0g                  Standardized difference in means
se             double  %10.0g                 Standard error of stdmdiff
weeks          byte    %9.0g                  Weeks of prior teacher-student contact
week1          byte    %9.0g      catweek1    Prior teacher-student contact > 1 week
```

(三) 「meta set」語法

*Specify generic effect sizes and their standard errors

> **meta set** *esvar sevar* [*if*] [*in*] [, *options*]

*Specify generic effect sizes and their confidence intervals

> **meta set** *esvar cilvar ciuvar* [*if*] [*in*] [, <u>civarlevel</u>(*#*), *options*]

esvar specifies a variable containing the effect sizes, *sevar* specifies a variable containing standard errors of the effect sizes, and *cilvar* and *ciuvar* specify variables containing the respective lower and upper bounds of confidence intervals for the effect sizes.

options	Description
Model	
random[(*remethod*)]	random-effects meta-analysis; default is **random**(**reml**)
common	common-effect meta-analysis; implies inverse-variance method
fixed	fixed-effects meta-analysis; implies inverse-variance method
Options	
<u>studylabel</u>(*varname*)	variable to be used to label studies in all meta-analysis output
<u>studysize</u>(*varname*)	total sample size per study
<u>eslabel</u>(*string*)	effect-size label to be used in all meta-analysis output; default is **eslabel**(Effect Size)
<u>level</u>(*#*)	confidence level for all subsequent meta-analysis commands
[no]metashow	display or suppress meta settings with other **meta** commands

remethod	Description
<u>reml</u>	restricted maximum likelihood; the default
mle	maximum likelihood
<u>ebayes</u>	empirical Bayes
<u>dlaird</u>	DerSimonian-Laird
<u>sjonkman</u>	Sidik-Jonkman
<u>hedges</u>	Hedges
<u>hschmidt</u>	Hunter-Schmidt

預習指令寫法：

1. 聲明預先計算的效果量及其標準誤，分別存儲在變數 es 及 se 中：

```
. meta set es se
```

2. 求二元依變數 summary data（四變數）之 log odds-ratios：n11, n12, n21, n22

```
. meta esize n11 n12 n21 n22, esize(lnoratio)
```

3. 求連續依變數 summary data（六變數）之 Hedges's g standardized mean differences

```
. meta esize n1 m1 sd1 n2 m2 sd2, esize(hedgesg)
```

(四) 分析結果與討論

Step 1：用 meta set 來宣告 precomputed 效果量。

用 meta set 來宣告「pupil IQ data that contains precomputed effect sizes and their standard errors」。

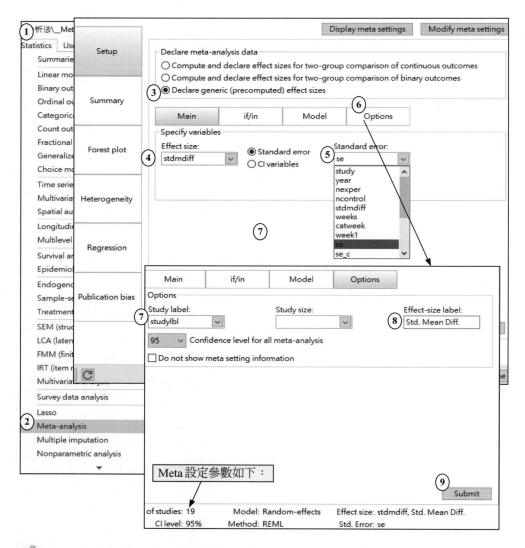

📙 圖 4-4 「meta set stdmdiff se, studylabel(studylbl)eslabel(Std. Mean Diff.)」畫面

註：Statistics > Meta-analysis

宣告一個 Meta 分析模型：

1. 除了效果量及其標準誤差外，MA 宣告的主要組成部分之一是 MA 模型的組成部分。

2. meta 提供了三種模型：隨機效果 (random)、內定效果、通用效果 (common) 及固定效果 (fixed)。

3. 所選的 MA 模型確定 MA 方法的可用性，更重要的是，您如何解釋獲得的結果。

---

* 使用通用效果量來宣告 Meta 分析數據：二變數「*stdmdiff、se*」

* 其中，二組之標準化平均數的差：$stdmdiff = \dfrac{M_1}{SD_1} - \dfrac{M_2}{SD_2}$

```
. meta set stdmdiff se, studylabel(studylbl)eslabel(標準差 Mean Diff.)
Meta-analysis setting information

 Study information
     No. of studies:  19
        Study label:  studylbl
         Study size:  N/A

         Effect size
                Type:  Generic
               Label:  標準差 Mean Diff.
            Variable:  stdmdiff

           Precision
           Std. Err.:  se
                  CI:  [_meta_cil, _meta_ciu]
            CI level:  95%

 Model and method
               Model:  Random-effects
              Method:  REML
```

---

1. 信賴區間 (confidence interval, CI)

　　由樣本資料定義一段數值區間，宣稱有多少信心以估計母體的參數包含於此區間內。該數值區間上、下限稱為信賴界限 (confidence limit)。用以估計的信心程度稱為信賴（心）水準 (confidence level)。

　　通常以 95% 或 99% 為信賴水準指標；相對應的 Z 分數（相差幾個標準差）分別為 1.96 與 2.58。

　　可表示為：

1. 有 95% 信心估計母群體平均數，在樣本平均數 ±1.96×（母群體標準差／樣本數 n 的平方根）的範圍內。

2. 而 99% 信心估計母群體平均數，則在樣本平均數 ±2.58×（母群體標準差／樣本數 n 的平方根）的範圍內。

　　科學符號表示方式：

1. μ 之 95% CI = X±1.96×$(\sigma/\sqrt{n})$

2. μ 之 99% CI = X±2.58×$(\sigma/\sqrt{n})$

2. REML（restricted maximum likelihood, 限制性最大概似法）

概似方程的一般化定義

　　對於一個概率模型，如果其參數為 θ，那麼在給定觀察數據 x 時，該參數的概似方程之定義是：

$$L(\theta \mid x) = P(x \mid \theta)$$

注意：

1. $P(x \mid \theta)$ 可以是概率（離散分布）方程，也可以是概率密度（連續變數）方程。對於此方程，θ 是給定的，然後再計算某些事件發生的概率。

2. $L(\theta \mid x)$ 是一個關於參數 θ 的方程，此時，x 是固定不變的（觀察值）。我們希望通過這個方程求出能夠使觀察到的事件發生概率最大的參數值。

3. 概似方程不是一個概率密度方程。

(1) 最大概似估計

　　① 概率密度函數：$f(X \mid \theta)$，θ 為未知。

　　② 類似函數：$L(\theta) = \prod_{i=1}^{n} f(x_i)$

③ 求可以讓 $L(\theta)$ 最大化的 θ 參數 $\hat{\theta}$

- 可以直接最大化 $L(\theta)$，或者最大化 $lnL(\theta)$ 亦可
- 因為許多獨立隨機變數的算式會表現為某些機率式的乘積，此時取 ln 可以讓這些乘積轉化為相加的運算，數學上會變得較為簡單。

④ 用 $\hat{\theta}$ 取代 θ，就可得到最大概似估計式。

⑤ 利用已知樣本求取「最大概似估計式」的觀察值，以便估計其中的參數值。

說明：如果是常態分布，通常 $\theta = (\mu, \delta^2)$

(2) 簡介

對於任何一個隨機現象，我們可以用隨機變數 X 描述，假設樣本 x 的機率分布以 $p(x)$ 表示。

假如經過觀察之後，經由觀察數據 $x_1, x_2, ..., x_p$ 的統計，得到其分布為 $p'(x)$，於是我們就可以利用機率分布 p' 反推出 p。

一個最簡單的想法是 $p(x) = p'(x)$ 也就是這些觀察是具有代表性的，於是統計上的機率分布符合真實的機率分布。

這個想法的背後，其實是有理論基礎的，其理論稱為最大似然法則 (maximum likelihood principle)。

(3) REML（restricted maximum likelihood，限制性最大概似法）

在統計中，受限 (or residual, or reduced) 最大概似 (REML) 方法是最大概似估計的一種特殊形式，它不基於所有資訊的最大概似適配進行估計，而是使用「轉換後的數據集」，使討厭的參數無效。

在變異數成分估計的情況下，原始數據集將替換為根據數據計算出的一組對比，然後根據完整數據集的模型，根據這些對比的機率分布來計算概似函數。特別地，REML 用做適配線性混合模型的方法。與早期的最大概似估計相比，REML 可以產生變異數及協變異數參數的無偏誤 (unbiased) 估計。

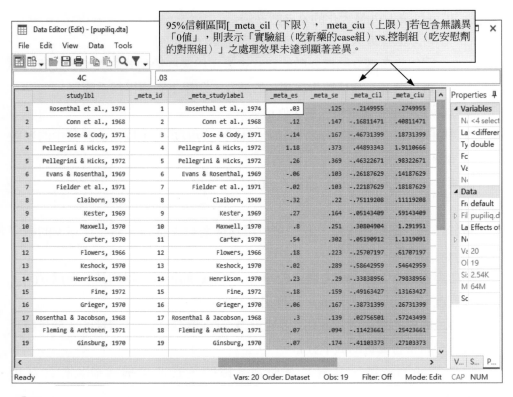

圖4-5　「meta set stdmdiff se, studylabel(studylbl)eslabel(Std. Mean Diff.)」後，資料檔新增6變數（如下表）

```
_meta_id          byte      %9.0g       Study ID
_meta_studyla~l   str26     %26s        Study label
_meta_es          double    %9.0g       Std. Mean Diff.
_meta_se          double    %10.0g      Std. Err. for Std. Mean Diff.
_meta_cil         double    %10.0g      95% lower CI limit for Std. Mean Diff.
_meta_ciu         double    %10.0g      95% upper CI limit for Std. Mean Diff.
```

1. 95% 信賴區間 [_meta_cil（下限），_meta_ciu（上限）] 若包含無議異「0值」，則表示「實驗組（吃新藥的 case 組）vs. 控制組（吃安慰劑的對照組）」之處理效果未達到顯著差異。

2. 用 meta summarize 來印出 MA 摘要 (summary)

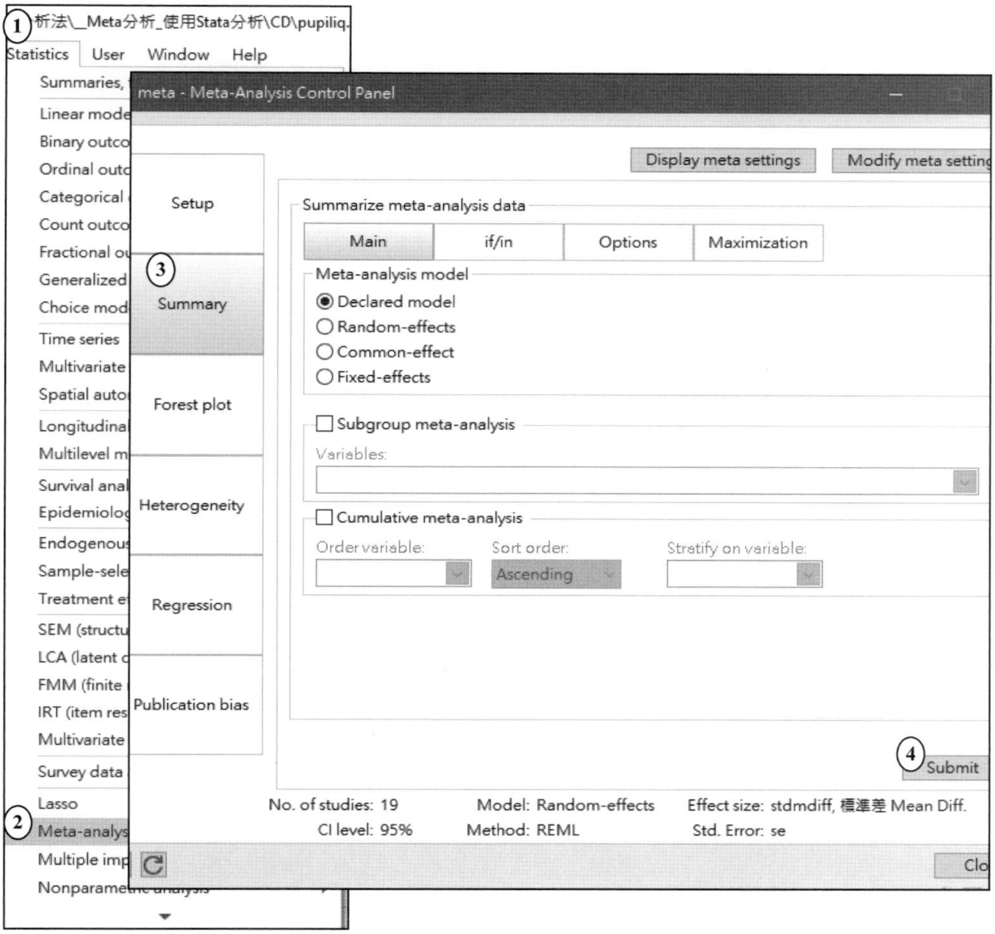

圖 4-6　「meta summarize」畫面

註：Statistics > Meta-analysis

```
. meta summarize

Effect-size label:  標準差 Mean Diff.
    Effect size:  stdmdiff
      Std. Err.:  se
    Study label:  studylbl
```

```
Meta-analysis summary                          Number of studies =       19
Random-effects model                           Heterogeneity:
Method: REML                                               tau2 =   0.0188
                                                           I2(%)=    41.84
                                                           H2 =      1.72


--------------------------------------------------------------------------
                   Study | 標準差 Mean Diff.    [95% Conf. Interval]   %
Weight
-----------------------------+--------------------------------------------
    Rosenthal et al., 1974 |      0.030      -0.215      0.275      7.74
         Conn et al., 1968 |      0.120      -0.168      0.408      6.60
          Jose & Cody, 1971 |     -0.140      -0.467      0.187      5.71
    Pellegrini & Hicks, 1972 |     1.180       0.449      1.911      1.69
    Pellegrini & Hicks, 1972 |     0.260      -0.463      0.983      1.72
    Evans & Rosenthal, 1969 |    -0.060      -0.262      0.142      9.06
        Fielder et al., 1971 |    -0.020      -0.222      0.182      9.06
             Claiborn, 1969 |    -0.320      -0.751      0.111      3.97
               Kester, 1969 |     0.270      -0.051      0.591      5.84
              Maxwell, 1970 |     0.800       0.308      1.292      3.26
               Carter, 1970 |     0.540      -0.052      1.132      2.42
              Flowers, 1966 |     0.180      -0.257      0.617      3.89
              Keshock, 1970 |    -0.020      -0.586      0.546      2.61
            Henrikson, 1970 |     0.230      -0.338      0.798      2.59
                 Fine, 1972 |    -0.180      -0.492      0.132      6.05
               Grieger, 1970 |    -0.060      -0.387      0.267      5.71
 Rosenthal & Jacobson, 1968 |     0.300       0.028      0.572      6.99
   Fleming & Anttonen, 1971 |     0.070      -0.114      0.254      9.64
             Ginsburg, 1970 |    -0.070      -0.411      0.271      5.43
-----------------------------+--------------------------------------------
                    theta |      0.084      -0.018      0.185
--------------------------------------------------------------------------
Test of theta = 0: z = 1.62                    Prob > |z| = 0.1052
Test of homogeneity: Q = chi2(18)= 35.83       Prob > Q = 0.0074
```

3. 本例，總平均效果未達 0.05 顯著水準 (z = 1.62, p > 0.05)。

4. 同質性的虛無假設 H_0：結果 Q = $\chi^2_{(18)}$ (p < 0.05)，故拒絕虛無假設 H_0，因此本例應改採隨機模型才對。

「meta forestplot」可用圖來呈現summarize MA data，即產生森林圖(forest plot)。

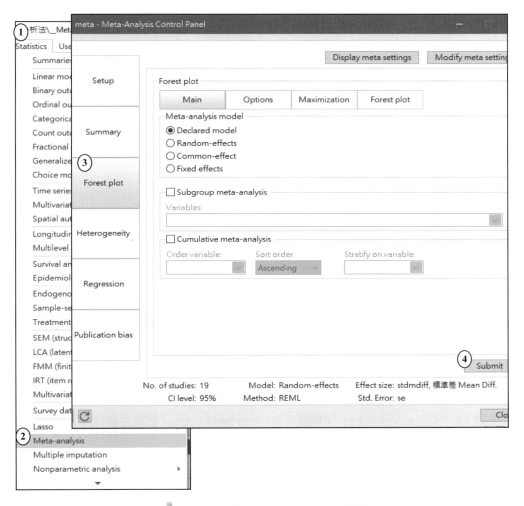

🎞 圖 4-7 「meta forestplot」畫面

註：Statistics > Meta-analysis

```
. meta forestplot

Effect-size label:   標準差 Mean Diff.
      Effect size:   stdmdiff
        Std. Err.:   se
      Study label:   studylbl
```

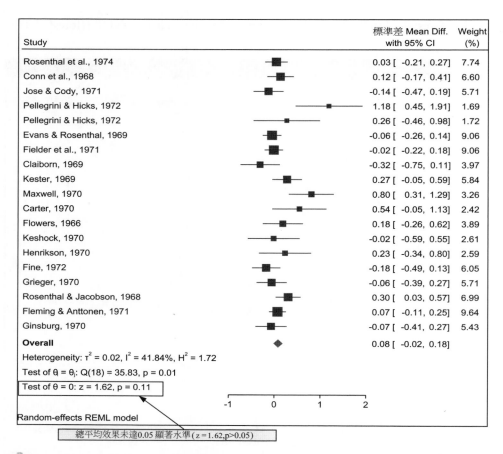

圖 4-8 「meta forestplot」可用圖來 summarize MA data，即產生森林圖 (forest plot)

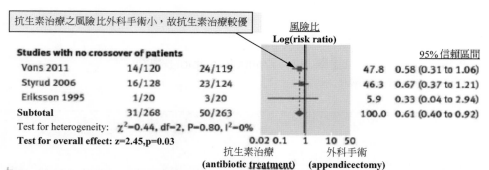

圖 4-9 森林圖：抗生素治療 (antibiotic treatment) 相較於外科手術 (appendicectomy)，治療闌尾誰優？(EBM,2020)

森林圖如何解讀 (how to read a forest plot) ？

1. 此森林圖中，收納的 3 項隨機分派研究，相對風險的 95% 信賴區間都跨過神祕的「1」（不是「0」；因「實驗 case 組－控制組」差才是「0」），因此「抗生素治療 vs. 外科手術」都沒有顯著上顯著差異。

2. 一般，相對風險 (RR) 森林圖都是以「對數」(log) 方式畫的，包括這張，所以您會看到「0.1」「1」「10」等指標。

3. 在綜合結果中，相對風險 (RR) 為 0.61，小於「1」，當結果落於森林圖的左邊，代表抗生素治療比外科手術有效，相對的，如果在右邊，則代表外科手術比較有效。

4. RR 0.61 可以解釋為抗生素治療，相較於外科手術（對與研究類似的族群）可以降低 39% 發生併發症風險。

5. 研究之間的異質性 (heterogeneity)，可以分為方法異質性 (methodological heterogeneity) 與統計異質性 (statistic heterogeneity)，統計上的異質性可以藉由森林圖中那神祕的一行略知一二。

6. test for heterogeneity: χ^2 = 152.23 ($p < 0.05$)，用於判斷是否有統計異質性，本例 p 值並達統計上顯著差異，故拒絕虛無假設 H_0：heterogeneity。

7. 相對地，I^2 值介於 0%～100%，異質性通常分為 25%（低），50%（中），75%（高）。本例，$I^2 = 0\%$，具有低度異質性。故採固定效果模型。

$$I^2 = \left[\frac{Q - (K - 1)}{Q} \right] \times 100$$

請注意，上面兩種方法的統計 power 非常差（在研究數目不多時就像瞎子一樣），常常弱掉，切勿僅根據數字就聲稱「沒有」異質性，所以 (5) 在這項分析中是對的（雖然不完美）。

Step 2：異質性 (between-study heterogeneity)：調節／干擾效果

1. Step 1 的森林圖揭示了研究之間的顯著差異。

2. Raudenbush (1984) 懷疑，實驗前教師與學生在一起的時間 (weeks) 可能會影響教師對研究者對學生分類的敏感性。

3. 一種解決方案是將 moderators (study-level covariates) 併納至 MA 分析中。

4. 類別 moderators 可做 subgroup 分析。

5. 連續、混合 moderators 的 Meta 迴歸。

6. 虛擬變數 week1 將 19 篇個別研究,分成:high-contact 組 (week1 = 1)、low-contact (week1 = 0) 組。

```
. meta forestplot, subgroup(week1)
```

▌▌圖 4-10 「meta forestplot, subgroup(week1)」畫面

註:Statistics > Meta-analysis

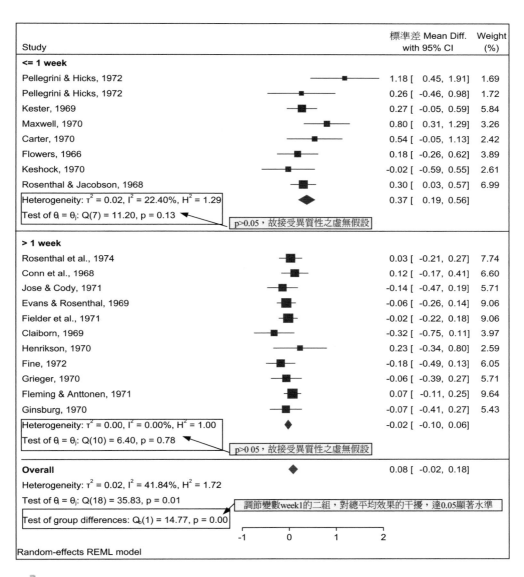

圖 4-11　「meta forestplot, subgroup(week1)」，求得調節變數 week1 之森森圖

Step 3：異質性 (heterogeneity): Meta-regression 求出調節變數對效果的干擾程度

　　由於調節變數 week1 的二組，對總平均效果的干擾，達 0.05 顯著水準，故可再進行 Meta-regression，來探討調節變數 weeks 對「自變數影響依數數效果」的干擾程度。

1. Stata Meta 迴歸分析，依變數內定是事前 Meta 分析所新生的系統變數「_meta_es」。

2. 本例，Meta 迴歸式為：_meta_es = 0.194 – 0.0157 × weeks

3. 表示 moderators（師生接觸週數）顯著干擾「自變數 X 對依變數 Y」的效果。即師生接觸週數 (weeks) 每增加一週，則「自變數 X 對依變數 Y」的效果下降 0.0157 單位。

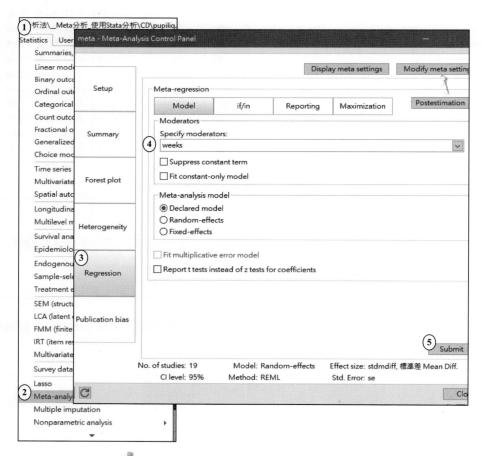

📖 圖 4-12 　「meta regress weeks」畫面

註：Statistics > Meta-analysis

```
* 使用連續變數weeks，來執行Meta-regression
. meta regress weeks

  Effect-size label: 標準差 Mean Diff.
        Effect size: stdmdiff
          Std. Err.: se
Random-effects Meta-regression              Number of obs  =       19
Method: REML                                Residual heterogeneity:
                                                 tau2 =   .01117
                                                I2(%)=    29.36
                                                   H2 =     1.42
                                            R-squared(%)=    40.70
                                            Wald chi2(1)=     7.51
                                            Prob > chi2  =   0.0061
------------------------------------------------------------------------
   _meta_es |     Coef.   Std. Err.      z    P>|z|    [95% Conf. Interval]
------------+-----------------------------------------------------------
      weeks | -.0157453   .0057447    -2.74   0.006   -.0270046   -.0044859
      _cons |  .1941774   .0633563     3.06   0.002    .0700013    .3183535
------------------------------------------------------------------------
Test of residual homogeneity: Q_res = chi2(17)= 27.66   Prob > Q_res = 0.0490
```

Step 4：Meta-regression: bubble plot

　　汽泡圖 (bubble plot) 旨在呈現「effect sizes 與調節變數」間的（正／反向）關係。

```
* Explore the relationship between effect sizes and weeks
. estat bubbleplot
```

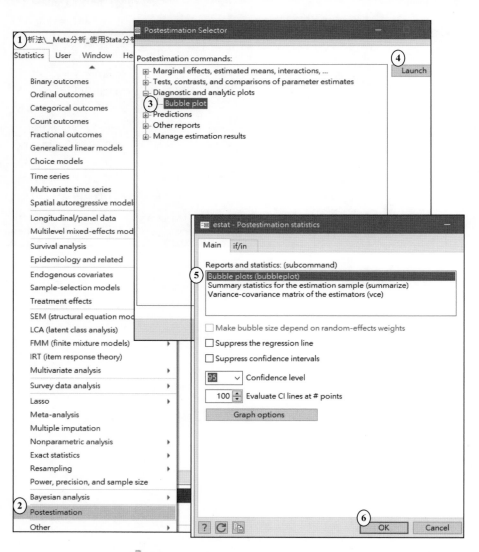

圖 4-13　「estat bubbleplot」畫面

180

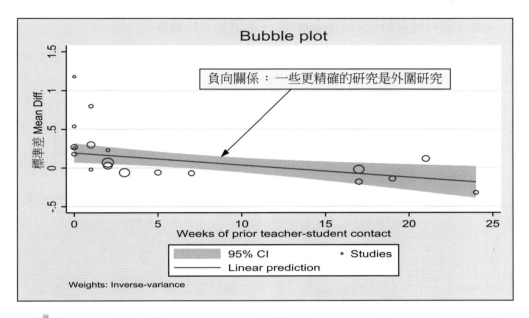

圖 4-14　用汽泡圖 (bubble plot) 來呈現「effect sizes 與 weeks」間的關係

Step 5-1：漏斗圖 (funnel plot)

(一) 發表偏誤（又稱出版偏差）的檢測法有8種

在實作 Meta 分析時，必須對存在偏誤的可能性進行檢測。但是，發表偏誤很難避免，對於它的識別，比較熟悉Meta分析的朋友們可能都知道有以下方法：

1. 漏斗圖 (funnel plot)。
2. 線性迴歸法 (egger's test)。
3. 秩相關檢驗 (begg's test)。
4. 剪補法 (trim and fill method)。
5. 失安全係數 (fail-safe number)。
6. 漏斗圖迴歸法 (Macaskill's test)。
7. Richy 法。
8. 敏感性分析 (sensitivity analysis) 最常用的就是漏斗圖法，漏斗圖的表達方式可以比較直觀的目測有無偏誤，如果需要對偏誤進行量化檢測，則需要用到 Stata 軟體進行更加複雜的 begg 法及 egger 法。

(二) 漏斗圖可檢視研究者的papers搜尋策略是不是適當？

搜尋的電子資料庫 (database) 是否齊全，搜尋的關鍵字是否適當（使用 MeSH term？）或有無重點相關文獻被遺漏等。可以從研究方法 (methods) 中文獻搜尋 (study selection) 的部分審查。不少人也會利用漏斗圖的對稱性 (asymmetry) 來檢視系統性回顧所納入的文獻是否有出版誤差，但事實上若漏斗圖具不對稱性的證據，發表偏誤只是眾多解釋中的其中一個罷了。

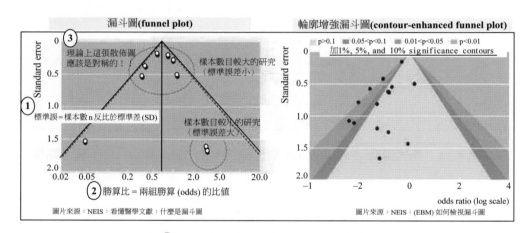

圖 4-15　漏斗圖具不對稱性的解說

圖中，標準誤差 (standard error)，又稱標準誤，即樣本平均數抽樣分布的標準差 (standard deviation)，是描述對應的樣本平均數抽樣分布的離散程度及衡量對應樣本平均數抽樣誤差大小的尺度。

通常母群變異數 σ 為未知，此時可以用研究中取得樣本的標準差 (SD) 來估計 $SE_{\bar{x}} = \dfrac{SD}{\sqrt{n}}$。

由上圖漏斗圖的座標可以看出，橫軸為勝算比 (odds ratio) 或風險比 (risk ratio)，兩種治療（藥物或其他治療）效果比值；縱軸為標準誤 (standard error)，代表單一研究結果（估計值）的精確度，樣本數目越大，標準誤將會越小，因此，越上面的研究（就是圖中的點），代表標準誤越小（等於樣本數目越大）。當研究數目（每個小點）少於 10 個，原則上不畫漏斗圖，超過 10 個，認真用肉

眼判斷是否對稱，若不對襯，可採用迴歸 (regression) 檢定的方式，常見的例如 Egger's test，檢定發表性偏誤是否存在。

　　值得一提的是，如果漏斗圖明顯具不對稱性，不同的「統計方法進行綜合分析」可能會有極大的差異，因爲隨機效果模型 (random effects model) 比起固定效果模型 (fixed effect model) 在計算各研究的權重 (weight) 時，納入了研究之間的變異 (between study variance)，所以當不對稱性存在時，隨機效果模型會讓比較小型的研究得到比較大的影響力，進而影響最終結果。專家們建議，當漏斗圖呈現不對稱時，應該分別呈現固定效果模型與隨機效果模型的分析結果（因爲非常可能有顯著差異）。

```
* Explore funnel-plot asymmetry visually.
. meta funnelplot
```

　　影響漏斗圖的對稱性不是只有出版偏誤而已，可能的偏誤來源還包括：

1. 報告偏誤 (reporting bias)：發表偏誤、地區偏誤（語言，書目等等），選擇性報告某些結果或分析 (selective reporting)。

2. 小型研究會因爲研究方法導致結果過度膨脹 (poor methodological quality)。

3. 個別研究之間的異質性 (heterogeneity)。

4. 運氣／機會 (chance)。

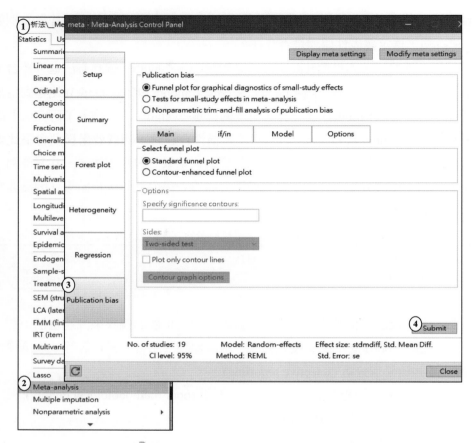

圖 4-16 「meta funnelplot」畫面

註：Statistics > Meta-analysis

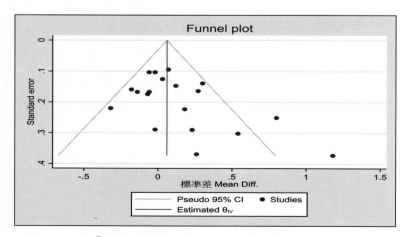

圖 4-17 用漏斗圖來呈現「對稱性」

如何檢視（或檢定）漏斗圖的對稱性呢？文獻提供一些建議，包括：

1. 基本原則，如果納入的研究數目小於 10 個（黃金比例），因為統計 power 不足，通常並不建議判斷漏斗圖的對稱性。
2. 統計檢定結果應該與視力檢查（用眼睛看對稱性）的結果相呼應。
3. 一旦認定有不對稱性的證據，發表偏誤、異質性都是眾多原因之一。
4. 如果各研究介入效果的標準誤 (standard error) 都相似，不應該進行不對稱性的統計檢定（因為研究大小都差不多）。

Step 5-2：漏斗圖對稱性的檢定

不對稱性統計檢定旨在探討介入效果 (intervention effects) 與研究大小 (study size) 之間的關係是否比隨機觀測到的大。

通常，這些檢定是因統計檢定力 (power) 不足，所以即使檢定結果告訴我們並沒有不對稱性的證據，也不一定可排除可能的偏誤 (bias)。

```
* 更正式地探索漏斗圖不對稱 .
. meta bias, egger

  Effect-size label:  標準差 Mean Diff.
       Effect size:  stdmdiff
         Std. Err.:  se

Regression-based Egger test for small-study effects
Random-effects model
Method: REML

H0: beta1 = 0; no small-study effects
         beta1 =      1.83
    SE of beta1 =     0.724
             z =      2.53
      Prob > |z| =   0.0115
```

本例，虛無假設 H_0: beta1 = 0，求得 Z = 2.53($p < 0.05$)，故拒絕虛無假設，表示 19 篇個別研究效果是非對稱，當心，本例存在異質性！

此外，隨機效果模型 (random effects model) 比起固定效果模型 (fixed effect

model)，在計算各研究的權重 (weight) 時，納入了研究之間的變異 (between study variance)。

　　當不對稱性存在時，隨機效果模型會讓比較小型的研究得到比較大的影響力，進而影響最終結果。

Step 6：輪廓增強漏斗圖 (contour-enhancedfunnel plot)

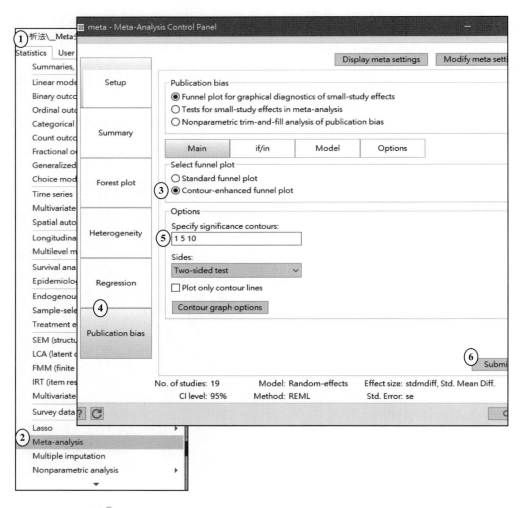

🔊 圖 4-18 「meta funnelplot, contours(1 5 10)」畫面

註：Statistics > Meta-analysis

```
*加1%, 5%, and 10% significance contours
. meta funnelplot, contours(1 5 10)
```

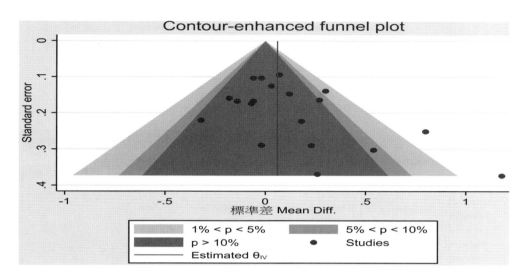

圖 4-19 「meta funnelplot, contours(1 5 10)」繪出輪廓增強漏斗圖 (contour-enhancedfunnel plot)

　　漏斗圖用眼睛看，就知道是不是呈現對稱性。當漏斗圖呈現不對稱時，應該分別呈現固定效果模型與隨機效果模型的分析結果（因爲非常可能有顯著差異）。

Step 7：小型研究的效果 (small-study effects)

　　漏斗圖發現不對稱性時，隨機效果模型會讓比較小型的研究得到比較大的影響力，進而影響最終結果。

　　小型研究也會因爲研究方法導致結果過度膨脹(poor methodological quality)。

　　z = 0.41(p > 0.05)，接受虛無假設「H0: beta1 ＝ 0; no small-study effects」，表示本例，無小型研究的效果。

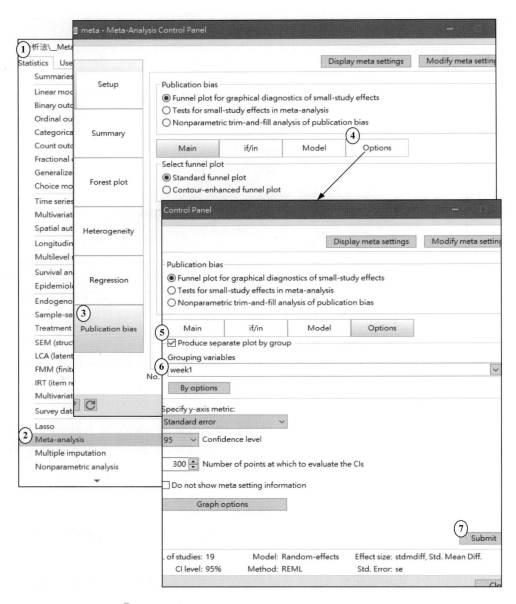

圖 4-20 「meta funnelplot, by(week1)」畫面

註：Statistics > Meta-analysis

```
* 請記住本例，這些 19 筆數據中存在異質性，
* 用 week1 來分組來產生成 funnel 圖。
. meta funnelplot, by(week1)
```

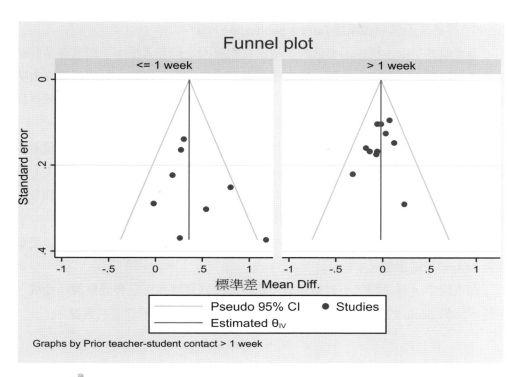

圖 4-21　「meta funnelplot, by(week1)」呈現小型研究的效果

```
. meta bias i.week1, egger

  Effect-size label:  標準差 Mean Diff.
        Effect size:  stdmdiff
           Std. Err.:  se


Regression-based Egger test for small-study effects
Random-effects model
Method: REML
Moderators: week1

H0: beta1 = 0; no small-study effects
            beta1 =      0.30
     SE of beta1 =     0.729
               z =      0.41
        Prob > |z| =    0.6839
```

Step 8：評估是否有發表偏誤 (assess publication bias)

發表偏差是由多種原因導致的。最常見的原因是研究者根本不願意在某些結論的情況下為研究撰文或投稿。研究者或者認為自己犯了錯誤、對該研究失去興趣、又或是預感同行對結論不感興趣。另一個例子是當某項結論已成為科學共識的時候，出版一項可靠但及共識相悖的研究很可能會帶來更大的新聞價值。

目前，取得未被發表的研究甚為困難 (Rothstein, et. al,2005)。為了盡量避免發表偏差，有些期刊要求為研究項目在收集數據及進行分析前向開放科學中心等機構預先註冊，或是不鼓勵小規模的非隨機研究，因為這類研究容易受錯誤及偏差影響。p 曲線分析也是可取的做法 (Rothstein, et. al,2005)。

如果懷疑存在發表偏誤，則可用修整及填充 (trim-and-fill) 法來評估發表偏誤對 MA 結果的影響。

在本例中，漏斗圖的不對稱性很可能是由於異質性而不是發表偏誤所造成。但是，出於 demo 的目的，讓我們繼續將 trim-and-fill 法應用於這些數據。

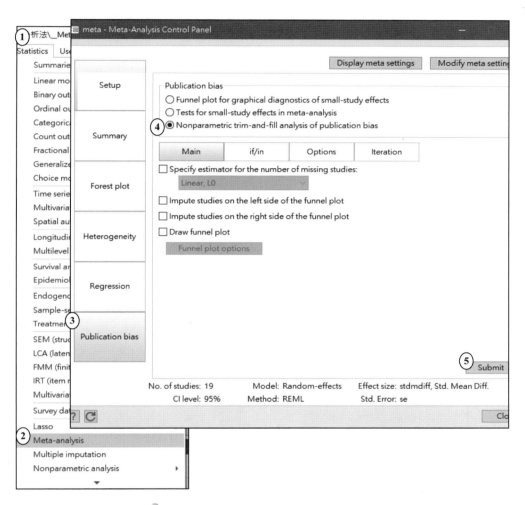

圖 4-22　「meta trimfill, funnel」畫面

註：Statistics > Meta-analysis

```
. meta trimfill, funnel

  Effect-size label: 標準差 Mean Diff.
       Effect size: stdmdiff
         Std. Err.: se



Nonparametric trim-and-fill analysis of publication bias
Linear estimator, imputing on the left
```

```
Iteration                        Number of studies =      22
  Model: Random-effects                 observed =      19
Method: REML                             imputed =       3

Pooling
  Model: Random-effects
Method: REML


---------------------------------------------------------------
          Studies | 標準差 Mean Diff.   [95% Conf. Interval]
------------------+--------------------------------------------
         Observed |        0.084        -0.018        0.185
Observed + Imputed |       0.028        -0.117        0.173
---------------------------------------------------------------
```

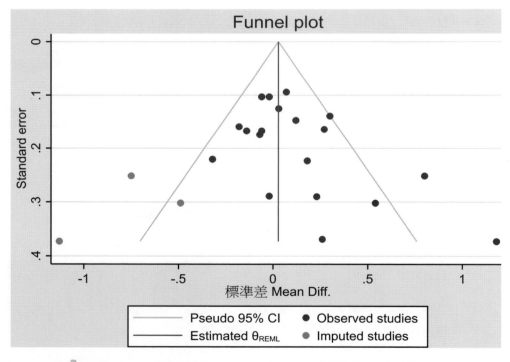

圖 4-23 「meta trimfill, funnel」來評估出版偏差（發表偏誤）

Step 9：累積 Meta 分析 (cumulative Meta-analysis)

1. 累積 MA 依據你感興趣的變數對研究進行排序後，一次累積一個研究來執行多個 MA。

2. 累積 MA 對於監視有關排序變數的效果量估計的趨勢，很有用。

3. 在 meta summarize、meta forestplot 指令中，增加選項 cumulative()，即可執行累積 Meta 分析。

■ 圖 4-24　「meta forestplot, cumulative(weeks)」畫面

註：Statistics > Meta-analysis

```
. meta forestplot, cumulative(weeks)

Effect-size label: 標準差 Mean Diff.
      Effect size: stdmdiff
        Std. Err.: se
      Study label: studylbl
```

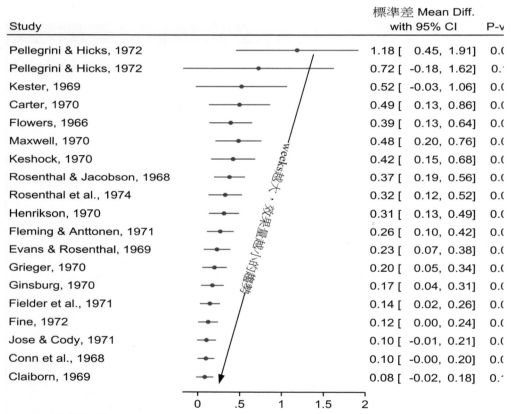

圖 4-25　連續變數 weeks 從小至大，排序森林圖的各個效果量

一、Meta 分析模型有三類

1. 共同效果 (common-effect, CE) 模型（又稱固定效果模型，單數「固定」）：

$\hat{\theta}_j = \theta + \varepsilon_j$

θ 是眞實共同效果，$\hat{\theta}_j$ 是 K 先前估計的特定研究效果，其標準誤 $\hat{\sigma}_j^2$、且 $\varepsilon_j \sim N(0, \hat{\sigma}_j^2)$

2. 固定效果 (fixed-effects, FE) 模型

$\hat{\theta}_j = \theta + \varepsilon_j$

θ_j 是未知的，"fixed" study-specific effects

3. 隨機效果 (Random-effects, RE) 模型：

$\hat{\theta}_j = \theta + \varepsilon_j = \theta + u_j + \varepsilon_j$

$\theta_j \sim N(\theta, \tau^2)$ 或 $u_j \sim N(\theta, \tau^2)$

二、整體效果的估計(estimator)

三種不同模型的母群參數估計 θ_{pop}：

1. CE 模型：$\theta_{pop} = \theta$ 是共同效果

```
. meta summarize, common
```

2. FE 模型：θ_{pop} 是 K 個眞實研究效果的加權平均值 (Rice, Higgins, and Lumley 2018)。

```
. meta summarize, fixed
```

3. RE 模型：$\theta_{pop} = \theta$ 是研究效果分布的平均值。

但是他們都使用加權平均值作爲 θ_{pop} 的估計量：

$$\hat{\theta}_{POP} = \frac{\sum_{j=1}^{K} w_j \hat{\theta}_j}{\sum_{j=1}^{K} w_j}$$

其中，w_j 取決於模型。

```
. meta summarize
```

4. Random-effects(RE) 是 Stata 的定內設定：

(1)特定研究的效果可能因研究而異。

(2)他們被視爲來自大量研究的隨機樣本。

(3) RE 模型針對無法解釋的研究間差異進行調整。

(4) RE 模型是 Stata MA 的內定設定。

小結

1. Meta 支援各種估計法，包括 DerSimonian–Laird、Mantel–Haenszel。

2. 使用 meta set 或 meta esize 預先聲明及計算效果量及標準誤。

3. 使用 meta update 可以在您的 MA 執行期間更新任何 meta 設定。

4. 使用 meta summarize 計算基本的 MA 摘要，並使用 meta forestplot 產生森林圖。

5. 透過 subgroup 分析來探索異質性：「meta forestplot, subgroup()」、meta-regression（「meta regress」指令）。

6. 透過漏斗圖 (funnel plots) 來探索小研究效果及發表偏誤 (meta funnelplot, meta funnelplot, contours())，並檢定漏斗圖不對稱性（meta bias 指令）。

7. 如果懷疑發表偏誤的影響，請使用 meta trimfill 進行評估。

8. 使用「meta forestplot, cumulative()」或「meta summarize, cumulative()」執行累積 MA。

4-2-2 型 2（離散 log odds ratio）：治療組（死，倖存者人數）vs. 對照組（死，倖存者人數）（meta esize 指令）

直接讀入「治療組（死，倖存者人數）vs. 對照組（死，倖存者人數）」四變數外，亦可將其轉換成 odds ratio 這類格式 (format) 之後，再執行 Stata 做 Meta 分析。

範例：心肌梗塞後鏈激酶的影響 (effect of streptokinase after a myocardial infarction)，meta esize 指令

(一) 問題說明

對比「實驗組（鏈激酶的 case 組）vs. 控制組（安慰劑的對照組）」之處理效果量 (effect size) 是否有達到顯著？（分析單位：個別研究之論文）

研究者收集數據並整理成下表，此「strepto.dta」資料檔內容之變數如下：

(二) 資料檔之內容

「strepto.dta」資料檔內容內容如下圖。

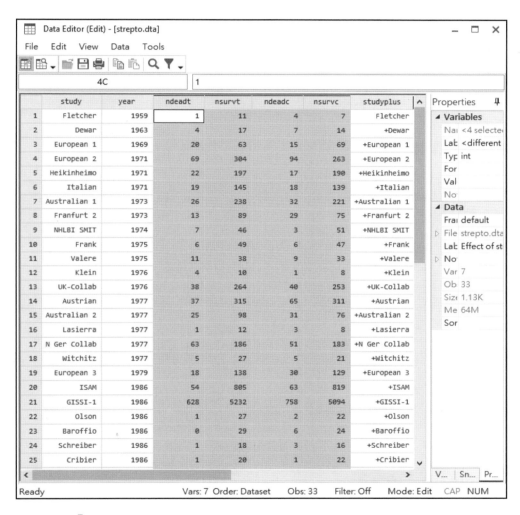

圖 4-26 「strepto.dta」資料檔內容（N = 33 篇之個別研究）

● 表 4-4　case-control 二組配對之「有 event vs. 無 event」的人數

實驗組	（吃新藥的case組）	控制組	（安慰劑的對照組）
有event（死）	無event（活）	有event（死）	無event（活）
.	.	.	.
.	.	.	.
.	.	.	.
.	.	.	.

觀察資料之特徵

```
*----- 型 2（離散）：交叉細格人數 -- 治療組（死，倖存者人數）vs. 對照組（死，倖存
者人數）----
* 開啟資料檔
. use https://www.stata-press.com/data/r16/strepto, clear
(Effect of streptokinase after a myocardial infarction)


* 各變數的描述
. describe
Contains data from D:\CD\strepto.dta
  obs:            22                          Streptokinase after MI
 vars:             7                          15 Feb 2001 10:07
-------------------------------------------------------------------------
              storage   display    value
variable name  type     format     label     variable label
-------------------------------------------------------------------------
trial         byte     %8.0g                 Trial number
trialnam      str14    %14s                  Trial name
year          int      %8.0g                 Year of publication
pop1          int      %12.0g                Treated population
deaths1       int      %12.0g                Treated deaths
pop0          int      %12.0g                Control population
deaths0       int      %12.0g                Control deaths
-------------------------------------------------------------------------
Sorted by: trial
```

(三)「meta esize」語法

---

*Compute and declare effect sizes for two-group comparison of continuous outcomes

    meta <u>esize</u> *n1 mean1 sd1 n2 mean2 sd2* [*if*] [*in*] [, *options_continuous options*]

*Compute and declare effect sizes for two-group comparison of binary outcomes

    meta esize *n11 n12 n21 n22* [*if*] [*in*] [, *options_binary options*]

*Variables *n1*, *mean1*, and *sd1* contain sample sizes, means, and standard deviations from individual studies for group 1 (treatment), and variables *n2*, *mean2*, and *sd2* contain the respective summaries for group 2 (control).

*Variables *n11* and *n12* contain numbers of successes and numbers of failures from individual studies for group 1 (treatment), and variables *n21* and *n22* contain the respective numbers for group 2 (control). A single observation defined by variables *n11*, *n12*, *n21*, and *n22* represents a 2 × 2 table from an individual study. Therefore, variables *n11*, *n12*, *n21*, and *n22* represent a sample of 2 × 2 tables from all studies. We will thus refer to observations on these variables as 2 × 2 tables and to values of these variables as cells.

options_continuous	Description
Main	
<u>esize</u>(*esspeccnt*)	specify effect size for continuous outcome to be used in the meta-analysis
Model	
random[(*remethod*)]	random-effects meta-analysis; default is **random**(**reml**)
common	common-effect meta-analysis; implies inverse-variance method
fixed	fixed-effects meta-analysis; implies inverse-variance method

options_binary	Description
Main	
<u>esize</u>(*estypebin*)	specify effect size for binary outcome to be used in the meta-analysis
Model	
random[(*remethod*)]	random-effects meta-analysis; default is **random**(**reml**)
common[(*cefemethod*)]	common-effect meta-analysis
fixed[(*cefemethod*)]	fixed-effects meta-analysis
Options	
zerocells(*zcspec*)	adjust for zero cells during computation; default is to add 0.5 to all cells of those 2 × 2 tables that contain zero cells

(四) 分析結果與討論

Step 1：Meta 分析

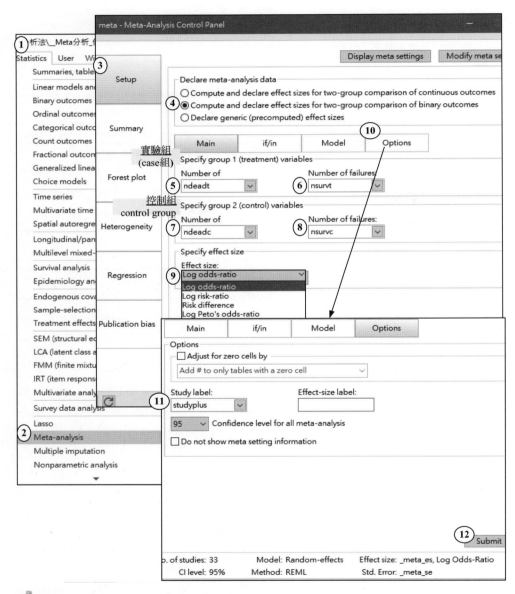

📖 圖 4-27　「meta esize ndeadt nsurvt ndeadc nsurvc, studylabel(studyplus) common」畫面

註：Statistics > Meta-analysis

```
* 求出 effect sizes 並宣告 Meta-analysis data
. meta esize ndeadt nsurvt ndeadc nsurvc, studylabel(studyplus)common

Meta-analysis setting information

 Study information
     No. of studies:  33
        Study label:  studyplus
         Study size:  _meta_studysize
       Summary data:  ndeadt nsurvt ndeadc nsurvc

        Effect size
               Type:  lnoratio
              Label:  Log Odds-Ratio
           Variable:  _meta_es
    Zero-cells adj.:  0.5, only0

          Precision
          Std. Err.:  _meta_se
                 CI:  [_meta_cil, _meta_ciu]
           CI level:  95%

 Model and method
              Model:  Common-effect
             Method:  Mantel-Haenszel
```

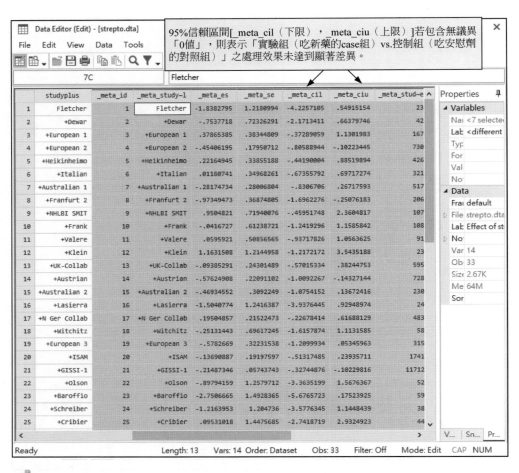

圖4-28 「meta esize ndeadt nsurvt ndeadc nsurvc, studylabel(studyplus) common」後，資料檔新增 7 變數（如下表）

_meta_id	byte	%9.0g	Study ID
_meta_studyla~l	str13	%13s	Study label
_meta_es	double	%10.0g	Log odds-ratio
_meta_se	double	%10.0g	Std. Err. for log odds-ratio
_meta_cil	double	%10.0g	95% lower CI limit for log odds-ratio
_meta_ciu	double	%10.0g	95% upper CI limit for log odds-ratio
_meta_studysize	int	%9.0g	Sample size per study

　　95% 信賴區間 [_meta_cil（下限），_meta_ciu（上限）] 若包含無議異「0 值」，則表示「實驗組（吃新藥的 case 組）vs. 控制組（吃安慰劑的對照組）」之處理效果未達到顯著差異。

Step 2：繪森林圖，求得總平均效果量及 p 值、同質性 Q 檢定

「meta forestplot」可用圖來呈現 summarize MA data，即產生森林圖 (forest plot)。

「meta forestplot」語法

```
    meta forestplot [column_list] [, options]
```

column_list is a list of column names given by *col*. In the *Meta-Analysis Control Panel*, the columns can be specified on the **Forest plot** tab of the Forest plot pane.

options	Description
Main	
random[(*remethod*)]	random-effects meta-analysis
common[(*cefemethod*)]	common-effect meta-analysis
fixed[(*cefemethod*)]	fixed-effects meta-analysis
reopts	random-effects model options
subgroup(*varlist*)	subgroup meta-analysis for each variable in *varlist*
cumulative(*cumulspec*)	cumulative meta-analysis
Options	
level(#)	set confidence level; default is as declared for meta-analysis
eform_option	report exponentiated results
tdistribution	report t test instead of z test
[no]**metashow**	display or suppress meta settings in the output
Maximization	
maximize_options	control the maximization process; seldom used
Forest plot	
columnopts(*col*, [*colopts*])	column options; can be repeated
cibind(*bind*)	change binding of CIs for columns _esci and _ci; default is **cibind(brackets)**
sebind(*bind*)	change binding of standard errors for column _esse; default is **sebind(parentheses)**
nohrule	suppress horizontal rule
hruleopts(*hrule_options*)	change look of horizontal rule
text_options	change looks of text options such as column titles, supertitles, and more
plot_options	change look or suppress markers, restrict range of CIs, and more
test_options	suppress information about heterogeneity statistics and tests
twoway_options	any options other than **by()** documented in [G-3] twoway options

---

* 繪 Forest plot，依 year 來排序來累積，找出趨勢是正向或反向
* 省略「cumulative(year)or crop(0.5 .)」才會印出總平均效果量、同質性 Q 檢定
. meta forestplot, cumulative(year)or crop(0.5 .)

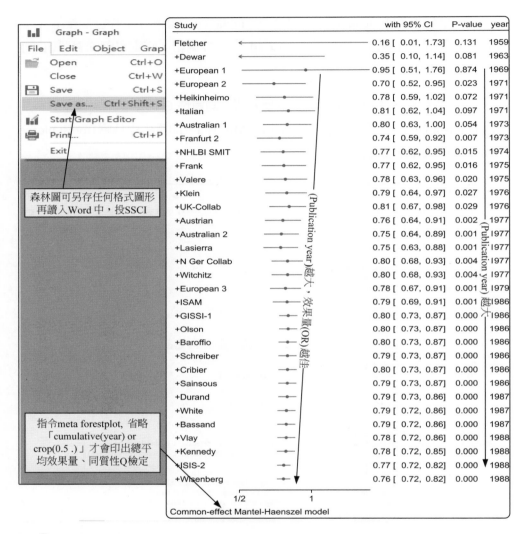

圖 4-29 「meta forestplot, cumulative(year)or crop(0.5 .)」繪出 Forest 圖

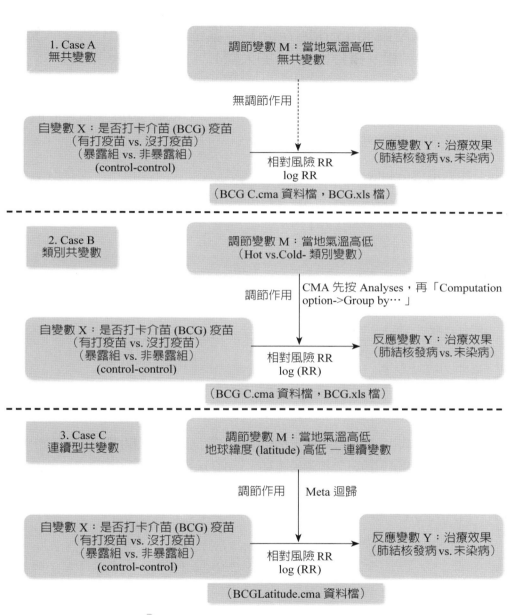

1. Case A
無共變數

調節變數 M：當地氣溫高低
無共變數

無調節作用

自變數 X：是否打卡介苗 (BCG) 疫苗
（有打疫苗 vs. 沒打疫苗）
（暴露組 vs. 非暴露組）
(control-control)

相對風險 RR
log RR

反應變數 Y：治療效果
（肺結核發病 vs. 未染病）

（BCG C.cma 資料檔，BCG.xls 檔）

2. Case B
類別共變數

調節變數 M：當地氣溫高低
（Hot vs.Cold- 類別變數）

調節作用

CMA 先按 Analyses，再「Computation
option->Group by… 」

自變數 X：是否打卡介苗 (BCG) 疫苗
（有打疫苗 vs. 沒打疫苗）
（暴露組 vs. 非暴露組）
(control-control)

相對風險 RR
log (RR)

反應變數 Y：治療效果
（肺結核發病 vs. 未染病）

（BCG C.cma 資料檔，BCG.xls 檔）

3. Case C
連續型共變數

調節變數 M：當地氣溫高低
地球緯度 (latitude) 高低 — 連續變數

調節作用　Meta 迴歸

自變數 X：是否打卡介苗 (BCG) 疫苗
（有打疫苗 vs. 沒打疫苗）
（暴露組 vs. 非暴露組）
(control-control)

相對風險 RR
log (RR)

反應變數 Y：治療效果
（肺結核發病 vs. 未染病）

（BCGLatitude.cma 資料檔）

圖 4-30　三種情況的 Meta 分析架構

4-2-3 型 3（離散 log odds ratio）：處理組（檢疫出 +, – 人數）vs. 控制組（檢疫出 +, – 的人數）（meta esize 指令）

本例的研究架構如圖 4-30。

卡介苗 (BCG) 疫苗效果之分析單位，相對風險 (Relative risk, RR) 再取 log (x) 函數，再以 log (RR) 爲效果量單位。

一、相對風險(relative risk, RR)是什麼？

當要分析的數據由兩組（或條件）和兩個結果的交叉分類中的計數組成時，可以在四重表中顯示數據，如下所示：

	第1組 （未暴露組）	第2組 （暴露組）	加總
number with positive outcome （陽性—確診人數）	a	c	a + c
number with negative outcome （陰性—未確診人數）	b	d	b + d
總	a + b	c + d	a + b + c + d

上表可計算出一些統計數據，例如：與前瞻性研究的相對風險和風險差異，以及與回顧性病例對照研究相關的勝算比 (odds ratio)。

相對風險 (RR)，其標準誤和 95% 信賴區間是根據 Altman (1991) 公式。

相對風險（或風險比）爲：

$$RR = \frac{a/(a+b)}{c/(c+d)}$$

對數相對風險的標準誤爲：

$$SE\{\ln(RR)\} = \sqrt{\frac{1}{a} + \frac{1}{c} - \frac{1}{a+b} - \frac{1}{c+d}}$$

RR 的 95% 信賴區間爲：

$$95\% \text{ CI} = \exp(\ln(RR) - 1.96 \times SE\{\ln(RR)\}) \quad to \quad \exp(\ln(RR) + 1.96 \times SE\{\ln(RR)\})$$

風險差異 (RD)

風險差異及其 95% 信賴區間是根據 Newcombe & Altman (2000) 計算的。

$$RD = \frac{a}{a+b} - \frac{c}{c+d}$$

風險差 (risk difference, RD) 計算法（即比例之間的差異），是分別計算兩個比例的信賴區間。MedCalc 計算比例的 exact binomial 信賴區間 (Armitage et al., 2002)。假設 l_1 至 u_1 為第一比例 p1 的 95%CI；l_2 至 u_2 為第二比例 p2 的 95%CI 時，則該差異的 95% 信賴為：

$$95\% \text{ CI} = RD - \sqrt{(p_1 - l_1)^2 + (u_2 - p_2)^2} \text{ to } RD + \sqrt{(p_2 - l_2)^2 + (u_1 - p_1)^2}$$

在 Meta 分析的背景下，根據 Deeks & Higgins (2010) 來計算標準誤和 95% 信賴區間，其中，標準差 (standard error) 定義為：

$$\text{SE}\{RD\} = \sqrt{\frac{a \times b}{(a+b)^3} + \frac{c \times d}{(c+d)^3}}$$

RR 95% 信賴區間為：

$$95\% \text{ CI} = RD - 1.96 \times \text{SE}\{RD\} \quad \text{to} \quad RD + 1.96 \times \text{SE}\{RD\}$$

二、卡介苗(BCG)疫苗的例子

打卡介苗(BCG)嗎？	感染肺結核	沒感染肺結核	總	累積的發生率
沒有（未暴露組） Case組	7	124	131	7/131 = 5.34%
有（暴露組） Control組	1	78	79	1/79 = 1.27%

求得，風險比 (RR) = 1.27/5.34 = 0.238

對本例 BCG 來說：

1. 若風險比 < 1.0、log (RR) < 0.0：顯示疫苗能降低肺結核 (TB) 感染的風險。

2. 風險比 = 1.0，即 log (RR) = log(1) = 0 值，顯示沒有效果。

3. 風險比 > 1.0、log (RR) > 0.0：則顯示疫苗反而增加 TB 的感染風險。

本例，除了直接讀入「處理組（檢疫出 +, – 人數）vs. 控制組（檢疫出 +, – 的人數）」四變數外，亦可用 Google 搜尋的 Excel 程式「CIcalculator.xls」，將「處理組（檢疫出 +, – 人數）vs. 控制組（檢疫出 +, – 的人數）」轉換成 odds ratio 這類格式 (format) 之後，再執行 Stata 做 Meta 分析。

三、範例：卡介苗疫苗對結核病的療效，「meta esize」指令

卡介苗是一種牛的分枝桿菌所製成的活性疫苗，經減毒後注入人體，可產生對結核病的抵抗力，一般對初期症候的預防效果約 85%，主要可避免造成結核性腦膜炎等嚴重併發症。

結核病是感染結核桿菌所引起的疾病，結核菌侵入人體後，可在任何器官引起病變，如肺、腦膜、淋巴腺、骨骼、腸、泌尿及生殖器官等，其中以侵害肺部最多。

以下章節將介紹「卡介苗芽孢桿菌 (BCG) 疫苗」效果之三種情況的分析。BCG 旨在預防結核病 (TB)。在 1933～1968 年之間，BCG 疫苗已進行 13 項對照試驗 (controlled trials)，其中，一些試驗發現該疫苗可有效降低結核病的發病率，但也有一些試驗發現並非如此。加上，近年來，由於臺灣、美國結核病的重現社區（包括許多耐藥性病例），卡介苗是否真正有效的問題，引起大家關心。直至 Colditz et al. (1994) 進行 Meta 分析，才綜合、調節這些試驗的數據，又一次複驗且重新強調 BCG 是有效的。

(一) 問題說明

對比「實驗組（打卡介苗的 case 組）vs. 控制組（無卡介苗的對照組）」之療效 (effect size) 是否有達到顯著？（分析單位：個別研究之論文）

研究者收集數據並整理成下表，此「bcg.dta」資料檔內容之變數如下：

(二) 資料檔之內容

「bcg.dta」資料檔內容內容如圖 4-31。

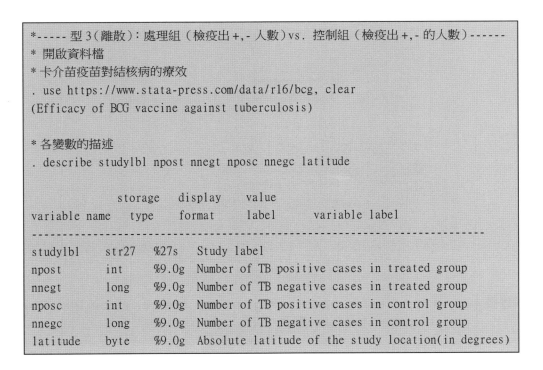

圖 4-31　「bcg.dta」資料檔內容（N = 13 篇之個別研究）

觀察資料之特徵

```
*----- 型 3（離散）：處理組（檢疫出 +,- 人數）vs. 控制組（檢疫出 +,- 的人數）------
* 開啟資料檔
* 卡介苗疫苗對結核病的療效
. use https://www.stata-press.com/data/r16/bcg, clear
(Efficacy of BCG vaccine against tuberculosis)


* 各變數的描述
. describe studylbl npost nnegt nposc nnegc latitude


              storage   display    value
variable name   type    format     label      variable label
-------------------------------------------------------------------------
studylbl      str27     %27s       Study label
npost         int       %9.0g      Number of TB positive cases in treated group
nnegt         long      %9.0g      Number of TB negative cases in treated group
nposc         int       %9.0g      Number of TB positive cases in control group
nnegc         long      %9.0g      Number of TB negative cases in control group
latitude      byte      %9.0g      Absolute latitude of the study location(in degrees)
```

🔵 表 4-5　case-control 二組配對之「陽性 vs. 陰性」的人數

實驗組（治療組）	（結核病／武漢的新藥療效）	控制組	（安慰劑）
結核病陽性的病例數	結核病陰性的病例數	結核病陽性的病例數	結核病陰性的病例數
·	·	·	·
·	·	·	·
·	·	·	·
·	·	·	·

(三) 分析結果與討論

Step 1：Meta 分析

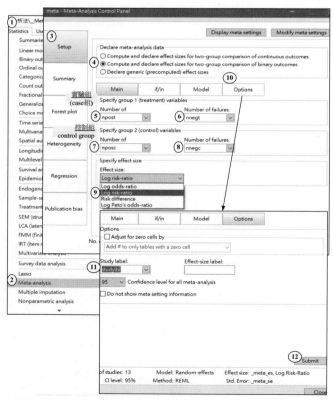

🔊 圖 4-32　「meta esize npost nnegt nposc nnegc, esize(lnrratio) studylabel(studylbl)」畫面

註：Statistics > Meta-analysis

```
* 求出 effect sizes 並宣告 Meta-analysis data
. meta esize npost nnegt nposc nnegc, esize(lnrratio)studylabel(studylbl)

Meta-analysis setting information

  Study information
     No. of studies:  13
        Study label:  studylbl
         Study size:  _meta_studysize
       Summary data:  npost nnegt nposc nnegc

        Effect size
               Type:  lnrratio
              Label:  Log Risk-Ratio
           Variable:  _meta_es
    Zero-cells adj.:  None; no zero cells

          Precision
          Std. Err.:  _meta_se
                 CI:  [_meta_cil, _meta_ciu]
           CI level:  95%

  Model and method
              Model:  Random-effects
             Method:  REML
```

95% 信賴區間 [_meta_cil（下限），_meta_ciu（上限）] 若包含無議異「0 值」，則表示「實驗組（吃新藥的 case 組）vs. 控制組（吃安慰劑的對照組）」之處理效果未達到顯著差異。

studylbl	_meta_id	_meta_studylabel	_meta_es	_meta_se	_meta_cil	_meta_ciu	_meta_stud~e
Aronson, 1948	1	Aronson, 1948	-.88931133	.57060035	-2.0076675	.22904481	262
Ferguson & Simes, 1949	2	Ferguson & Simes, 1949	-1.5853887	.4411135	-2.4499552	-.72082208	609
Rosenthal et al., 1960	3	Rosenthal et al., 1960	-1.3480731	.64449047	-2.6112513	-.08489504	451
Hart & Sutherland, 1977	4	Hart & Sutherland, 1977	-1.4415512	.14145682	-1.7188015	-1.1643009	26465
Frimodt-Moller et al., 1973	5	Frimodt-Moller et al., 1973	-.21754732	.22629665	-.6610806	.22598595	10877
Stein & Aronson, 1953	6	Stein & Aronson, 1953	-.78611559	.08310005	-.94898869	-.62324248	2992
Vandiviere et al., 1973	7	Vandiviere et al., 1973	-1.6208982	.47224702	-2.5464854	-.69531107	3174
TPT Madras, 1980	8	TPT Madras, 1980	.01195233	.06294108	-.11140991	.13531458	176782
Coetzee & Berjak, 1968	9	Coetzee & Berjak, 1968	-.46941765	.23755886	-.93502445	-.00381085	14776
Rosenthal et al., 1961	10	Rosenthal et al., 1961	-1.3713448	.270231	-1.9009878	-.84170178	3381
Comstock et al., 1974	11	Comstock et al., 1974	-.33935883	.11141012	-.55771864	-.12099901	77972
Comstock & Webster, 1969	12	Comstock & Webster, 1969	.4459134	.72972998	-.98433108	1.8761579	4839
Comstock et al., 1976	13	Comstock et al., 1976	-.01731395	.2672165	-.54104867	.50642077	34767

Vars: 18   Order: Dataset   Obs: 13   Filter: Off   Mod

圖 4-33 「meta esize npost nnegt nposc nnegc, esize(lnrratio) studylabel(studylbl)」後，資料檔新增 7 變數（如下表）

_meta_id	byte	%9.0g	Study ID
_meta_studyla~l	str27	%27s	Study label
_meta_es	double	%10.0g	Log risk-ratio
_meta_se	double	%10.0g	Std. Err. for log risk-ratio
_meta_cil	double	%10.0g	95% lower CI limit for log risk-ratio
_meta_ciu	double	%10.0g	95% upper CI limit for log risk-ratio
_meta_studysize	float	%9.0g	Sample size per study

1. log RR 的 95% 信賴區間 [_meta_cil（下限），_meta_ciu（上限）] 若包含無異議「0 值」，則表示「實驗組（吃新藥的 case 組）vs. 控制組（吃安慰劑的對照組）」之處理效果未達到顯著差異。

2. 本例，風險比 (RR) 若小於 1.0 表示疫苗降低了 TB 的風險，風險比 1.0 表示沒有效果，而風險比高於 1.0 則表示疫苗增加了 TB 的風險。

3. log (RR) < 0.0 表示疫苗降低了結核病的風險，log (RR) = 0.0 表示沒有效果，而 log (RR) > 0.0 則表示疫苗增加了結核病風險。本例，對數風險比 = -0.7141(p < 0.001)，故拒絕 H_0：log (RR) = 0。因此，有強有力的證據顯示該

疫苗係有效可預防結核病。

Step 2：繪森林圖，求得總平均效果量及 p 值、同質性 Q 檢定

衡量研究結果的不一致：Cochran's Q 檢定

Meta 分析中的異質性是指個別研究之間研究結果的差異。

異質性的經典度量是 Cochran's Q，它是根據單個研究效果與各個研究的合併效果之間的平變異數的加權及來計算的，權重是在合併方法中使用的。Q 符合卡方分布，其中 k（研究篇數）減去 1 自由度。作爲異質性的綜合檢定，Q 的 power 較低（Gavaghan 等，2000），尤其是當研究數量較少（即大多數 Meta 分析）時。相反，如果研究數量很多，則 Q 更具有異質性檢定功能（Higgins 等人，2003 年）。

```
*繪 Forest plot ，結果如下圖
. meta forestplot
```

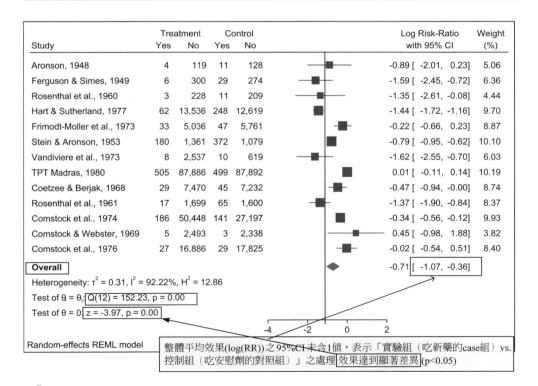

圖 4-34 「meta forestplot」繪出「實驗組（吃新藥的 case 組）vs. 控制組（吃安慰劑的對照組）」之處理效果森林圖

1. 此森林圖中，收納的 13 項隨機分派研究，相對風險 (log(risk-ratio)) 的 95% 信賴區間，有 8 項都未跨過神祕的「1」（不是「0」喔；因「實驗 case 組—控制組」差才是「0」），因此「實驗組卡介苗治療 vs. 控制組」都沒有顯著上顯著差異。

2. 一般，相對風險 (RR) 森林圖都是以「對數 (log)」方式畫的，包括這張，所以您會看到「0.1」「1」「10」等指標。

3. 在綜合結果中，相對風險 (RR) 為 –0.71，小於「1」，當結果落於森林圖的左邊，代表實驗組卡介苗治療比控制組有效，相對的，如果在右邊，則代表控制組比較有效。

4. RR-0.71 可以解釋為卡介苗治療，相較於控制組（對與研究類似的族群）可以降低 71% 發生併發症風險。

5. 研究之間的異質性 (heterogeneity)，可以分為方法異質性 (methodological heterogeneity) 與統計異質性 (statistic heterogeneity)，統計上的異質性可以藉由森林圖中那神祕的一行略知一二。

6. Test for heterogeneity:χ^2 = 152.23 (p < 0.05)，用於判斷是否有統計異質性，本例 p 值並達統計上顯著差異，故拒絕虛無假設 H_0：heterogeneity。

7. 相對地，I^2 值介於 0%～100%，異質性通常分為 25%（低），50%（中），75%（高）。本例，I^2 = 92.22%，具有高度異質性。故採內定的隨機效果模型。

$$I^2 = \left[\frac{Q - (K-1)}{Q} \right] \times 100$$

4-2-4 Meta 迴歸之後的氣泡圖 (bubble plot)（先 meta regress、再 estat bubbleplot 指令）

範例：卡介苗疫苗對結核病的療效(efficacy of BCG vaccine against tuberculosis)，meta regress指令

(一) 氣泡圖

氣泡圖 (bubble chart) 是可用於展示三個變數之間的關係。它與散點圖類似，繪製時將一個變數放在 X 橫軸，另一個變數放在 Y 縱軸，而第三個變數則用氣泡的大小來表示。排列在工作表的 column 中的資料（第一 column 中列出 x 值，在相鄰 column 中列出相應的 y 值及氣泡大小的值）可以繪製在氣泡圖中。氣泡

圖與散點圖相似，不同之處在於，氣泡圖允許在圖表中額外加入一個表示大小的變數進 row 對比。

(二) 資料檔之內容

「bcgset.dta」資料檔如下。

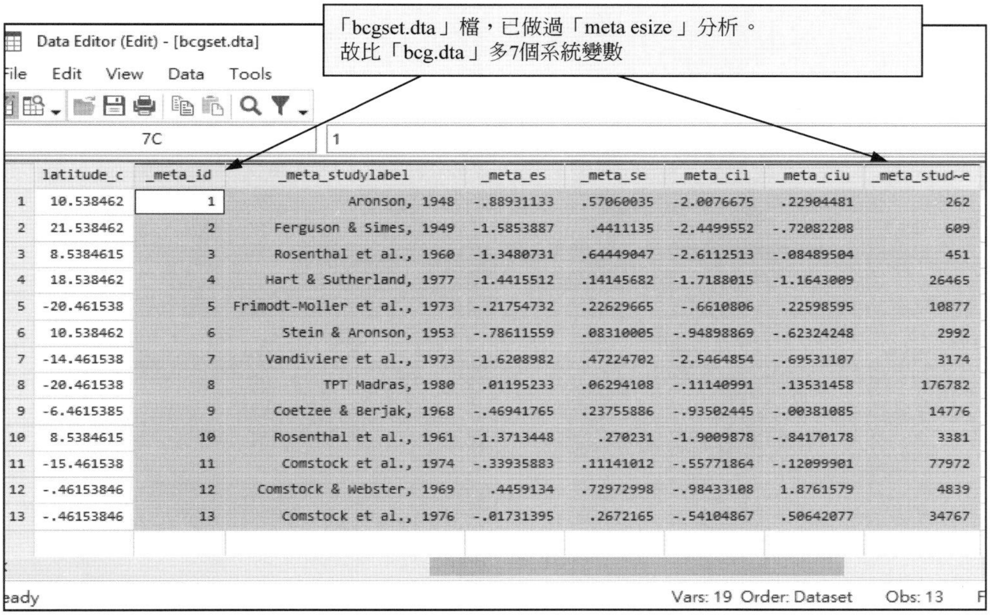

	latitude_c	_meta_id	_meta_studylabel	_meta_es	_meta_se	_meta_cil	_meta_ciu	_meta_stud~e
1	10.538462	1	Aronson, 1948	-.88931133	.57060035	-2.0076675	.22904481	262
2	21.538462	2	Ferguson & Simes, 1949	-1.5853887	.4411135	-2.4499552	-.72082208	609
3	8.5384615	3	Rosenthal et al., 1960	-1.3480731	.64449047	-2.6112513	-.08489504	451
4	18.538462	4	Hart & Sutherland, 1977	-1.4415512	.14145682	-1.7188015	-1.1643009	26465
5	-20.461538	5	Frimodt-Moller et al., 1973	-.21754732	.22629665	-.6610806	.22598595	10877
6	10.538462	6	Stein & Aronson, 1953	-.78611559	.08310005	-.94898869	-.62324248	2992
7	-14.461538	7	Vandiviere et al., 1973	-1.6208982	.47224702	-2.5464854	-.69531107	3174
8	-20.461538	8	TPT Madras, 1980	.01195233	.06294108	-.11140991	.13531458	176782
9	-6.4615385	9	Coetzee & Berjak, 1968	-.46941765	.23755886	-.93502445	-.00381085	14776
10	8.5384615	10	Rosenthal et al., 1961	-1.3713448	.270231	-1.9009878	-.84170178	3381
11	-15.461538	11	Comstock et al., 1974	-.33935883	.11141012	-.55771864	-.12099901	77972
12	-.46153846	12	Comstock & Webster, 1969	.4459134	.72972998	-.98433108	1.8761579	4839
13	-.46153846	13	Comstock et al., 1976	-.01731395	.2672165	-.54104867	.50642077	34767

圖 4-35 「bcgset.dta」資料檔內容（N = 13 篇之個別研究）

觀察資料之特徵

```
* 開啟資料檔
. use https://www.stata-press.com/data/r16/bcgset
(Efficacy of BCG vaccine against tuberculosis; set with -meta esize-)

*「bcgset.dta」檔，已做過「meta esize」分析。故比「bcg.dta」多 7 個系統變數，如
上圖：
* Update, describe, and clear meta-analysis settings
. meta query, short
-> meta esize npost nnegt nposc nnegc, esize(lnrratio)studylabel(studylbl)
Effect-size label: Log Risk-Ratio
Effect-size type: lnrratio
```

```
Effect size: _meta_es
Std. Err.: _meta_se
Model: Random-effects
Method: REML


* 各變數的描述
. describe

Contains data from D:\CD\bcgset.dta
  obs:       13        Efficacy of BCG vaccine against tuberculosis; set with
                       meta esize-
  vars:      19        8 Mar 2020 12:03
                       (_dta has notes)
--------------------------------------------------------------------------------
                storage   display    value
variable name   type      format     label      variable label
--------------------------------------------------------------------------------
trial           byte      %9.0g                 Trial number
trialloc        str14     %14s                  Trial location
author          str21     %21s                  Author
year            int       %9.0g                 Publication year
npost           int       %9.0g                 Number of TB positive cases in
                                                treated group
nnegt           long      %9.0g                 Number of TB negative cases in
                                                treated group
nposc           int       %9.0g                 Number of TB positive cases in
                                                control group
nnegc           long      %9.0g                 Number of TB negative cases in
                                                control group
latitude        byte      %9.0g                 Absolute latitude of the study
                                                location(in degrees)
alloc           byte      %10.0g     alloc      Method of treatment allocation
studylbl        str27     %27s                  Study label
latitude_c      double    %10.0g                Mean-centered latitude
_meta_id        byte      %9.0g                 Study ID
_meta_studyla~l str27     %27s                  Study label
_meta_es        double    %10.0g                Log risk-ratio
_meta_se        double    %10.0g                Std. Err. for log risk-ratio
_meta_cil       double    %10.0g                95% lower CI limit for log risk-ratio
_meta_ciu       double    %10.0g                95% upper CI limit for log risk-ratio
_meta_studysize float     %9.0g                 Sample size per study
```

(三) 分析結果與討論

Step 1：Meta 分析

```
*------------Meta-regression----------
. use https://www.stata-press.com/data/r16/bcg, clear

* 選項 meanonly 抑制印出；電腦只求出 latitude 的平均數
. summarize latitude, meanonly
```

```
* 求變數 latitude 中心化之新變數 latitude_c
. generate double latitude_c = latitude - r(mean)
. label variable latitude_c "Mean-centered latitude"
```

```
* 檢定 null hypothese：多層次模型優於單層次嗎？
* 這裡的重點不是這些圖的解釋，而是產生各種氣泡圖。
* Meta 迴歸旨在將 moderators 納入到模型中的標準 Meta 分析。
. meta regress latitude_c

  Effect-size label:  Log Risk-Ratio
        Effect size:  _meta_es
           Std. Err.:  _meta_se
Random-effects meta-regression            Number of obs   =        13
Method: REML                              Residual heterogeneity:
                                                      tau2 =   .07635
                                                      I2(%)=    68.39
                                                        H2 =     3.16
                                               R-squared(%)=    75.63
                                               Wald chi2(1)=    16.36
                                               Prob > chi2  =   0.0001
-------------------------------------------------------------------------
   _meta_es |    Coef.    Std. Err.      z    P>|z|    [95% Conf. Interval]
------------+------------------------------------------------------------
 latitude_c |  -.0291017   .0071953    -4.04   0.000   -.0432043   -.0149991
      _cons |  -.7223204   .1076535    -6.71   0.000   -.9333174   -.5113234
-------------------------------------------------------------------------
Test of residual homogeneity: Q_res = chi2(11)= 30.73   Prob > Q_res = 0.0012
```

Step 2：繪氣泡圖

```
*--------- 氣泡圖 (Bubble plot)---------
* 要執行簡單的 Meta 迴歸之後，才可產生氣泡圖（下圖），指令為：
. estat bubbleplot
```

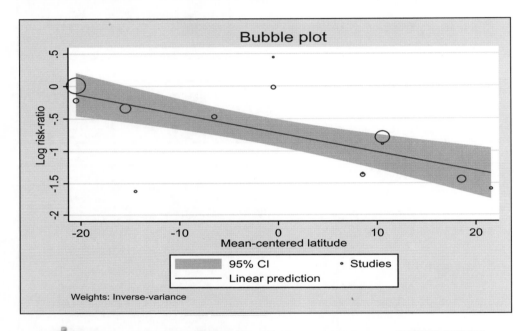

🔊 圖 4-36　執行 Meta 迴歸之後，「estat bubbleplot」才可產生氣泡圖

　　泡泡圖是一種變化的散布圖中資料點已取代反升，及其他資料的維度表示泡泡的大小。散布圖，就像泡泡圖未使用的類別座標軸：水平與垂直座標軸的數值座標軸。

4-2-5 型 4（離散 log odds ratio）：處理組（成功，失敗人數）vs. 控制組（成功，失敗人數）、漏斗圖 (funnel plot) (meta esize 指令)

範例：非當體類抗炎藥的療效(Effectiveness of nonsteroidal anti-inflammatory drugs)，meta esize指令

(一) 問題說明

　　對比「實驗組（吃抗炎新藥的 case 組）vs. 控制組（吃安慰劑的對照組）」之處理效果量 (effect size) 是否有達到顯著？（分析單位：個別研究之論文）

　　研究者收集數據並整理成下表，此「nsaids.dta」資料檔內容之變數如下：

(二) 資料檔之內容

　　「nsaids.dta」資料檔內容內容如下圖。

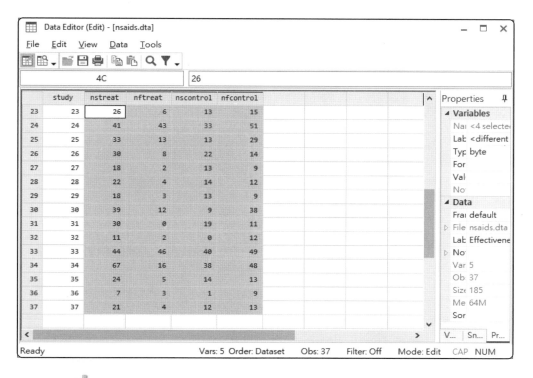

圖 4-37　「nsaids.dta」資料檔內容（N = 33 篇之個別研究）

● 表 4-6　case-control 二組配對之「成功 vs. 失敗」的人數

實驗組（治療組）	（結核病／武漢的新藥療效）	控制組	（安慰劑）
成功的病例數	失敗的病例數	成功的病例數	失敗的病例數
.	.	.	.
.	.	.	.
.	.	.	.
.	.	.	.

觀察資料之特徵

```
*----- 型 3 (離散)：處理組 (成功，失敗人數) vs. 控制組 (成功，失敗人數)------
*-------- 漏斗圖 (Funnel plot)--------------
. use https://www.stata-press.com/data/r16/nsaids, clear
* 非甾體類抗炎藥的效果 (Effectiveness of nonsteroidal anti-inflammatory drugs)
* 各變數的描述
. describe

Contains data from D:\CD\nsaids.dta
  obs:      37          Effectiveness of nonsteroidal anti-inflammatory drugs
 vars:       5          2 Mar 2020 11:51
                        (_dta has notes)
-----------------------------------------------------------------------------
              storage   display    value
variable name   type    format     label      variable label
-----------------------------------------------------------------------------
study           byte    %8.0g                 Study ID
nstreat         byte    %8.0g                 Number of successes in the treatment arm
nftreat         byte    %9.0g                 Number of failures in the treatment arm
nscontrol       byte    %8.0g                 Number of successes in the control arm
nfcontrol       byte    %9.0g                 Number of failures in the control arm
-----------------------------------------------------------------------------
```

(三) 分析結果與討論

Step 1：Meta 分析

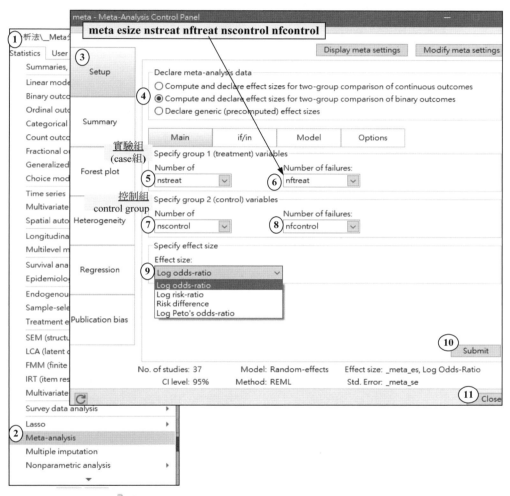

圖 4-38　「meta esize nstreat-nfcontrol」畫面

註：Statistics > Meta-analysis

```
* 求出 effect sizes 並宣告 Meta-analysis data
*「meta esize」後面「nstreat-nfcontrol」是指「nstreat、nftreat、nscontrol、
nfcontrol」4變數
. meta esize nstreat-nfcontrol
```

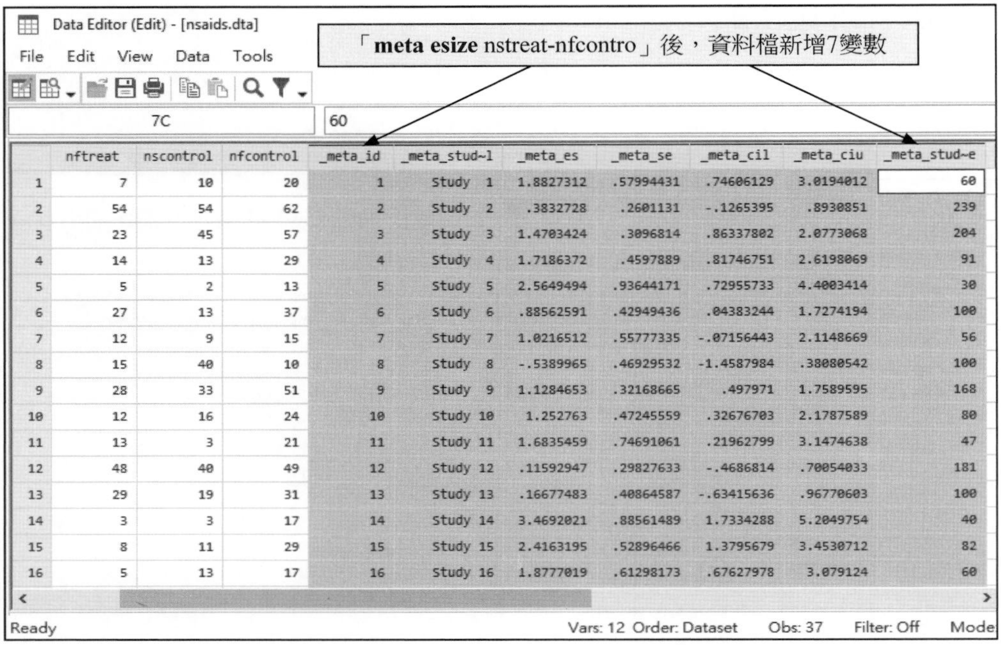

	nftreat	nscontrol	nfcontrol	_meta_id	_meta_stud~l	_meta_es	_meta_se	_meta_cil	_meta_ciu	_meta_stud~e
1	7	10	20	1	Study 1	1.8827312	.57994431	.74606129	3.0194012	60
2	54	54	62	2	Study 2	.3832728	.2601131	-.1265395	.8930851	239
3	23	45	57	3	Study 3	1.4703424	.3096814	.86337802	2.0773068	204
4	14	13	29	4	Study 4	1.7186372	.4597889	.81746751	2.6198069	91
5	5	2	13	5	Study 5	2.5649494	.93644171	.72955733	4.4003414	30
6	27	13	37	6	Study 6	.88562591	.42949436	.04383244	1.7274194	100
7	12	9	15	7	Study 7	1.0216512	.55777335	-.07156443	2.1148669	56
8	15	40	10	8	Study 8	-.5389965	.46929532	-1.4587984	.38080542	100
9	28	33	51	9	Study 9	1.1284653	.32168665	.497971	1.7589595	168
10	12	16	24	10	Study 10	1.252763	.47245559	.32676703	2.1787589	80
11	13	3	21	11	Study 11	1.6835459	.74691061	.21962799	3.1474638	47
12	48	40	49	12	Study 12	.11592947	.29827633	-.4686814	.70054033	181
13	29	19	31	13	Study 13	.16677483	.40864587	-.63415636	.96770603	100
14	3	3	17	14	Study 14	3.4692021	.88561489	1.7334288	5.2049754	40
15	8	11	29	15	Study 15	2.4163195	.52896466	1.3795679	3.4530712	82
16	5	13	17	16	Study 16	1.8777019	.61298173	.67627978	3.079124	60

圖 4-39 「meta esize nstreat-nfcontro」後，資料檔新增 7 變數（如下表）

```
_meta_id          byte    %9.0g          Study ID
_meta_studyla~l   str8    %9s            Study label
_meta_es          double  %10.0g         Log odds-ratio
_meta_se          double  %10.0g         Std. Err. for log odds-ratio
_meta_cil         double  %10.0g         95% lower CI limit for log odds-ratio
_meta_ciu         double  %10.0g         95% upper CI limit for log odds-ratio
_meta_studysize   int     %9.0g          Sample size per study
```

1. 95%信賴區間[_meta_cil（下限），_meta_ciu（上限）]若包含無議異「0值」，則表示「實驗組（吃新藥的case組）vs. 控制組（吃安慰劑的對照組）」之處理效果未達到顯著差異。

Step 2-1：繪 Funnel plot

```
*繪Funnel plot
. meta funnelplot
```

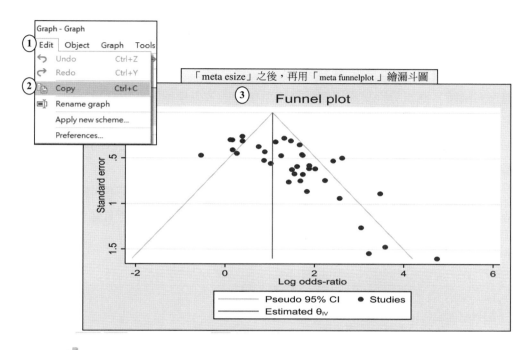

■ 圖 4-40　「meta esize」之後，再用「meta funnelplot」繪漏斗圖

漏斗圖中，標準誤差 (standard error)，又稱標準誤，即樣本平均數抽樣分布的標準差 (standard deviation)，是描述對應的樣本平均數抽樣分布的離散程度及衡量對應樣本平均數抽樣誤差大小的尺度。

通常母群變異數 σ 為未知，此時可以用研究中取得樣本的標準差 (SD) 來估計 $SE_{\bar{x}} = \dfrac{SD}{\sqrt{n}}$。

由上圖漏斗圖的座標可以看出，橫軸為勝算比 (odds ratio) 或風險比 (risk ratio)，兩種治療（藥物或其他治療）效果比值；縱軸為標準誤 (standard error)，代表單一研究結果（估計值）的精確度，樣本數目越大，標準誤將會越小，因此，越上面的研究（就是圖中的點），代表標準誤越小（等於樣本數目越大）。當研究數目（每個小點）少於 10 個，原則上不畫漏斗圖，超過 10 個，認真用肉眼判斷是否對稱，若不對襯，可採用迴歸 (regression) 檢定的方式，常見的方式例如：Egger's test，檢定發表性偏誤是否存在。

值得一提的是，如果漏斗圖明顯具不對稱性，不同的「統計方法進行綜合分析」可能會有極大的差異，因為隨機效果模型 (random effects model) 比起固定效

果模型 (fixed effect model) 在計算各研究的權重 (weight) 時，納入了研究之間的變異 (between study variance)，所以當不對稱性存在時，隨機效果模型會讓比較小型的研究得到比較大的影響力，進而影響最終結果。專家們建議，當漏斗圖呈現不對稱時，應該分別呈現固定效果模型與隨機效果模型的分析結果（因為非常可能有顯著差異）。

漏斗圖發現不對稱性時，隨機效果模型會讓比較小型的研究得到比較大的影響力，進而影響最終結果。

漏斗圖用眼睛看，就知道是不是呈現對稱性。當漏斗圖呈現不對稱時，應該分別呈現固定效果模型與隨機效果模型的分析結果（因為非常可能有顯著差異）。

Step 2-2：繪 Contour-enhancedfunnel plot

```
*---- 輪廓增強的漏斗圖 (Contour-enhancedfunnel plot)---------
. meta funnelplot, contours(1 5 10)
```

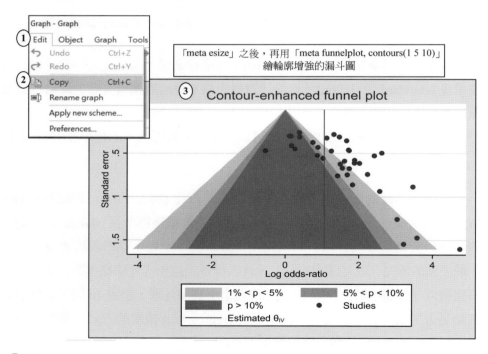

🎬 圖 4-41　「meta esize」之後，再用「meta funnelplot, contours(1 5 10)」繪輪廓增強的漏斗圖

4-2-6 具有小研究的效果嗎：Harbord's 基於迴歸的檢定 (regression-based test)（meta bias 指令）

　　小型研究經常因為研究設計／執行較差的關係，效果常常被放大。

　　回到學界，不對稱的漏斗圖對我們評讀系統性綜論（或綜合分析）上到底有什麼影響？

(1) 影響證據等級：在 Grade 裡面，發表性誤差是要扣分的，證據等級降一級。

(2) 影響統計分析結果：選擇不同統計方法（隨機、固定效果），可能因為漏斗圖不對稱，影響最終結果。

　　問題是，即使是發表在知名期刊上的研究，常常都是一句話帶過：我們沒有發現顯著的發表誤差。

Step 3：「meta esize」之後，再用「meta bias, harbord」檢定 Harbord's regression-based 續上例之 Meta 迴歸。

```
*-----Example 12: Harbord's regression-based test---------
* Tests for small-study effects in meta-analysis
. meta bias, harbord
  Effect-size label:  Log Odds-Ratio
        Effect size:  _meta_es
          Std. Err.:  _meta_se

Regression-based Harbord test for small-study effects
Random-effects model
Method: REML

H0: beta1 = 0; no small-study effects
            beta1 =      3.03
     SE of beta1 =      0.741
               z =      4.09
        Prob > |z| =    0.0000
```

1. 本例，小研究的效果檢定結果：$z = 4.09 (p < 0.05)$，故拒絕虛無假設「H_0: beta1 = 0; no small-study effects」，表示本研究「小研究的效果有被放大」的疑慮。

4-2-7a（出版）發表偏誤檢測技術有三

1. Rosenthal 的 fail-safe N

Rosenthal (1979) 提出的安全失效數 (fail-safe N, FSN)，可能是目前最傳統的檢定方法，其目的在了解某 Meta 分析研究尚需要多少篇未出版研究（假定其效果量為 0 或不顯著），才足以讓該 Meta 分析研究顯著大於 0 之平均效果量變成不顯著，而其比較效標為 5n + 10（n 為某 Meta 分析研究納入之主要研究總數）。因此 Rosenthal 認為，如果計算所得之 FSN 是大於 5n + 10，表示假設效果量為 0 之未出版研究，不容易改變目前顯著的 Meta 分析結果，亦顯示出版偏誤對該 Meta 分析結果的影響可能不大。另一方面，鑑於原始 Rosenthal 計算公式，是依賴在 p 值，因此，Orwin (1983) 加以延伸至其他效果量能運用之統計量，提出下列公式：

$$\text{fail-safe N} = n\left(\frac{d_w}{d_c} - 1\right)$$

其中，d_w 代表該 Meta 分析研究的平均效果量；d_c 代表該 Meta 分析研究預期會降低至某設定之效果量水平；n 為全部的主要研究總數。

Rosenthal 的 FSN 雖然簡單、易懂，但是，其基本假定就已經存在些許問題。首先，Evans (1996) 認為，這個方法過度強調統計顯著性的重要，而不是實際的顯著性，其次，當現實存在的未出版研究效果量與該 Meta 分析結果是呈現反方向效果（即不是 0，可能是負的）時，實際的 fail-safe N 值可能遠低於估計值，致使研究者會過度相信該 Meta 分析結果是穩定的。

2. funnel plot 及其不對稱的顯著檢定方法

funnel plot 是以所有研究的效果量及其估計準確性之圖形關係，來檢視可能的出版偏誤，如圖 4-42 所示。Light & Pillemer (1984) 認為，大樣本的研究（數量較少），其估計準確性會越高，而效果量則會越接近真實平均效果量，因此，其分布會圍繞、集中在圖之上端；其次，小樣本的研究（數量較多），其估計準確性會較低，而效果量則會較分散於真實平均效果量周圍，因而，其會散布在圖之下端。整體而言，在沒有出版偏誤影響下，圖型就會呈現倒置的漏斗形狀，相反的，若有出版偏誤存在，圖形則易形成不對稱的 funnel plot，可能是在圖形的

左下或右下出現缺口，此代表的就是效果量未達顯著或呈現負向結果的研究被遺漏了。

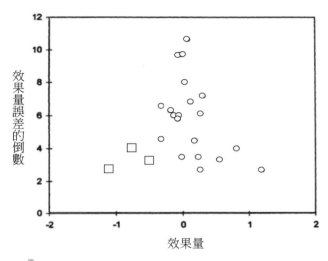

圖 4-42　funnel plot 及 trim and fill 方法解說圖

　　雖然 funnel plot 有其應用的便利性，但其限制亦不少。首先，用視覺觀察來判斷圖形是否對稱的方法太過主觀，且其圖形是會隨 X、Y 軸量尺的不同而有差異；其次，形成圖形不對稱的原因很多，例如：特殊族群的樣本數太小、個別研究方法品質不良、研究設計及分析有偏誤、效果量估計方法的選擇以及估計的準確性，還有其他隨機因素等，都可能會造成圖形不對稱 (Petticrew, Gilbody, & Sheldon, 1999)；同時，研究間異質性、研究方法的異質性也是造成不對稱圖形的主要原因 (Wang & Bushman, 1998)。

　　另一方面，爲解決以視覺判斷圖形對稱與否的主觀性，學者們發展出一些統計方法，Begg 及 Mazumdar (1994) 建議，可以用等級相關考驗 (rank correlation test) 分析效果量及其變異數的關係，當相關值達顯著時，就表示存在著不對稱的關係；其次，Egger、Davey、Schneider 及 Minder (1997) 發展出以線性迴歸考驗 (linear regression test) 圖形的對稱性，其不同於 Begg 及 Mazumdar 方法之處，在於 Egger 等人是使用眞正的效果量而非其等級，公式爲：

$$SND = a + b \times se(d)^{-1}$$

其中，SND 代表標準常態分配 (standard normal deviate)，是由效果量除以其標準誤 (se) 而得；其次，a 為截距、b 為斜率、se(d)$^{-1}$ 為效果量標準誤的倒數（即估計準確性）。如此，當小樣本研究的效果量是系統性的不同於大樣本研究時，迴歸線將不會通過原點，因此，截距代表的就是測量圖形不對稱性的指標，當其偏離 0 越多，不對稱性就越大。

Begg 及 Mazumdar (1994) 的等級相關考驗，是一種沒有分配假設的方法 (distribution free method)，容易隨著研究數目的多寡而影響其檢定力 (power)。同時，Sterne、Gavaghan 及 Egger (2000) 的模擬分析，也是發現 Egger 等人方法的檢定考驗力，確實較 Begg 及 Mazumdar 方法為大，因此，學者們多是建議以 Egger 等人 (1997) 的線性迴歸來執行不對稱的檢定。

3. trim and fill 方法

trim and fill 方法，仍是以 funnel plot 為基礎的理論架構，是屬於一種遞迴的非參數等級為基礎的估計過程 (iterative non-parametric rank-based estimation procedure)，其步驟大致可歸納如下 (Duval & Tweedie, 2000)：

步驟 1：利用原始研究資料（如圖 4-42 之○），估計出觀察的平均效果量。

步驟 2：將每一原始研究效果量，減去步驟 1 之平均效果量，以求得中心化後之值 (centred value)，接著就此值之絕對值大小進行排序 (rank)，並依其正、負給與 + 或 − 符號 (sign)。

步驟 3：估計可能遺漏的研究數目 k_o（如圖 4-42 之□總數目）

步驟 4：依估計之 k_o，刪除 (trim off) 掉對應之原始觀察資料，接續再依剩下的資料，重新估計其平均效果量。

步驟 5：重複步驟 2，但本步驟差別只在每一原始研究效果量，減去步驟 4 之重新估計平均效果量，再執行排序的動作。

步驟 6：依步驟 5 排序之結果，重複步驟 3。

步驟 7：重複步驟 4，但本步驟差別在依步驟 6 計算所得之 k_o，執行刪除原始對應觀察資料的動作，接續再重新估計剩餘研究之平均效果量。

步驟 8：如此不斷執行，直到 k_o 的估計值達穩定，即停止。

步驟 9：最後，依最終收斂之 k_o，填補 (fill) 相對應之原始效果量及其標準誤，再重新估計填補後之全部平均效果量及其標準誤。

Duval 及 Tweedie (2000) 提出的 trim 及 fill 方法，概念不僅簡單，且有別於過去的方法，其特性在於能估計出遺漏研究數 k_0 與填補或校正後之重新估計平均效果量，大幅提升其實用性，因此，此方法被認為是目前較普遍執行的技術 (Borenstein, 2005)。此外，對於如何估計出 k_0，Duval 及 Tweedie 提出最右側排序 (rightmost run) 估計值 R_0、線性估計值 L_0 與二次式估計值 Q_0 等三種，但 Duval (2005) 認為，以 R_0、L_0 較 Q_0 具有較佳的特性，其公式分別為：

$$R_0 = \gamma^* - 1$$
$$L_0 = [4S_{rank} - n(n + 1)] / [2n - 1]$$

　　其中，γ^* 代表的是執行上述步驟 2 後，所獲得的觀察資料經排序等級 (signed rank)，屬於正值之最右側等級之長度（例如：排序後等級為 1、–2、3、–4、5、6、7，則 5、6、7 是屬最右側且正值，其長度 $\gamma^* = 3$）；S_{rank} 為全部正值等級之總合；n 為全部研究樣本數。

　　雖然，trim 及 fill 方法有其優點，但不免需受限於 funnel plot 的假定基礎，且在執行時，對於採用固定或隨機效果模式，仍是待解的議題。其中，Duval (2005) 認為，隨機效果模式會較固定效果模式受到 funnel plot 的不對稱性影響，因為隨機效果模式會考慮研究間的異質性 (between study heterogeneity)，估計時，對於較不準確的研究，會給予較多的加權。

4-2-7b 無母數之發表偏誤：修剪—填充分析 (trim-and-fill)（meta trimfill 指令）

　　Meta 分析研究之實徵數據，可採用等級相關與線性迴歸分析檢定 funnel plot 之不對稱性，並搭配 rim and fill 法，若發現各方法檢定結果雖不一致，但出版偏誤仍可能存在於 Meta 分析研究。

　　因此，建議未來研究者在傳統 FSN 指標外，可考量同時運用線性迴歸分析、trim and fill 方法產生的訊息，以較保守的態度來看待與呈現出版偏誤可能對其研究結果產生的影響。

　　例如：Song、Khan、Dinnes 及 Sutton (2002) 在檢視 Database of Abstracts of Reviews of Effectiveness (DARE) 資料庫中，抽取 28 篇有關診斷準確性之 Meta 分析研究，經採用等級相關與線性迴歸考驗方法檢定 funnel plot 之不對稱性，同時

搭配 trim and fill 方法時，發現經等級相關檢定，有 6 篇 (21.43%)Meta 分析研究產生顯著不對稱現象，而經線性迴歸考驗，有 12 篇 (42.86%)Meta 分析研究產生顯著不對稱現象，最後，在運用 trim and fill 方法時，他們發現有 17 篇 (60.71%)Meta 分析研究會產生遺漏值，其中經校正後，更有 2 篇 Meta 分析研究的平均效果量高估了 21～30%、7 篇高估了 11～20%、6 篇高估了 5～10%。

　　總之，國外教育、醫學或生態演化領域研究均顯示，忽視出版偏誤可能結果都指向會影響該 Meta 分析研究的平均效果量，致使研究結論受到波動，即使如此，根據 Song 等人 (2000) 於 1996 年調查 Database of Abstracts of Reviews of Effectiveness (DARE) 資料庫中，健康介入相關議題之 132 篇 Meta 分析研究時，發現只有 47 篇 Meta 分析研究 (35.61%) 曾搜尋或納入未出版之文獻，此外，在執行出版偏誤檢定方面，有 33 篇（25%）研究執行出版偏誤之檢定，其中，以 fail-safe N（14 篇）、funnel plot（11 篇）、5 篇執行出版 / 未出版效果量之差異檢定，其他則包含敏感度分析 (sensitivity analysis) 與次組分析 (subgroup analysis)。據此，或多或少顯示出當時 Meta 分析研究對於出版偏誤的探究現況。

一、meta trimfill語法

```
meta trimfill [if] [in] [, options]
```

options	說明
Main	
estimator(estimator)	estimator for the number of missing studies; default is linear
left	impute studies on the left side of the funnel plot
right	impute studies on the right side of the funnel plot
funnel[(funnelopts)]	draw funnel plot
Options	
level(#)	set confidence level; default is as declared for meta-analysis
eform_option	report exponentiated results
[no]metashow	display or suppress meta settings in the output
display_options	control column formats
Iteration	
random[(remethod)]	random-effects meta-analysis to use for iteration and pooling steps
common	common-effect meta-analysis to use for iteration and pooling steps; implies inverse-variance method
fixed	fixed-effects meta-analysis to use for iteration and pooling steps; implies inverse-variance method
itermethod(method)	meta-analysis to use for iteration step
poolmethod(method)	meta-analysis to use for pooling step
iterate(#)	maximum number of iterations for the trim-and-fill algorithm; default is iterate(100)
[no]log	display an iteration log from the trim-and-fill algorithm

estimator	說明
linear	linear estimator, L_0; the default
run	run estimator, R_0
quadratic	quadratic estimator, Q_0 (rarely used)

remethod	Description
reml	restricted maximum likelihood; the default
mle	maximum likelihood
ebayes	empirical Bayes
dlaird	DerSimonian-Laird
sjonkman	Sidik-Jonkman
hedges	Hedges
hschmidt	Hunter-Schmidt

二、meta trimfill範例

　　如果懷疑存在發表偏誤，則可用修整及填充 (trim-and-fill) 法來評估發表偏誤對 MA 結果的影響。

　　在本例中，漏斗圖的不對稱性很可能是由於異質性而不是發表偏誤所造成。但是，出於 demo 的目的，讓我們繼續將 trim-and-fill 法應用於這些數據。

　　承上例之 Meta 迴歸。

Step 4：「meta esize」之後，再用「meta trimfill, eform funnel(contours(1 5 10))」
　　　　檢定無母數之發表偏誤：修剪－填充分析 (trim-and-fill analysis)

```
*---------Example 13: Trim-and-fill analysis----------
*Nonparametric trim-and-fill analysis of publication bias
. meta trimfill, eform funnel(contours(1 5 10))

 Effect-size label:  Log Odds-Ratio
       Effect size:  _meta_es
         Std. Err.:  _meta_se

Nonparametric trim-and-fill analysis of publication bias
Linear estimator, imputing on the left

Iteration                          Number of studies =      47
  Model: Random-effects                     observed =      37
  Method: REML                               imputed =      10
```

```
Pooling
  Model: Random-effects
  Method: REML

----------------------------------------------------------------
          Studies |   Odds Ratio   [95% Conf. Interval]
------------------+---------------------------------------------
         Observed |     3.752        2.805       5.018
Observed + Imputed |     2.815        2.067       3.832
----------------------------------------------------------------
```

三、meta trimfill練習題

```
* 開啟網站資料檔
. use metatrim.dta, clear
. meta set stdmdiff se

* Perform the trim-and-fill analysis of publication bias
. meta trimfill

* As above, but request the rightmost-run estimator to estimate the number of
missing studies
. meta trimfill, estimator(run)

* As above, but request afunnel plotof the observed and imputed studies
. meta trimfill, estimator(run)funnel

* As above, but request a contour-enhancedfunnel plot
. meta trimfill, estimator(run)funnel(contour(1 5 10))

* Specify that overall effect-size estimation be based on the fixed-
effect inverse-variance method during iteration step and * random-effects
DerSimonian-Laird method during pooling step of the trim-and-fill algorithm
. meta trimfill, itermethod(fixed)poolmethod(dlaird)
```

4-3 型 5（連續）：「相關係數 r、樣本數 n」（2 變數）的 Meta 分析（metan、admetan、forestplot 外掛指令）

讀入效果量之積差相關 r_i，有二個方法：

1. 直接輸入，積差相關 r_i 當效果量。其公式為：$r_i = \dfrac{\sum (Z_x Z_y)}{N_i}$ 或

$$r = \frac{n(\Sigma xy) - (\Sigma x)(\Sigma y)}{\sqrt{[n\Sigma x^2 - (\Sigma x)^2][n\Sigma y^2 - (\Sigma y)^2]}}$$

2. 亦可用下列公式，求出 r 值：

(1) $R_i = \sqrt{\dfrac{t^2}{t^2 + df}}$ 　　$df = n_1 + n_2$

(2) $R_i = \sqrt{\dfrac{F}{F + df(e)}}$ 　　$df(e) = n_1 + n_2 - 2$

(3) $R_i = \sqrt{\dfrac{x^2}{N}}$ 　　$N = n_1 + n_2$

(4) $R_i = \dfrac{d}{\sqrt{d^2 + \dfrac{4(N+2)}{N}}}$ 　　$N = n_1 + n_2$

　　metan 指令可進行 Meta 分析及繪圖功能，以利於閱讀。metan 命令可分析：(1)「實驗組 vs. 控制組」兩組的 binary（事件發生嗎）；(2) 或連續數據進行資料格式的適配挑選。Metan 的 Meta 分析可對：具有相對應之標準誤 (standard errors) 或信賴區間 (confidence intervals) 的介入 (intervention) 效果進行估計。它有幾種 Meta 資料格式可選用，且 Meta 結果會以森林圖 (forest plot) 來顯示「總體平均效果、異質性檢定」，即 (1) 對 null 假設「summary 效果度量是否等於 0」進行檢定；(2) 進行異質性 Q 檢定（所有研究的真實效果是否相同）。異質性檢定亦會印出 I^2 值 (Higgins et al., 2003)。

定義：標準差 (standard deviation)

標準差是指在抽樣試驗（或重複的等精度測量）中，常用到樣本平均數的標準差。標準差與標準誤是兩個不同的概念。標準差爲每個樣本與樣本平均值的偏差 (deviation)，用來描述一組樣本的分散情形。

標準差是當前應用最廣泛、最基本的一種隨機誤差的表示方法，當標準差求得後，平均誤差及極限差即可求得，故國際上普遍採用標準差作爲實驗結果質量的數字指標，同時按國際計量局建議，不確定度用標準差 σ 表徵（或變異數 σ^2 表徵）。由此可知，標準差在數據處理上的作用十分重要。

Excel 的計算公式爲：= STDEV (number1, [number2], ...)

$$SD = \sqrt{\frac{\sum |x - \bar{x}|^2}{n}}$$

定義：標準誤 (standard errors) = 平均值的標準誤差 (standard error of the mean)

標準誤差，也稱標準誤，即樣本平均數抽樣分布的標準差，是描述對應的樣本平均數抽樣分布的離散程度及衡量對應樣本平均數抽樣誤差大小的尺度。

當我們想了解一個大群體（或稱母群體；population）的資料特性，但礙於人力、經費與時間等現實因素，常常無法收集到母群體完整的資訊，於是會藉由抽取一部分的樣本以代表母群體，並利用抽樣結果描述母群體，而每次的抽樣結果與母裙體間的偏差即爲標準誤。

記作：

$$SE_{\bar{x}} = \frac{s}{\sqrt{n}} \text{ 或 } \sigma_{\bar{N}} = \frac{\sigma}{\sqrt{n}} = \sqrt{\frac{\sum v_i^2}{n(n-1)}}$$

可見，標準誤是量測樣本分配的變異程度。標準差是用以量測樣本之分散性質。標準誤是量測樣本分配之分散性質。標準誤即是在大量樣本自母群被取樣之後，用以代表樣本平均值分散性。

metan 是「main Meta-analysis routine」的縮寫。它需要宣告 2 個、3 個、4 個或 6 個變數。

1. 當界定 4 個變數時，它們對應於實驗組中「事件 vs. 非事件」的數量，然後是對照組中的「事件 vs. 非事件」的數量，並且在 2×2 交叉表上執行 binary 數據分析。

● 表 4-7　case-control 二組配對之「有 event vs. 無 event」的人數

實驗組	（吃新藥的case組）	控制組	（安慰劑的對照組）
有event（死）	無event（活）	有event（死）	無event（活）
.	.	.	.
.	.	.	.
.	.	.	.
.	.	.	.

2. 假設 metan 搭配 6 個變數，則數據爲連續數據，分別爲實驗組及對照組的樣本數、平均值及標準差 (SD)。

● 表 4-8　case-control 二組配對之「有 event vs. 無 event」的人數

實驗組		（吃新藥的case組）	控制組		（安慰劑的對照組）
人數n	平均數M	標準差SD	人數n	平均數M	標準差SD
.	.	.	.	.	.
.	.	.	.	.	.
.	.	.	.	.	.
.	.	.	.	.	.

3. 若 metan 搭配 3 個變數，則假定這些變數爲「效果估計值及信賴區間上限、下限」。並使用 eform 選項來對這些變數進行 odds ratios 或 risk ratio 做對數轉換。

4. 若 metan 搭配 2 個變數，則將其假定爲效果估計值 (ES) 及標準誤。再者，建議對 odds ratios 或 risk ratios 進行對數轉換。

一、metan指令執行後，會在資料檔中新產生6的系統計變數

_ES	Effect size(ES)
_seES	Standard error of ES 或，when OR or RR are specfied:
_selogES	the standard error of its logarithm
_LCI	Lower confidence limit for ES
_UCI	Upper confidence limit for ES
_WT	Study percentage weight
_SS	Study sample size

二、metan指令語法

metan *varlist* [*if*] [*in*] [*weight*] [, *measure_and_model_options options_for_continuous_data output_options forest_plot_options*]

where *measure_and_model_options* may be

or rr rd fixed random fixedi peto cornfield chi2 breslow <u>noint</u>**eger cc(#) wgt(***weightvar***) second(***model or estimates and description***) first(***estimates and description***)**

and where *options_for_continuous_data* may be

cohen hedges glass nostandard fixed random

and where *output_options* may be

by(*byvar***) nosubgroup sgweight log eform efficacy** <u>i</u>**level(#)** <u>o</u>**level(#) sortby(***varlist***) label(***namevar yearvar***) nokeep notable nograph nosecsub**

and where *forest_plot_options* may be

legend(*string***)** <u>xlab</u>**el(#,...)** <u>xt</u>**ick(#,...) boxsca(#) nobox nooverall nowt nostats group1(***string***) group2(***string***) effect(***string***) force**

...with further *forest_plot_options* in the version 9 update

lcols(*varlist***) rcols(***varlist***) astext(#) double nohet summaryonly rfdist** <u>rfl</u>**evel(#) null(#) nulloff favours(***string # string***) firststats(***string***) secondstats(***string***) boxopt() diamopt() pointopt() ciopt() olineopt() classic nowarning** *graph_options*

labbe *varlist* [**if** *exp*] [**in** *range*] [*weight*] [, **nowt** <u>per</u>**cent or(#) rr(#) rd(#) null logit wgt(***weightvar***) symbol(***symbolstyle***) nolegend id(***idvar***) textsize(#) clockvar(***clockvar***) gap(#)** *graph_options*

(1) Specifying the measure and model

These options apply to <u>binary data</u>.

rr pools risk ratios (the default).

or pools odds ratios.

rd pools risk differences.

fixed specifies a fixed effect model using the method of Mantel and Haenszel (the default).

fixedi specifies a fixed effect model using the inverse variance method.

peto specifies that Peto's method is used to pool odds ratios.

random specifies a random effects model using the method of DerSimonian & Laird, with the estimate of heterogeneity being taken from the from the Mantel-Haenszel model.

randomi specifies a random effects model using the method of DerSimonian and Laird, with the estimate of heterogeneity being taken from the inverse-variance fixed-effect model.

cornfield computes confidence intervals for odds ratios by method of Cornfield, rather than the (default) Woolf method.

chi2 displays chi-squared statistic (instead of z) for the test of significance of the pooled effect size. This is available only for odds ratios pooled using Peto or Mantel-Haenszel methods.

breslow produces Breslow-Day test for homogeneity of ORs.

(2) Continuous data

cohen pools standardised mean differences by the method of Cohen (the default).

hedges pools standardised mean differences by the method of Hedges.

glass pools standardised mean differences by the method of Glass.

nostandard pools unstandardized mean differences.

fixed specifies a fixed-effects model using the inverse variance method (the default).

random specifies a random-effects model using the DerSimonian and Laird method.

nointeger denotes that the number of observations in each arm does not need to be an integer. By default, the first and fourth variables specified (containing N_intervention and N_control respectively) may occasionally be noninteger (see entry for **nointeger** under binary data).

(3) Output

by(_byvar_**)** specifies that the meta-analysis is to be stratified according to the variable declared.

sgweight specifies that the display is to present the percentage weights within each subgroup separately. By default **metan** presents weights as a percentage of the overall total.

log reports the results on the log scale (valid for OR and RR analyses from raw data counts only).

nosubgroup indicates that no within-group results are to be presented. By default **metan** pools trials both within and across all studies.

eform exponentiates all effect sizes and confidence intervals (valid only when the input variables are log odds-ratios or log hazard-ratios with standard error or confidence intervals).

(4) Forest plot

effect(_string_**)** may be used when the effect size and its standard error are declared. This allows the graph to name the summary statistic used.

nooverall revents display of overall effect size on graph (automatically enforces the **nowt** option).

nowt prevents display of study weight on the graph.

nostats prevents display of study statistics on graph.

counts (_v9 update_) displays data counts (n/N) for each group when using binary data, or the sample size, mean, and SD for each group if mean differences are used (the latter is a new feature).

group1(_string_**)**, **group2(**_string_**)** may be used with the **counts** option; the text should contain the names of the two groups.

xlabel() (_v9 update_) defines x-axis labels. This has been modified so that any number of points may defined. Also, there are no longer any checks made as to whether these points are sensible, so the user may define anything if the **force** option is used. Points must be comma separated.

xtick() adds tick marks to the x axis. Points must be comma separated.

force forces the x-axis scale to be in the range specified by **xlabel()**.

boxsca() (*v9 update*) controls box scaling. This has been modified slightly so that the default is 100 (as in a percentage) and may be
    increased or decreased as such (e.g., 80 or 120 for 20% smaller or larger respectively)

nobox prevents a "weighted box" being drawn for each study and markers for point estimates only are shown.

texts() (*v9 update*) specifies font size for text display on graph. This has been modified slightly so that the default is 100 (as in
    a percentage) and may be increased or decreased as such (e.g., 80 or 120 for 20% smaller or larger, respectively)

三、metan範例

本例是相關係數 r 的 Meta 分析，6 篇個別研究的數據如下：

Step 1：輸入「積差相關 r 及人數 n」

```
* 存在「積差相關 r- 人數 n 型 .do」指令批次檔
* 效果量是積差相關 r- 人數 n 型
input str10 study year r n
Natak     1992  .40   50
Bundhi    1998  .50  100
Rashnam   2001  .40   18
Chetram   2002  .20  730
Sankaram  2008  .70   44
Chetty    2016  .45   28
end
```

Step 2：輸入「積差相關 r」轉成正規化的 Fisher's Z_r，並求出 standard error。

```
. generate z = .5 * ln((1 + r)/(1 - r))
. generate sez = sqrt(1/(n - 3))
```

Step 3：用 metan 指令，執行 Meta 分析

```
. metan z sez, label(namevar = study, yearvar = year)
```

Meta 分析結果如圖 4-43。

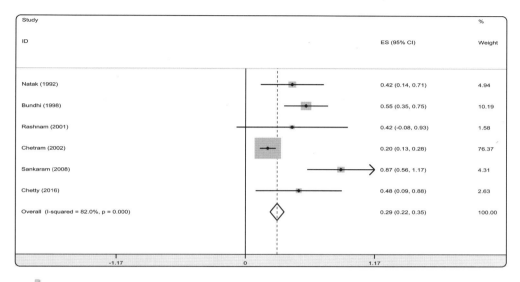

圖 4-43 「metan z sez, label(namevar = study, yearvar = year)」分析結果

　　但是，Meta-analyses 的慣例，似乎是將 Fisher's Zr 效果量轉回用於表示目的的相關性。

　　我建議使用 Fisher's Zr 變換或將相關性 r 轉換為 Cohen's delta 效果量。

　　但是，如果要在森林圖中將結果表示為相關性，則代入 r 的標準誤，公式為：

$$SE\ of\ r\ =\ sqrt(1-r)\ /\ n-2$$

　　請注意，r 到 Z_r 的轉換實際上是反雙曲正切 (inverse hyperbolic tangent)，因此，如果對 Zr 值進行 Meta 分析，則可用雙曲正切 (hyperbolic tangent) 將合併的估計轉換回原始比例。對應的 Stata 函數是 atanh()、tanh()。

　　以下是本例的數據：

Step 4：用 metan 指令，求出總平均 r 值及 95%CI

```
. clear
input str10 study year r n
Natak    1992 .40  50
Bundhi   1998 .50 100
```

```
Rashnam  2001 .40  18
Chetram  2002 .20 730
Sankaram 2008 .70  44
Chetty   2016 .45  28
end
*r-to-z = inverse hyperbolic tangent
. generate z = atanh(r)
. generate sez = sqrt(1/(n - 3))
. metan z sez, label(namevar = study, yearvar = year)
```

Study	ES	[95% Conf. Interval]		% Weight
Natak(1992)	0.424	0.138	0.710	4.94
Bundhi(1998)	0.549	0.350	0.748	10.19
Rashnam(2001)	0.424	-0.082	0.930	1.58
Chetram(2002)	0.203	0.130	0.275	76.37
Sankaram(2008)	0.867	0.561	1.173	4.31
Chetty(2016)	0.485	0.093	0.877	2.63
I-V pooled ES	0.288	0.225	0.352	100.00

```
  Heterogeneity chi-squared =  27.78(d.f. = 5)p = 0.000
  I-squared(variation in ES attributable to heterogeneity)=  82.0%

  Test of ES=0 : z=   8.90 p = 0.000

. display _newline " Pooled estimate of r = " tanh(r(ES))_newline "Lower Limit
of 95% CI = " tanh(r(ci_low))_newline "Upper Limit of 95% CI = " tanh(r(ci_
upp))
```

*求出總平均 r 值及 95%CI（未含 0 值），故本例實驗組 - 控制組總效果達顯著水準
```
Pooled estimate of r = .28071524
Lower Limit of 95% CI = .22121715
Upper Limit of 95% CI = .33813133
```

Step 5：使用 admetan、forestplot 指令

　　接再，再使用 admetan、forestplot 指令，程式如下：

```
. clear

input str10 study year r n
Natak    1992 .40  50
Bundhi   1998 .50 100
Rashnam  2001 .40  18
Chetram  2002 .20 730
Sankaram 2008 .70  44
Chetty   2016 .45  28
end

* 轉 r-to-z = inverse hyperbolic tangent
. generate z = atanh(r)
. generate sez = sqrt(1/(n - 3))

. admetan z sez

. display _newline " Pooled estimate of r = " tanh(r(eff))_newline "Lower
Limit of 95% CI = " tanh(r(eff)-(1.96 * r(se_eff)))_newline "Upper Limit of
95% CI = " tanh(r(eff)+(1.96 * r(se_eff)))

* Prepare data for -forestplot-
. generate _USE = 1

* Generate CI's for r
. generate lb = tanh(_LCI)
. generate ub = tanh(_UCI)

* Generate study labels for -forestplot-
. generate _LABELS = study + "(" + string(year, "%02.0f")+ ")"

. label var n "Sample size"

* 加 effect size to data set
. local new = _N + 1
. set obs `new'
. replace _LABELS = "{bf:Overall}"                    if _n == _N
. replace r       = tanh(r(eff))                    if _LABELS == "{bf:Overall}"
. replace lb      = tanh(r(eff)-(1.96 * r(se_eff)))if _LABELS == "{bf:Overall}"
```

```
. replace ub      = tanh(r(eff)+(1.96 * r(se_eff)))if _LABELS == "{bf:Overall}"
. replace _USE    = 5                              if _LABELS == "{bf:Overall}"

* 繪Forest plot，結果如下圖：
. forestplot r lb ub, nonull effect("Correlation")rcol(n)leftjustify nowt

Note: option use(varname)not specified; using default varname _USE
Note: option wgt(varname)not specified; using default varname _WT
Note: option labels(varname)not specified; using default varname _LABELS
```

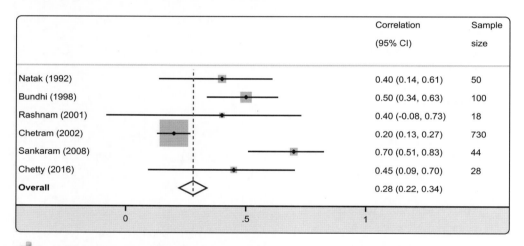

🔊 **圖 4-44** 「forestplot r lb ub, nonull effect("Correlation")rcol(n)leftjustify nowt」繪出 Forest plot

Step 6：比較「求得 SE 或 r 的方法」與 Bruce Weaver 的 r-z 轉換法

透過固定效果之 Meta 分析，得到相似（但不完全相同）的結果。但是，注意到異質性相對較高（異質性卡方 (I^2) = 81.8%），表明可能需要改用隨機效果方法。

(1) 使用固定效果方法時，求總體平均 r 效果量為 0.296 [.236, .356]，使用 r-z 轉換方法生成的效果為 0.288 [.225, .352]。

(2) 使用隨機效果方法，總體平均 r 效果量增加到 0.435 [.240, .631]。

程式如下：

```
. clear
*讀入相關 r, 樣本數 n
input str10 study year r n
Natak     1992 .40  50
Bundhi    1998 .50 100
Rashnam   2001 .40  18
Chetram   2002 .20 730
Sankaram  2008 .70  44
Chetty    2016 .45  28
end

* Estimate SE of r and format r and SEr
. gen SEr = sqrt((1 - r^2)/(n - 2))
. format r SEr %4.3f

* Generate Study var and labels
. generate Study = study + "(" + string(year, "%02.0f")+ ")"
. label var n "Sample size"

* Fixed effects Meta-analysis assuming homogeneity of effects
. metan r SEr, lcols(Study)rcols(SEr n)astext(85)xlabels(0(.25)1)
name(forestfixd, replace)
```

Study		ES	[95% Conf. Interval]		% Weight
Natak(1992)		0.400	0.141	0.659	5.29
Bundhi(1998)		0.500	0.329	0.671	12.10
Rashnam(2001)		0.400	-0.049	0.849	1.76
Chetram(2002)		0.200	0.129	0.271	70.21
Sankaram(2008)		0.700	0.484	0.916	7.62
Chetty(2016)		0.450	0.107	0.793	3.02
I-V pooled ES		0.296	0.236	0.356	100.00

```
  Heterogeneity chi-squared =  27.47(d.f. = 5)p = 0.000
  I-squared(variation in ES attributable to heterogeneity)=  81.8%
```

```
 Test of ES=0 : z=    9.73 p = 0.000

* Random effects meta-analysis assuming heterogeneity of effects
. metan r SEr, random lcols(Study)rcols(SEr n)astext(85)xlabels(0(.25)1)
name(forestrand, replace)


           Study     |    ES    [95% Conf. Interval]    % Weight
-------------------+--------------------------------------------------
Natak(1992)        |  0.400     0.141      0.659          16.36
Bundhi(1998)       |  0.500     0.329      0.671          19.54
Rashnam(2001)      |  0.400    -0.049      0.849          10.37
Chetram(2002)      |  0.200     0.129      0.271          22.33
Sankaram(2008)     |  0.700     0.484      0.916          17.95
Chetty(2016)       |  0.450     0.107      0.793          13.44
-------------------+--------------------------------------------------
D+L pooled ES      |  0.435     0.240      0.631         100.00
-------------------+--------------------------------------------------

 Heterogeneity chi-squared =  27.47(d.f. = 5)p = 0.000
 I-squared(variation in ES attributable to heterogeneity)= 81.8%
 Estimate of between-study variance Tau-squared = 0.0431

 Test of ES=0 : z=    4.37 p = 0.000

* Combined fixed and random effects forest plots，結果如下圖：
. graph combine forestfixd forestrand, ysize(3)xsize(6)name(ROcombined,
replace)
```

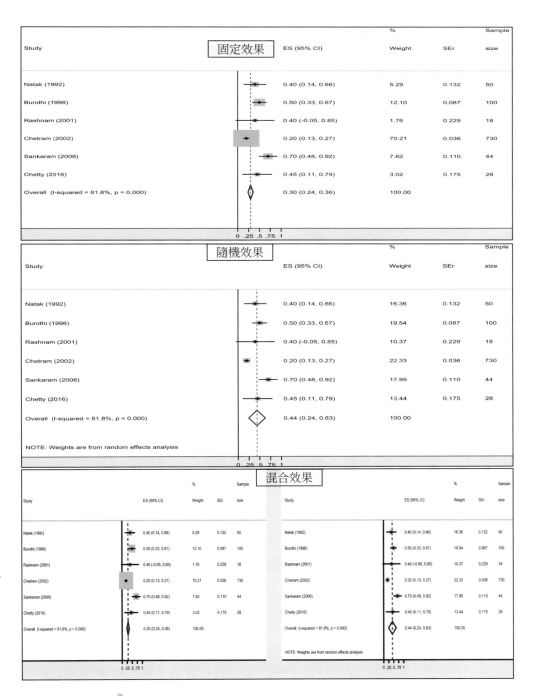

圖 4-45　混合「fixed and random effects」森林圖

4-4 型6（離散、連續）：處理組（case 組吃新藥）vs. 控制組（control 組吃安慰劑）：4 變數、6 變數、2 變數、3 變數（metan 指令）

Google 搜尋的「Converting effect sizes.xls」程式，可自動轉換本例各種效果量的轉換。

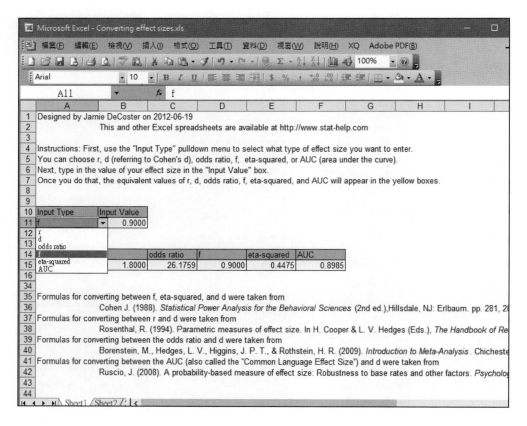

圖 4-46　「Converting effect sizes.xls」程式

metan 外掛指令，可直接讀入「case 組（死，倖存者人數）vs. 對照組（死，倖存者人數）」4 變數外，亦可將「case 組（死，倖存者人數）vs. 對照組（死，倖存者人數）」轉換成 odds ratio 這類格式 (format) 之後，再執行 Stata 做 Meta 分析。

　　本例原本格式是 case-control 2 組配對之「有 event vs. 無 event」的人數（4 變數），再轉成 Odds ratio 及 95%CI 的下限及上限（3 變數）。

1. 勝算 (odds)：發生某事件的人數與未發生該事件人數的比值。

2. 勝算比 (odds ratio, OR)：在病例對照研究中，實驗組中發生疾病的勝算與控制組中發生疾病的勝算比值，或罹患疾病的病患暴露於某變因的勝算除以控制組暴露的勝算。

OR 例子：

	adverse event occurs (disease) 有事件 / case 組		adverse event doesn't occur (non disease) 無事件 / control組		totals
exposed to treatment （實驗組）暴露組	1人	a	b	19人	合計20 a + b
not exposed to treatment （對照組）未暴露組	4人	c	d	16人	合計20 c + d
	合計5	a + c	b + d	合計35	總計40 a + b + c + d

　　實驗組 event odds = a/b = 1/19 = 0.053

　　控制組 event odds = c/d = 4/16 = 0.25

　　相對風險 (Relative risk) = EER/CER = 0.05 / 0.20 = 0.25

　　勝算比 (Relative odds) = odds ratio = (a/b)/(c/d) = ad/bc = 0.21

　　接著，計算信賴區間 (confidence interval)，我們使用 log odds ratio, log(or) = log(a*d/b*c)，並計算其標準誤：

$$se(\log(or)) = \sqrt{1/a + 1/b + 1/c + 1/d}$$

信賴區間 (ci) 公式為：

$$ci = \exp(\log(or) \pm Z_{\alpha/2} \times \sqrt{1/a + 1/b + 1/c + 1/d})$$

其中 $Z_{\alpha/2}$ 是常態分布在 $\alpha/2$ 處的臨界值。例如：當信賴度為 95% 時，α 為 0.05，臨界值為 1.96。

Google 搜尋有「CIcalculator.xls」之「a proportion or odds」可自動求出 OR 值的 95%CI。

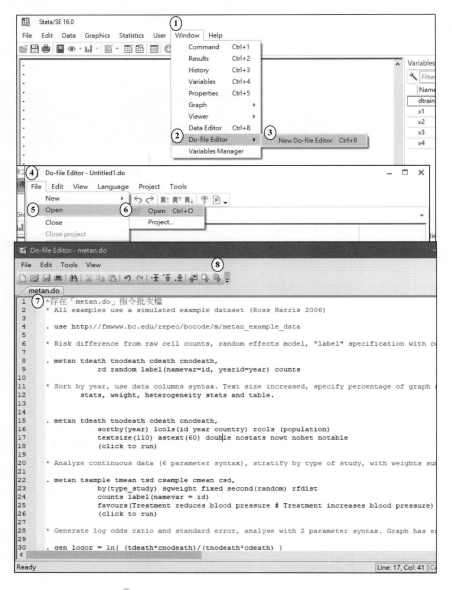

圖 4-47　「metan.do」指令批次檔

範例：世代研究，旨在探討「暴露組—非暴露組」的相對風險有無顯著差
　　異

　　世代研究 (cohort study) 又稱追蹤性研究、前瞻性研究或縱貫性研究，是一
種探索病因的流行病學研究方法。其做法是在人群中抽取一個樣本，按是否暴露
於某種可疑病因（危險因子）或暴露 (exposed) 程度分組，經過一段追蹤觀察，
最後比較各組的發病率或死亡率，對因果關係做出估計。世代研究適用於發病率
較高的疾病，也適用於環境汙染對健康影響的評價。該方法的優點是在兩組對比
中（開始時的健康狀況一樣）直接觀察致病因子與發病的關係，不存在回憶性偏
差，且能計算發病率、死亡率及相對危險性。缺點是觀察時間長，可能發生失訪
偏差；如觀察發病率低的疾病則需大量人力，費用高、時間長。

1. 世代研究者一開始先選定一群健康的人，以有興趣的主題（暴露）分為暴露
　 組及非暴露組，並追蹤這兩組以比較兩組的疾病發生率。

2. 例如：一開始選定一群沒有病的人，分成暴露組與非暴露組，暴露組吸菸，
　 非暴露組不吸菸，20 年後再進行追蹤比較兩組的疾病發生率。

3. 優點：可追蹤研究對象的疾病自然史及估算疾病的發生率及相對危險性，時
　 序性清楚、可研究一種暴露對多種疾病的關係。

4. 缺點：費錢耗時且通常需要較大的樣本，尤其是潛伏期長或發病率低的疾病。

(一) 問題說明

　　對比「實驗組（exposed組）vs. 控制組（unexposed組）」之處理效果量 (effect
size) 是否有達到顯著？（分析單位：個別研究之論文）

　　研究者收集數據，將其整理成「metan_example_data.dta」資料檔。

(二) 資料檔之內容

　　「metan_example_data.dta」資料檔內容內容如圖 4-48。

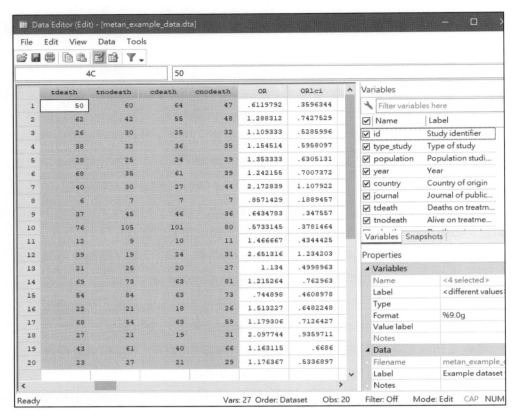

圖 4-48　「metan_example_data」資料檔內容（N = 20 篇之個別研究）

表 4-9　case-control 二組配對之「有 event vs. 無 event」的人數

實驗組(exposed)	（暴露組）	控制組（unexposed）	（非暴露組）
有event（死） tdeath計數變數	無event（活） tnodeath計數變數	有event（死） cdeath計數變數	無event（活） cnodeath計數變數
.	.	.	.
.	.	.	.
.	.	.	.
.	.	.	.

　　本例讀入的 4 個變數，其對應之 risk ratio 如下：

	死（disease）	活(no disease)	合計
暴露組(exposed)	a人（tdeath變數）	b人（tnodeath變數）	a + b
未暴露組(unexposed)	c人（cdeath變數）	d人（cnodeath變數）	c + d
	a + c	b + d	a + b + c + d人

其中

tdeath：治療死亡（暴露組）

tnodeath：經治療活著（暴露組）

cdeath：死亡未接受治療（未暴露組）

cnodeath：未治療未存活（未暴露組）

$$risk\ ratio = [a / (a + b)] / [c / (c + d)]$$
$$risk\ ratio = risk_{exposed} / risk_{unexposed}$$

資料檔的變數變換

本例資料檔「metan_example_data.dta」，最原始格式是：

1. 離散依變數：「暴露組（實驗組）─非暴露組（控制組）」2組「死 vs. 活」格式（4變數）。
2. 連續依變數：「暴露組（實驗組）─非暴露組（控制組）」各組「n,M,SD」格式（6變數）。

再由上述2種格式，轉成下列2種格式之一：

1. 「log (OR)、$SE_{log(OR)}$」格式（2變數）。
2. odds ratio、勝算比95%CI下限及上限（3變數）。

觀察資料之特徵

```
* 開啟資料檔
. use metan_example_data.dta, clear

* 各變數的描述
. describe
```

```
Contains data from D:\CD\metan_example_data.dta
  obs:            20                    Example dataset for meta-
analyses, Ross Harris 2006
  vars:           27                         11 Dec 2006 11:17
-------------------------------------------------------------------
              storage   display   value
variable name type      format    label      variable label
-------------------------------------------------------------------
id            str14     %14s       Study identifier
type_study    str54     %54s       Type of study
population    str36     %36s       Population studied, or source of controls
year          int       %8.0g      Year
country       str12     %12s       Country of origin
journal       str46     %46s       Journal of publication
tdeath        byte      %9.0g      Deaths on treatment(exposed)
tnodeath      int       %9.0g      Alive on treatment(exposed)
cdeath        int       %9.0g      Deaths not on treatment(unexposed)
cnodeath      byte      %9.0g      Alive not on treatment(unexposed)
OR            float     %9.0g      Odds ratio
ORlci         float     %9.0g      Lower 95% CI
ORuci         float     %9.0g      Upper 95% CI
RR            float     %9.0g      Risk Ratio
RRlci         float     %9.0g      Lower 95% CI
RRuci         float     %9.0g      Upper 95% CI
tsample       int       %9.0g      Number treated(exposed)
tmean         float     %9.0g      Mean in treated(exposed)
tsd           float     %9.0g      Standard deviation in treated(exposed)
csample       int       %9.0g      Number not treated(unexposed)
cmean         float     %9.0g      Mean in untreated(unexposed)
csd           float     %9.0g      Standard deviation in untreated(unexposed)
n_positives   float     %9.0g
percent       float     %9.0g
lowerci       float     %9.0g
upperci       float     %9.0g
bweight       float     %9.0g
-------------------------------------------------------------------
```

(三) 分析結果與討論

Step 1：用「實驗組—控制組」二組之「event vs. non-event」格式（4 變數）來進行 Meta 分析

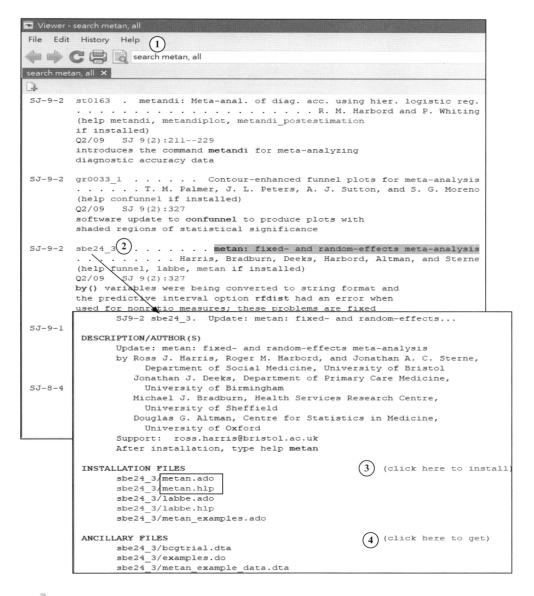

圖 4-49　用「findit metan」安裝 metan 外掛指令之畫面（Stata v14 可用）

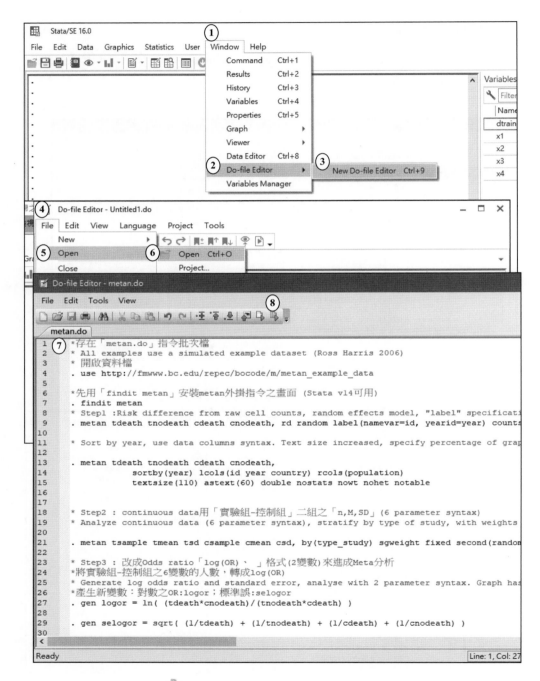

圖 4-50　「metan.do」指令批次檔

Step 2：世代研究，用「暴露組（實驗組）—非暴露組（控制組）」2 組「死
　　　　vs. 活」格式（4 變數）來進行 Meta 分析

```
* 存在「metan.do」指令批次檔
* All examples use a simulated example dataset(Ross Harris 2006)
* 開啟資料檔
. use http://fmwww.bc.edu/repec/bocode/m/metan_example_data

* 先用「findit metan」安裝 metan 外掛指令之畫面 (Stata v14 可用 )
. findit metan
* Step 1 : Risk difference from raw cell counts, random effects model, "label"
specification with counts displayed
. metan tdeath tnodeath cdeath cnodeath, rd random label(namevar=id,
yearid=year)counts


              Study    |    RD     [95% Conf. Interval]    % Weight
-------------------+---------------------------------------------------
AHS 60-80          |  -0.122    -0.253     0.009            6.29
Ohno               |   0.062    -0.073     0.197            6.10
CA,USA 81-85       |   0.026    -0.158     0.209            4.29
Walker             |   0.036    -0.129     0.201            4.90
Ghadirian          |   0.075    -0.114     0.265            4.10
Ewings             |   0.050    -0.082     0.183            6.22
Hayes              |   0.191     0.029     0.353            5.00
SWE 71-75          |  -0.038    -0.415     0.338            1.39
Hartman            |  -0.110    -0.262     0.042            5.37
AHS                |  -0.138    -0.240    -0.036            7.75
Lee                |   0.095    -0.205     0.396            2.05
Hsieh              |   0.236     0.058     0.414            4.45
ATBC               |   0.031    -0.171     0.233            3.77
CARET              |   0.048    -0.067     0.164            7.04
Lifespan study     |  -0.072    -0.189     0.045            6.96
Joseph             |   0.103    -0.106     0.311            3.61
Friedenreich       |   0.041    -0.084     0.166            6.56
Allen              |   0.183    -0.012     0.377            3.97
Weinstein          |   0.036    -0.096     0.168            6.22
King               |   0.040    -0.154     0.234            3.97
-------------------+---------------------------------------------------
D+L pooled RD      |   0.027    -0.020     0.074          100.00
-------------------+---------------------------------------------------
```

Heterogeneity chi-squared = 33.81(d.f. = 19)p = 0.019
  I-squared(variation in RD attributable to heterogeneity)= 43.8%
Estimate of between-study variance Tau-squared = 0.0048

  Test of RD=0 : z= 1.13 p = 0.261
* 求得兩組總平均效果，並未達顯著差異 (z=1.13，p>0.05)，森林圖如下圖。

* Sort by year, use data columns syntax. Text size increased, specify
percentage of graph as text and two lines per study; suppress stats, weight,
heterogeneity stats and table.

. metan *tdeath tnodeath cdeath cnodeath*,
        sortby(*year*)lcols(*id year country*)rcols(*population*)
        textsize(110)astext(60)double nostats nowt nohet notable
*(Meta 結果略)

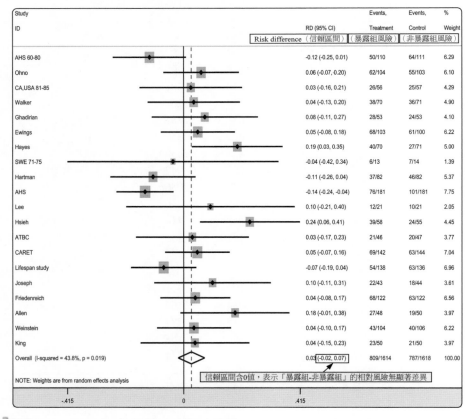

圖 4-51 「metan tdeath tnodeath cdeath cnodeath, rd random label(namevar
= id, yearid = year)counts」森林圖

Step 3：改用「暴露組（實驗組）—非暴露組（控制組）」各組「n, M, SD」格式（6
變數）來進行 Meta 分析

```
* 存在「metan.do」指令批次檔
* All examples use a simulated example dataset(Ross Harris 2006)
* 開啟資料檔
. use metan_example_data.dta, clear

* Step 2：continuous data 用「暴露組（實驗組）- 非暴露組（控制組）」二組之「n,M,SD」
(6 parameter syntax)
* Analyze continuous data(6 parameter syntax), stratify by type of study, with
weights summing to 100 within sub group, second analysis specified, display
random effects distribution, show raw data counts, display "favours treatment
vs. favours control" labels

* 查看暴露組「n,M,SD」、非暴露組「n,M,SD」共 6 個連續變數
. sum tsample tmean tsd csample cmean csd

    Variable |       Obs        Mean    Std. Dev.       Min         Max
-------------+-------------------------------------------------------------
     tsample |        20        80.7    43.62291         13         181
       tmean |        20    2.054366    .4320013    1.324313    3.197994
         tsd |        20    2.897046    .7480175    2.005253    4.656986
     csample |        20        80.9    43.41828         14         181
       cmean |        20    1.970112    .3859252    1.252714    2.789855
-------------+-------------------------------------------------------------
         csd |        20    2.728405    .5514754    2.036935    4.207645

. metan tsample tmean tsd csample cmean csd, by(type_study)sgweight fixed
second(random)rfdist counts label(namevar = id)favours(Treatment reduces blood
pressure # Treatment increases blood pressure)
*(Meta 結果略)
```

Step 4：改成 Odds ratio「log (OR)、$SE_{\log(OR)}$」格式（2 變數）來進成 Meta 分析

```
* 存在「metan.do」指令批次檔
* All examples use a simulated example dataset(Ross Harris 2006)
* 開啟資料檔
. use metan_example_data.dta, clear

* Step 3：改成 Odds ratio「log(OR)、SE_log(OR)」格式（2 變數）來進行 Meta 分析
* 將「暴露組（實驗組）- 非暴露組（控制組）」之 6 變數的人數，轉成
* Generate log odds ratio and standard error, analyse with 2 parameter syntax.
Graph has exponential form, scale is forced within set limits and ticks added,
effect label specified.

. gen logor = ln((tdeath*cnodeath)/(tnodeath*cdeath))

. gen selogor = sqrt((1/tdeath)+(1/tnodeath)+(1/cdeath)+(1/cnodeath))

. metan logor selogor, eform xlabel(0.5, 1, 1.5, 2, 2.5)
            force xtick(0.75, 1.25, 1.75, 2.25)effect(Odds ratio)
*(Meta 結果略 )
```

Step 5：改成「暴露組—非暴露組」之「OR 比、95%CI」格式（3 變數）來進行
        Meta 分析

```
* 存在「metan.do」指令批次檔
* All examples use a simulated example dataset(Ross Harris 2006)
* 開啟資料檔
. use metan_example_data.dta, clear
* Step 4：改成「OR 比、95%CI 上下限」格式（3 變數）來進行 Meta 分析
* Display diagnostic test data with 3 parameter syntax. Weight is number of
positive diagnoses, axis label set, and null specified at 50%. Overall effect
estimate is not displayed, graph for visual examination only.
. metan percent lowerci upperci, wgt(n_positives)
            xlabel(0,10,20,30,40,50,60,70,80,90,100)force
            null(50)label(namevar=id)nooverall notable
            title(Sensitivity, position(6))
```

```
* User has analysed data with a nonstandard technique and supplied effect
estimates, weights and description of statistics. The scheme "Economist" has
been used.
. metan OR ORlci ORuci, wgt(bweight)
            first(0.924 0.753 1.095 Bayesian)
            firststats(param V=3.86, p=0.012)
            label(namevar=id)
            xlabel(0.25, 0.5, 1, 2, 4)force
            null(1)aspect(1.2)scheme(economist)
*(meta 結果略)
* Variable counts defined showing raw data. Options to change the box, effect
estimate marker and confidence interval used, and the counts variable has been
attached to the estimate marker as a label.

. gen counts = ". " + string(tdeath)+ "/" + string(tdeath+tnodeath)
            + ", " + string(cdeath)+ "/" + string(cdeath+cnodeath)

. metan tdeath tnodeath cdeath cnodeath, lcols(id year)notable
boxopt( mcolor(forest_green)msymbol(triangle))
pointopt( msymbol(triangle)mcolor(gold)msize(tiny)mlabel(counts)
mlabsize(vsmall)mlabcolor(forest_green)mlabposition(1))ciopt( lcolor(sienna)
lwidth(medium))
*(Meta 結果略)
```

Step 6：改成「暴露組—非暴露組」二組「死 vs. 亡」格式（4 變數），附加註解
　　　　再進行 Meta 分析

```
* 存在「metan.do」指令批次檔
* All examples use a simulated example dataset(Ross Harris 2006)
* 開啟資料檔
. use metan_example_data.dta, clear

* Step 5 : 改成「case-control」二組「死 vs. 亡」格式（4 變數），附加註解再進行
Meta 分析
* Variable counts defined showing raw data. Options to change the box, effect
estimate marker and confidence interval used, and the counts variable has been
attached to the estimate marker as a label.
```

```
. gen counts = ". " + string(tdeath)+ "/" + string(tdeath+tnodeath)
          + ", " + string(cdeath)+ "/" + string(cdeath+cnodeath)
```

*「metan+ boxopt」繪出森林圖如下圖：
```
. metan tdeath tnodeath cdeath cnodeath, lcols(id year)notable boxopt(
mcolor(forest_green)msymbol(triangle))pointopt( msymbol(triangle)
mcolor(gold)msize(tiny)mlabel(counts)mlabsize(vsmall)mlabcolor(forest_green)
mlabposition(1))ciopt(lcolor(sienna)lwidth(medium))
```

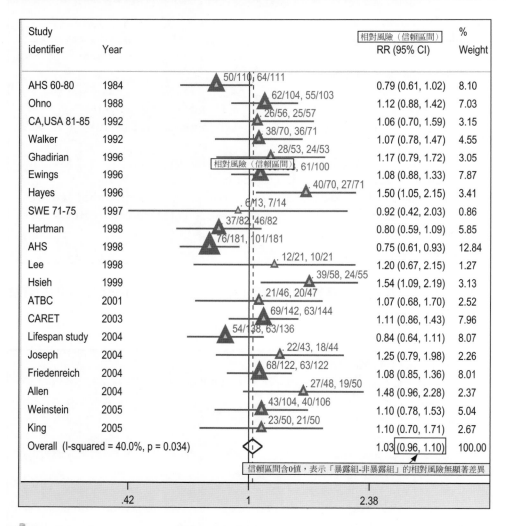

圖 4-52　「metan *tdeath tnodeath cdeath cnodeath*, lcols(*id year*)notable boxopt(mcolor(forest_green)msymbol(triangle)…」森林圖

Step 7：繪 L'Abbe 圖來檢定驗 odds ratio, risk ratio 或風險差異的假定是否合理

```
* 存在「metan.do」指令批次檔
* All examples use a simulated example dataset(Ross Harris 2006)
* 開啟資料檔
. use metan_example_data.dta, clear

* Step 6：繪 L'Abbe 圖來檢定驗 odds ratio, risk ratio 或風險差異的假定是否合理。
* L'Abbe plot with labelled axes and display of risk ratio and risk
difference.

. labbe tdeath tnodeath cdeath cnodeath,
xlabel(0,0.25,0.5,0.75,1)ylabel(0,0.25,0.5,0.75,1)rr(1.029)rd(0.014)null

* 繪出 L'Abbe 圖如下：
```

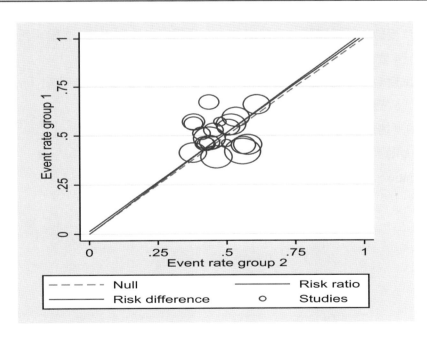

圖 4-53 「labbe *tdeath tnodeath cdeath cnodeath*, xlabel(0,0.25,0.5, 0.75,1)… 」繪 L'Abbe 圖

L'Abbe 圖是在比較治療組 vs. 對照組干預的臨床試驗的 Meta 分析，它是可視化顯示數據的幾種圖形之一。基本上是單個研究結果的散點圖，縱軸爲治療組的風險，橫軸爲對照組的風險。此圖由 Kristan L'Abbé (1987) 提出，旨在透過視覺顯示 Meta 分析中各個試驗之觀察結果的差異。

4-5 型 6（離散、連續）：匯總（aggregate）數據之 Meta 分析：4 變數、6 變數、2 變數、3 變數（admetan 外掛指令）

本例延續前例之世代研究的，旨在探討「暴露組—非暴露組」的相對風險有無顯著差異。由於 admetan 指令與 metan 指令大同小異，故不再贅述。

資料檔的變數變換

本例資料檔「metan_example_data.dta」，最原始格式是：

1. 離散依變數：「暴露組（實驗組）—非暴露組（控制組）」2 組「死 vs. 活」格式（4 變數）。

2. 連續依變數：「暴露組（實驗組）—非暴露組（控制組）」各組「n,M,SD」格式（6 變數）。

再由上述 2 種格式，轉成下列 2 種格式之 1：

1. 「log (OR)、$SE_{\log(OR)}$」格式（2 變數）。

2. odds ratio、勝算比 95%CI 下限及上限（3 變數）。

圖 4-54 「admetan.do」指令批次檔

```
* 存在「admetan.do」指令批次檔
*All examples are taken directly from metan, and use a simulated example
dataset(Ross Harris 2006)
. use http://fmwww.bc.edu/repec/bocode/m/metan_example_data.dta, clear
* 先安裝 admetan 外掛指令
. findit admetan

* Step 1：用「暴露組（實驗組）-非暴露組（控制組）」2組「死 vs 活」格式（4變數）
來進行 Meta 分析
* Risk difference from raw cell counts, random effects model, "label"
specification with counts displayed(demonstrating a direct port  of metan
syntax to admetan with no changes)

. admetan tdeath tnodeath cdeath cnodeath, rd random label(namevar=id,
yearvar=year)counts

 Sort by year, use data columns syntax with all column data left-justified.
Specify percentage of graph as text; suppress stats,
 weight, heterogeneity stats and table.

. admetan tdeath tnodeath cdeath cnodeath, notable
     sortby(year)lcols(id year country)rcols(population)
     forestplot(astext(60)nostats nowt nohet leftjustify)

* Step 2：用「暴露組（實驗組）-非暴露組（控制組）」各組「n,M,SD」格式（6變數）
來進行 Meta 分析
* Analyse continuous data(six-parameter syntax), stratify by type of study,
with weights summing to 100% within sub group, display  random-effects
predictive distribution, show raw data counts, display "favours treatment vs.
favours control" labels
. admetan tsample tmean tsd csample cmean csd,
     study(id)by(type_study)sgwt random rfdist counts
      forestplot(favours(Treatment reduces blood pressure # Treatment increases
blood pressure))

* Step 3：改成 Odds ratio「log(OR)、SE$_{log(OR)}$」格式（2變數）來進成 Meta 分析
* Use admetan to generate log odds ratio and standard error from the raw cell
counts, then analyse with two-parameter syntax. Graph has exponential form,
scale is forced within set limits and ticks added, effect label specified.
```

```
. admetan tdeath tnodeath cdeath cnodeath, or nograph nooverall notable
. rename _ES logor
. rename _seES selogor
. admetan logor selogor, or
    forestplot(xlabel(0.5 1 1.5 2 2.5, force)xtick(0.75 1.25 1.75 2.25))
```

* Step 4：改成「OR 比、95%CI 下限及上限」格式（3變數）來進行 Meta 分析
* Display diagnostic test data with three-parameter syntax. Weight is number
of positive diagnoses, axis label set and null specified at 50%. Overall
effect estimate is not displayed, graph for visual examination only.

```
. admetan percent lowerci upperci, wgt(n_positives)study(id)nooverall notable
    forestplot( xlabel(0(10)100, force)null(50)title(Sensitivity, position(6)))
```

* User has analysed data with a non-standard technique. User-defined weights
are supplied, and the "results set" is saved and loaded(see saved datasets).
User-defined effect estimates are then substituted for those generated by
admetan, before finally generating the forest plot.

*(Note that this example could be run in one line using metan, but admetan
allows for a far greater flexibility in the look of the
 final forest plot for only a little additional work.)

```
. tempfile myfile
. admetan OR ORlci ORuci, wgt(bweight)study(id)nogr saving(`myfile')
. preserve
. use `myfile', clear
. replace _ES = 0.924 if _USE == 5
. replace _LCI = 0.753 if _USE == 5
. replace _UCI = 1.095 if _USE == 5
. replace _LABELS = "Bayesian Overall(param V=3.86, p=0.012)" if _USE == 5
. forestplot, xlabel(0.25 0.5 1 2 4, force)null(1)aspect(1.2)scheme(economist)
. restore
```

* Step 5：改成「case-control」二組「死 vs. 亡」格式（4變數），附加註解再進行
Meta 分析
* Variable "counts" defined showing raw data. Options to change the box,
effect estimate marker and confidence interval are used, and the counts
variable has been attached to the estimate marker as a label.

```
. gen counts = ". " + string(tdeath)+ "/" + string(tdeath+tnodeath)
    + ", " + string(cdeath)+ "/" + string(cdeath+cnodeath)
. admetan tdeath tnodeath cdeath cnodeath, lcols(id year)notable
    forestplot(range(.3 3)boxopt( mcolor(forest_green)msymbol(triangle))
pointopt(msymbol(triangle)mcolor(gold)msize(tiny)mlabel(counts)
mlabsize(vsmall)mlabcolor(forest_green)mlabposition(1))  ciopt( lcolor(sienna)
lwidth(medium)))
```

Chapter 5

Meta迴歸、network Meta-analysis（間接證據）

 ## 5-1 Meta 迴歸（先「meta esize」、再「meta regression」指令）

「meta regression」指令執行 Meta-analysis 迴歸，以 study-level covariates(moderators) 當自變數；study effect sizes 當依變數。

Meta 迴歸旨在研究間異質性 (between-study heterogeneity) 是否可以由一個（或多個）moderators 來解釋。您可將 Meta 迴歸視為將 moderators 納入到模型中的標準 Meta 分析。Meta 迴歸執行隨機效果及固定效果 Meta 迴歸。

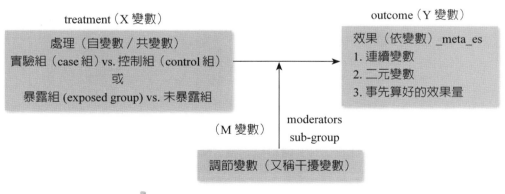

圖 5-1 「meta regression」研究架構

範例：卡介苗疫苗對結核病的療效，先「meta esize」、再「meta regression」指令

(一) 問題說明

對比「實驗組（打卡介苗的 case 組）vs. 控制組（無卡介苗的對照組）」之療效 (effect size) 是否有達到顯著？（分析單位：個別研究之論文）

研究者收集數據並整理成下表，此「bcg.dta」資料檔內容之變數如下：

(二) 資料檔之內容

「bcg.dta」資料檔內容內容如下圖。

Data Editor (Edit) - [bcg.dta]

File Edit View Data Tools

5C | 44

	trial	trialloc	author	year	npost	nnegt	nposc	nnegc	latitude	alloc
1	1	Northern USA	Aronson	1948	4	119	11	128	44	Random
2	2	canada	Ferguson & Simes	1949	6	300	29	274	55	Random
3	3	Chicago	Rosenthal et al.	1960	3	228	11	209	42	Random
4	4	UK	Hart & Sutherland	1977	62	13536	248	12619	52	Random
5	5	Madanapalle	Frimodt-Moller et al.	1973	33	5036	47	5761	13	Alterna
6	6	Northern USA	Stein & Aronson	1953	180	1361	372	1079	44	Alterna
7	7	Haiti	Vandiviere et al.	1973	8	2537	10	619	19	Random
8	8		TPT Madras	1980	505	87886	499	87892	13	Random
9	9	South Africa	Coetzee & Berjak	1968	29	7470	45	7232	27	Random
10	10	Chicago	Rosenthal et al.	1961	17	1699	65	1600	42	Systema
11	11	Puerto Rico	Comstock et al.	1974	186	50448	141	27197	18	Systema
12	12	Georgia (Comm)	Comstock & Webster	1969	5	2493	3	2338	33	Systema
13	13	Georgia (Comm)	Comstock et al.	1976	27	16886	29	17825	33	Systema

Ready Vars: 11 Order: Dataset Obs: 13 Filter: Off Mo

圖 5-2 「bcg.dta」資料檔內容（N = 13 篇之個別研究）

Step 1：先「meta esize」、再「meta regression」指令

觀察資料之特徵

```
*存在「meta-regression.do」指令檔
*----- 型3(離散)：處理組（檢疫出+,-人數)vs. 控制組（檢疫出+,-的人數)------
* 開啟資料檔
*卡介苗疫苗對結核病的療效
. use https://www.stata-press.com/data/r16/bcg, clear
(Efficacy of BCG vaccine against tuberculosis)


*各變數的描述
. describe studylbl npost nnegt nposc nnegc latitude

              storage   display   value
variable name  type    format    label       variable label
-------------------------------------------------------------------
studylbl       str27    %27s                  Study label
npost          int      %9.0g      Number of TB positive cases in treated group
nnegt          long     %9.0g      Number of TB negative cases in treated group
nposc          int      %9.0g      Number of TB positive cases in control group
nnegc          long     %9.0g      Number of TB negative cases in control group
latitude       byte     %9.0g      Absolute latitude of the study location(in
                                   degrees)
```

● 表 5-1　case-control 二組配對之「陽性 vs. 陰性」的人數

實驗組（治療組）	（結核病 / 武漢的新藥療效）	控制組	（安慰劑）
結核病陽性的 病例數(a)	結核病陰性的 病例數(b)	結核病陽性的 病例數(c)	結核病陰性的 病例數(d)
.	.	.	.
.	.	.	.
.	.	.	.
.	.	.	.

(三) 分析結果與討論

Step 1：Meta 分析

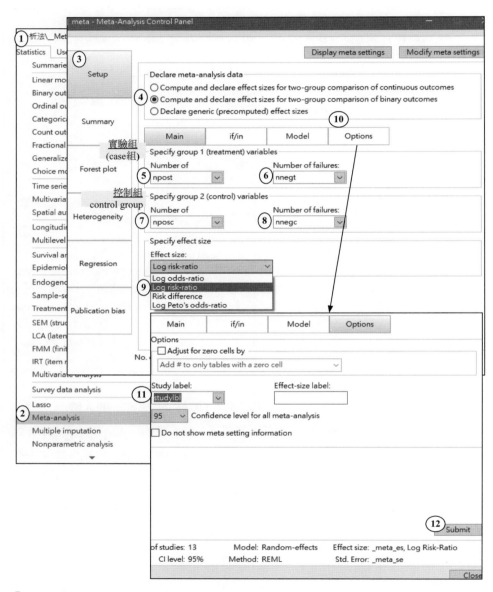

📖 圖 5-3 「meta esize npost nnegt nposc nnegc, esize(lnrratio)studylabel
(studylbl)」畫面

註：Statistics > Meta-analysis

```
* 求出 effect sizes 並宣告 Meta-analysis data
. meta esize npost nnegt nposc nnegc, esize(lnrratio)studylabel(studylbl)

Meta-analysis setting information

 Study information
      No. of studies:  13
         Study label:  studylbl
          Study size:  _meta_studysize
        Summary data:  npost nnegt nposc nnegc

          Effect size
                Type:  lnrratio
               Label:  Log Risk-Ratio
            Variable:  _meta_es
    Zero-cells adj.:   None; no zero cells

           Precision
           Std. Err.:  _meta_se
                  CI:  [_meta_cil, _meta_ciu]
            CI level:  95%

 Model and method
               Model:  Random-effects
              Method:  REML
```

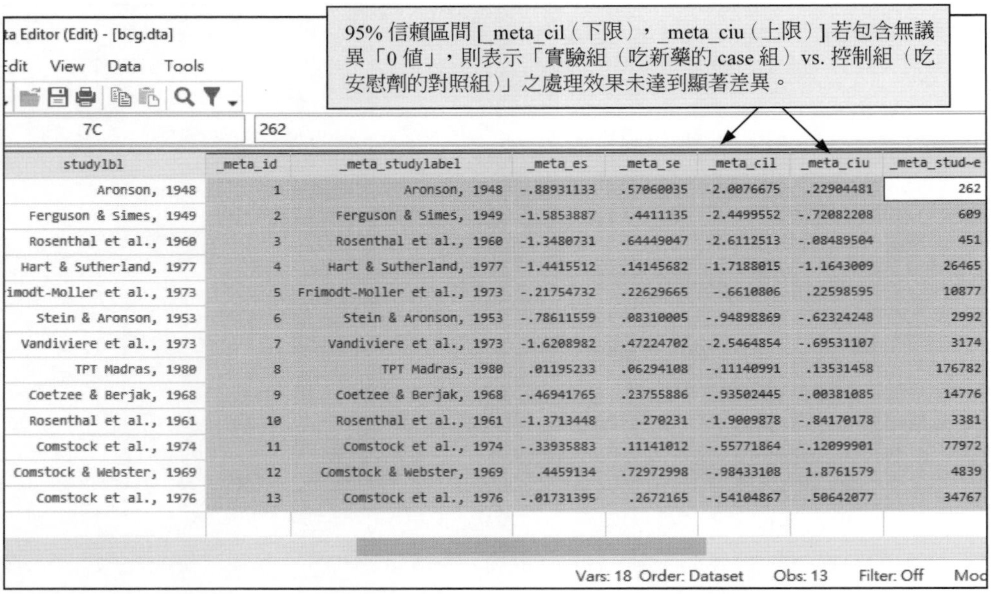

95% 信賴區間 [_meta_cil（下限），_meta_ciu（上限）] 若包含無議異「0值」，則表示「實驗組（吃新藥的 case 組）vs. 控制組（吃安慰劑的對照組）」之處理效果未達到顯著差異。

圖 5-4 「meta esize npost nnegt nposc nnegc, esize(lnrratio) studylabel(studylbl)」後，資料檔新增 7 變數（如下表）

_meta_id	byte	%9.0g	Study ID
_meta_studyla~l	str27	%27s	Study label
_meta_es	double	%10.0g	Log risk-ratio
_meta_se	double	%10.0g	Std. Err. for log risk-ratio
_meta_cil	double	%10.0g	95% lower CI limit for log risk-ratio
_meta_ciu	double	%10.0g	95% upper CI limit for log risk-ratio
_meta_studysize	float	%9.0g	Sample size per study

　　95% 信賴區間 [_meta_cil（下限），_meta_ciu（上限）] 若包含無議異「0值」，則表示「實驗組（吃新藥的 case 組）vs. 控制組（吃安慰劑的對照組）」之處理效果未達到顯著差異。

Step 2：繪森林圖，求得總平均效果量及 p 值、同質性 Q 檢定

```
* 繪 Forest plot ，結果如下圖
. meta forestplot
```

Study	Treatment		Control			Log Risk-Ratio with 95% CI	Weight (%)
	Yes	No	Yes	No			
Aronson, 1948	4	119	11	128		-0.89 [-2.01, 0.23]	5.06
Ferguson & Simes, 1949	6	300	29	274		-1.59 [-2.45, -0.72]	6.36
Rosenthal et al., 1960	3	228	11	209		-1.35 [-2.61, -0.08]	4.44
Hart & Sutherland, 1977	62	13,536	248	12,619		-1.44 [-1.72, -1.16]	9.70
Frimodt-Moller et al., 1973	33	5,036	47	5,761		-0.22 [-0.66, 0.23]	8.87
Stein & Aronson, 1953	180	1,361	372	1,079		-0.79 [-0.95, -0.62]	10.10
Vandiviere et al., 1973	8	2,537	10	619		-1.62 [-2.55, -0.70]	6.03
TPT Madras, 1980	505	87,886	499	87,892		0.01 [-0.11, 0.14]	10.19
Coetzee & Berjak, 1968	29	7,470	45	7,232		-0.47 [-0.94, -0.00]	8.74
Rosenthal et al., 1961	17	1,699	65	1,600		-1.37 [-1.90, -0.84]	8.37
Comstock et al., 1974	186	50,448	141	27,197		-0.34 [-0.56, -0.12]	9.93
Comstock & Webster, 1969	5	2,493	3	2,338		0.45 [-0.98, 1.88]	3.82
Comstock et al., 1976	27	16,886	29	17,825		-0.02 [-0.54, 0.51]	8.40

Overall
-0.71 [-1.07, -0.36]

Heterogeneity: $\tau^2 = 0.31$, $I^2 = 92.22\%$, $H^2 = 12.86$
Test of $\theta = \theta_i$: Q(12) = 152.23, p = 0.00
Test of $\theta = 0$: z = -3.97, p = 0.00

Random-effects REML model

整體平均效果之95%CI未含0值，表示「實驗組（吃新藥的case組）vs.控制組（吃安慰劑的對照組）」之處理效果達到 顯著差異(p<0.05)

🎞 **圖 5-5** 「meta forestplot」繪出「實驗組（吃新藥的 case 組）vs. 控制組（吃安慰劑的對照組）」之處理效果森林圖

Step 3：事先 bcg.dta 資料檔做 Meta 分析，將 Meta 結果另存至 bcgset.dta 資料檔，再做 Step 2 Meta 迴歸分析。

Step 4：再「meta regression」指令，做 Meta 迴歸分析

Meta 迴歸分析：研究地點的絕對緯度 W(latitude) 是否干擾（調節）「卡介疫苗治療結核病的效果 Y」？

```
* 存在「meta-regression.do」指令檔
* 將上述 Meta 分析之效果量存至 bcgset 資料檔，它已（新增 6 個系統變數）
. use bcgset, clear

* latitude 是研究地點的絕對緯度；latitude_c 是 Mean-centered latitude
* Perform Meta-regression of the effect size, _meta_es, on covariate(moderator)
latitude_c
* 模型一：以 _meta_es 當依變數；latitude_c 當共變數（另類的預測變數），執行 meta
迴歸
* latitude_c 是 Mean-centered latitude(即 X-X)，以平均值為中心的緯度
. meta regress latitude_c


  Effect-size label:   Log Risk-Ratio
        Effect size:   _meta_es
          Std. Err.:   _meta_se


Random-effects Meta-regression          Number of obs   =        13
Method: REML                            Residual heterogeneity:
                                                   tau2 =    .07635
                                                  I2(%)=     68.39
                                                    H2 =      3.16
                                            R-squared(%)=    75.63
                                            Wald chi2(1)=    16.36
                                            Prob > chi2  =   0.0001
-------------------------------------------------------------------
   _meta_es |    Coef.   Std. Err.     z    P>|z|   [95% Conf. Interval]
------------+------------------------------------------------------
 latitude_c | -.0291017  .0071953   -4.04   0.000   -.0432043  -.0149991
      _cons | -.7223204  .1076535   -6.71   0.000   -.9333174  -.5113234
-------------------------------------------------------------------
Test of residual homogeneity: Q_res = chi2(11)= 30.73   Prob > Q_res = 0.0012
```

1. 本例以 _meta_es 當依變數；latitude_c 當調節變數（另類的預測變數），執行
   Meta 迴歸。發現：
   latitude_c 顯著干擾（調節）「卡介疫苗治療結核病的效果療效」($z = -4.04$, p
   < 0.05)，由於 Z 個是負數，表示地球緯度每增加一單位，卡介苗的療效就下
   降 0.029 效果量。顯示氣候（溫度、溼度）也是公共衛生（流感、武漢肺炎、
   SARS 等）之調節變數。

2. meta regress 執行後，也產生系統變數 _meta_regweight, 來記錄 Meta-regression weights。

3. 一個調節變數「latitude_c」，所求出 Meta 迴歸式為：

   _meta_es = –0.718 – 0.029 × latitude_c

4. 二個調節變數「latitude_c *alloc*」，所求出 Meta 迴歸式為：

   _meta_es = -0.6149 –0.0279 × latitude_c – 0.25×(alloc = 2) + 0.031×(alloc = 3)

```
* 將上開啟資料檔 bcgset，已記錄 Meta-analysis 的結果（已新增 6 個系統變數）
* 模型二：模型一樣，但改以 DerSimonian－Laird 隨機效果
* As above, but assume a DerSimonian－Laird random-effects method and request
a Knapp－Hartung adjustment to the standard errors of coefficients
. meta regress latitude_c, random(dlaird)se(khartung)


Effect-size label:  Log Risk-Ratio
      Effect size:  _meta_es
         Std. Err.:  _meta_se

Random-effects Meta-regression              Number of obs     =        13
Method: DerSimonian-Laird                     Residual heterogeneity:
SE adjustment: Knapp-Hartung                             tau2   =     .0633
                                                        I2(%)  =     64.21
                                                          H2   =      2.79
                                              R-squared(%)  =     79.50
                                              Model F(1,11)  =     13.56
                                              Prob > F       =    0.0036

---------------------------------------------------------------------------
    _meta_es |     Coef.    Std. Err.       t     P>ltl     [95% Conf. Interval]
-------------+-------------------------------------------------------------
   latitude_c | -.0292287   .0079378    -3.68    0.004    -.0466996   -.0117579
        _cons | -.7184949   .1193999    -6.02    0.000    -.9812922   -.4556975
---------------------------------------------------------------------------
Test of residual homogeneity: Q_res = chi2(11) = 30.73   Prob > Q_res = 0.0012
```

* 模型三：假定個別研究間變異數為固定值0.2，來執行Meta迴歸
* Perform a meta-regression by assuming a fixed value of 0.2 for the between-study variance
* 類別變數alloc有三種處理方法：(1)Alternate,(2)Random,(3)systematic法
*「i.」宣告類別變數alloc視為虛擬變數，並以level 1 = Alternate,當比較的基準點
*tau2(#)界定the value of the between-study variance parameter, τ^2, to use for the random-effects meta-regression. This option is useful for exploring the sensitivity of the results to different levels of between-study heterogeneity. Only one of tau2()or i2()may be specified.
. meta regress latitude_c i.alloc, tau2(.1)

    Effect-size label: Log Risk-Ratio
          Effect size: _meta_es
            Std. Err.: _meta_se

```
Random-effects Meta-regression              Number of obs    =         13
Method: User-specified tau2                 Residual heterogeneity:
                                                       tau2  =         .1
                                                      I2(%)  =      71.37
                                                         H2  =       3.49
                                               Wald chi2(3)  =      14.55
                                               Prob > chi2   =     0.0022
-------------------------------------------------------------------------------
    _meta_es |    Coef.    Std. Err.     z      P>|z|    [95% Conf. Interval]
-------------+-----------------------------------------------------------------
  latitude_c |  -.0279352   .0079886   -3.50    0.000   -.0435925    -.0122778
             |
       alloc |
      Random |  -.2503918   .3022069   -0.83    0.407   -.8427065     .3419229
  Systematic |    .030948   .3288064    0.09    0.925   -.6135006     .6753967
             |
       _cons |  -.6149072   .2509296   -2.45    0.014    -1.10672    -.1230942
-------------------------------------------------------------------------------
Test of residual homogeneity: Q_res = chi2(9) = 29.86    Prob > Q_res = 0.0005
```

5-2 間接證據：network Meta-analysis（network 外掛指令）

5-2-1 network Meta-analysis (NMA) 是什麼

一、為何需要 network Meta-analysis (NMA)

1. 直接證據不多時。

2. 傳統「實驗組 vs. 控制組」，沒有直接遞移性。假設 treatment 效果 A = 2B，效果 B = 3C，但現有文獻卻無法推論 A = 6C。

3. 間接比較的證據都是源自直接證據。

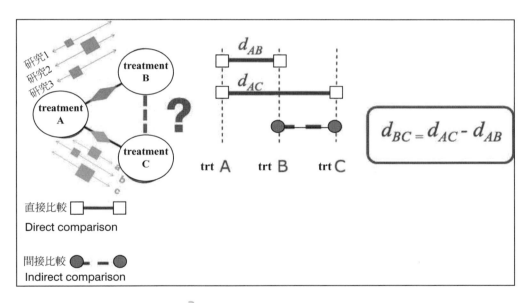

🔊 圖 5-6　間接比較之示意圖

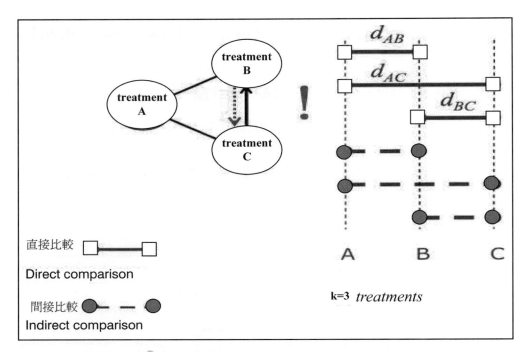

圖 5-7　混合處理 (mixed treatmet) 比較

　　network Meta-anslysis 是延自傳統 MA，故保留同質性檢定，且也有延伸的假設理論之相似性 (similarity)、遞移性 (transitivity)、一致性 (consistency)。

二、間接比較 vs. 混合處理(mixed treatmet)比較

1. 相似性 (similarity) 指的是，從臨床跟方法的角度對選定的文章進行定性評估，各間接研究的特性是否類似，如果不相似會影響後續的假設。

2. 遞移性 (transitivity) 是邏輯推理的概念，簡單來說，如果直接比較治療相同疾病的 3 種藥物 A，B 和 C，發現 A 比 B 更有效，B 比 C 更有效，那麼 A 可以預期比 C 更有效，儘管兩者從未直接比較過，在 NMA 中的比較情況，應滿足這種傳遞性，如果不滿足也會影響其他假設。

3. 一致性 (consistency) 是指直接和間接比較的結果，透過幾個方法我們可以檢查不一致性，可能需要回頭找不一致原因，不過要注意的是，沒有統計顯著的不一致性不代表一定沒問題，因為這些統計方式可能 power 不夠。

三、network 指令

　　Stata 的 network 是套裝程序 (suite of commands for network Meta-analysis)，用於讀入數據並進行網路 Meta 分析。network 使用 mvmeta 搭配 metareg 指令來進行「基於對比的網路 Meta 分析」，來評估不一致性 (inconsistency) 並對數據及結果繪出圖形。假定每篇研究的每個分支中的數據，有二大格式：(1) 離散型依變數：binomial counts、total（2 變數）；(2) 離散型依變數：平均值、標準差、樣本數（3 變數）。

(一) network 指令之資料格式，有 3 種

　　network 提供 3 種數據格式。在涉及「treatment A、treatment B 和 treatment C」的 network Meta 分析的背景下，以 A 為比較之參考點（並使用內定變數命名）。network 指令有 3 種資料格式：

1. 在格式擴展 (augmented) 中，數據是每種處理與參考處理的對比。因此，_y_B 是「B 與 A」進行比較，而 _y_C 是「C 與 A」進行比較。在任何未含參考 treatment arm 的試驗 (trial) 中，都會建立、增強 (augmented)，這種臂 (arm) 包含非常少量的數據。

2. 在格式標準 (format standard) 中，數據與每個試驗的基線治療來形成對照。因此，_y_1 是每個試驗的第 2 種治療方法與第 1 種治療方法進行比較：_y_1 是 A-B 試驗中的 B 與 A 進行比較，並將 B-C 試驗中的 C 與 B 進行比較。A_B-C 試驗是以 _y_1（B 對 A）和 _y_2（C 對 A）表示。

3. 在格式配對 (format pairs) 中，數據是試驗方法之間所有可能的對比 (contrasts)。因此，two-arm B-C 試驗是一條記錄 _y(C vs. B) 表示，而 three-arm A-B-C 試驗由三條記錄比較「B 與 A」、「C 與 A」和「C 與 B」。

(二) 方法學感興趣的功能

　　network 可以很容易地證明：在數值上使用「增強」數據格式的結果，與使用「標準」數據格式的結果幾乎相同（並且在沒有多臂試驗的情況下也可以使用「成對」數據格式得出的結果）。它還可以輕鬆顯示結果不受參考類別選擇的影響。

　　「network sideplit」指令是經過 Dias 等人的小修改而成。即使在進行多臂試

驗的情況下，也會使得側面分割對稱（即，將 A 與 B 進行 sidesplit 的模型與將 B 與 A 進行 sidesplit 的模型，二者會相同）。

「network forest」指令提供了一種新的數據顯示 (forest plot of network meta-analysis data and summaries)，包括以森林圖來進行成對的 Meta 分析。

(三) network 指令集

```
設定及讀入配對的資料
        network setup          set up data from arm-specific counts
        network import         import data set of pairwise comparisons
表、圖的描述
        network table          tabulate data
        network pattern        pattern of network
        network map            map of network
表、圖的描述
        network convert        convert data between formats
        network query          display network settings
        network unset          delete network settings (rarely needed)
分析
        network meta           perform network meta-analysis
        network rank           rank treatments after network meta-analysis
        network sidesplit      fit side-splitting (node-splitting) model(s)
        network compare        tabulate all comparisons estimated from the network
繪圖
        network forest         forest plot
```

四、如何用 GRADE 來評比 network Meta-anslysis(NMA) 優劣

GRADE(The Grading of Recommendations Assessment, Development and Evaluation) 是由一群流行病學、實證醫學、醫學統計專家，經過長久演變而來的「證據品質評比系統」。

GRADE 是透明檢視證據的方法，旨在評比系統性綜論與製作指引統合證據。目的是希望提供一個透明且完整的架構，供研究者、臨床工作者，了解證據

的品質，並在考量「好處、風險」、「證據品質」、「病人偏好」與「費用資源」後，做出「建議強度」。

GRADE 的做法是看某個臨床問題的「整體證據」，並非鎖定特定一篇文獻，因為這樣可能是偏頗的，且不透明（那其他證據品質可能更佳或結果不一的文獻該怎麼辦）。

當今的「網路統合分析」(network Meta-analysis, NMA) 是一種可以統合直接比較 (direct comparison)、間接比較 (indirect comparison) 的「分析方法」。

CRADE 評比 network Meta-anslysis 表

	標準版GRADE	NMA版GRADE（配對／排序）
偏誤風險 (risk of bias)	以RoB工具評比隨機分派研究品質，以偏誤風險表呈現	以「貢獻度矩陣」計算所有配對貢獻度，再計算平均配對偏誤風險
間接性 (indirectness)	考量對象、治療與結果間接性	一樣，但更注重「可轉換性」
不一致性 (inconsistency)	以研究及統計異質性評比	除異質性更納入「不一致性（直接、間接證據差異）」
結果精確性 (precision)	以95%信賴區間及樣本數目評比	考慮95%信賴區間（樣本數目評比方法發展中）
發表性偏誤 (publication bias)	以檢索廣度、漏斗圖、統計評比	一樣，但用的是「比較校正型漏斗圖」

來源：BMJ (2014); 349:G5630

1. 在偏誤風險 (risk of bias) 部分，NMA 版需要計算「貢獻度矩陣」(contribution matrix) 計算每項比較在整體網路中的「分量」。再根據分量及偏誤風險（以 Cochrane RoB 工具評比）計算出要不要扣分。

2. 在間接性 (indirectness)，通常要檢視「對象 (population/patient)」「介入 (intervention)」「結果 (outcome)」的直接與間接性，在 NMA 版也是，但多加了「可轉換性 (transitivity)」的評估。但這項評估方法仍在發展中，需要檢視整體證據中，各項比較配對，可能影響結果的因子是否均勻分布。

3. 不一致性 (inconsistency)，通常看的是研究及異質性 (heterogeneity) 分析，也就是 Cochrane Q 及 I^2 分數。但在 NMA 版，除了傳統配對比較的異質性外，

更重視「直接、間接比較的一致性」。目前有許多方法可以比較直接及間接結果一致性，包括「node splitting method」、「design-by-treatment test」等。

4. 結果精確性 (precision)，或不精確性 (imprecision)，通常鎖定「95% 信賴區間」及「樣本數目」，NMA 版則建議檢視各項比較的「95% 信賴區間」。

5. 發表偏誤 (publication bias) 或稱小研究效應 (small study effect)，實證醫學的專家們很聰明，醫療決策要站在實證的學理上，必須沒有偏頗。小型的、結果負面的研究，經常未被發表，這會造成證據的缺失，你所看到的可能是冰山的一小角。通常 GRADE 建議檢視漏斗圖 (funnel plot) 及迴歸法（例如：Egger test），檢視發表偏誤的可能性，配合檢索深度。在 NMA 版則是以「比較校正型漏斗圖」(comparison-adjustedfunnel plot)，可以同時呈現同一個結果的直接、間接比較分布情形。

五、Stats 的 network 指令

「network meta」旨在定義要適配的模型：一致性模型或處理設計交互作用的不一致模型 (design-by-treatment interaction inconsistency model)。它可以處理 network 格式中的 2 種數據：

1. 如果數據是 augmented 格式或標準格式，則使用 mvmeta(Multivariate random-effects Meta-analysis) 適配模型。

2. 如果數據為成對 (pairs) 格式，則使用 metareg(Meta-analysis regression) 適配模型。執行「network meta」前，必須用「findit mvmeta」指令事先安裝 mvmeta 或 metareg 外掛指令。

network meta 適配所選模型之後，會將適配值儲存在矩陣（內定存至 _network_consistency 或 _network_inconsistency 系統變數）中，以供網路森林 (network forest) 使用。如果適配的是不一致模型，則還會定義及執行 Wald 不一致檢定。若要呼叫它們，可按功能鍵 F9 來使用的 mvmeta 或 metareg 命令；按 F8 執行測試不一致的命令（如果使用）。

內定情況下，network meta 數據使用結構化的研究之間的共變數矩陣，該矩陣假定 (assumes) 所有處理對比 (treatment contrasts) 都有相同的異質變異數。

如果未指定一致性或不一致，則將重新執行先前的 mvmeta 模型。

mvmeta 指令的例子如下：

```
* 第一階段，從個體參與者數據開始（變數 fg 有 1-5 levels）：
* mvmeta_make：旨在為 mvmeta 產生正確格式的數據。
. xi: mvmeta_make stcox ages i.fg, strata(sex tr)nohr saving(FSCstage1)replace
by(cohort)usevars(i.fg)names(b V)esave(N)

* 第二階段：

. use FSCstage1, clear

. mvmeta b V
```

metareg 指令的例子如下：

```
. metareg logrr latitude, wsse(selogrr)eform
. metareg logrr latitude, wsse(selogrr)graph
. metareg smd abstract duration itt, wsse(sesmd)permute(10000)
. metareg smd abstract duration itt, wsse(sesmd)permute(1000, univariable)
. xi: metareg logor i.group, wsse(selogor)permute(1000, joint(i.group))
```

5-2-2 network Meta-analysis 之範例（network 指令）

(一) 問題說明

對比「處理組（吃新藥的 case 組）vs. 控制組（吃安慰劑的對照組）」之戒菸處理效果量 (effect size) 是否有達到顯著？（分析單位：個別研究）

研究者收集數據並整理成下表，此「smoking2.dta」資料檔內容之變數如下：

odds ratio 的四個離散變數

	處理組（吃新藥的case組）	控制組（吃安慰劑的對照組）
停止抽菸	a人	c人
繼續吸菸	b人	d人

(二) 資料檔之內容

「smoking2.dta」資料檔內容內容如下圖。

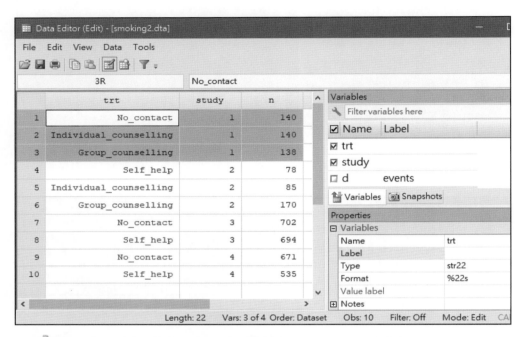

🔲 圖 5-8 「smoking2.dta」資料檔內容（N = 4 篇之個別研究；10 筆資料）

(三) network Meta-analysis 結果與討論

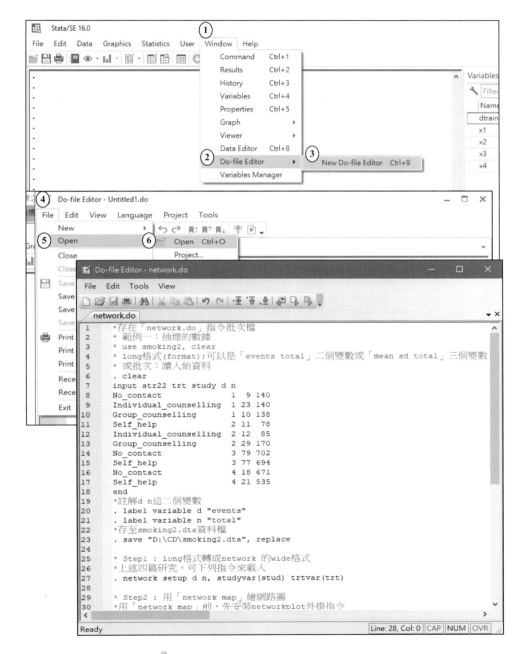

■ 圖 5-9 「network.do」指令批次檔

Step 1：將資料檔 long 格式轉成 network 的 wide 格式

network setup（準備數據以進行網路 Meta 分析）之指令語法如下：

```
Count data:

    network setup eventvar nvar [if] [in] , studyvar(varname) [or|rr|rd|hr zeroadd(#) common_options]

Quantitative data:

    network setup meanvar sdvar nvar [if] [in]i , studyvar(varname) [md|smd common_options]
```

options	Description
Describe data	
studyvar(varname)	Study identifier (required)
trtvar(varname)	Treatment identifier (implies long input data format)
armvars(drop | keep [varlist])	(only with long input data format) Specifies how extra arm-level variables (that is, variables other than those required in the syntax) should be handled: whether they should all be dropped, all kept, or specified ones kept and the others dropped. Otherwise, extra arm-level variables cause an error.
How treatments are coded	
trtlist(string)	List of names of treatments to be used - useful if you want to omit some treatments e.g. for a sensitivity analysis. Also useful to specify how the treatments will be coded (first treatment will be A, etc.). The default is to use all treatments found in alphabetical order (but in numerical order when trtvar is numeric).
alpha	Forces treatments to be coded in alphabetical order. This is the default except with long input data format when trtvar is numeric with value labels.
numcodes	Codes treatments as numbers 1, 2, 3 ... or (if more than 9 treatments) 01, 02, 03... The default is to code treatments as letters A, B, C...
nocodes	Uses current treatment names as treatment codes. Treatment names are modified only if this is needed to make them valid Stata names. This option becomes increasingly awkward as treatment names become longer.
How to set up	
format(augmented|standard|pairs)	The (output) data format required. See Data formats.
or	The treatment effect is measured by the log odds ratio.
rr	The treatment effect is measured by the log risk ratio.
rd	The treatment effect is measured by the risk difference.
hr	The treatment effect is measured by the log hazard ratio. In this case nvar must be the total person-time at risk, not the number of individuals. (This treatment effect is usually called the log rate ratio; the term hazard ratio is used to avoid confusion with the risk ratio, and because the rate ratio equals the hazard ratio under an exponential model.)
zeroadd(#)	With count data, the number of successes and (except with the hr option) failures added to all arms of any study which contains a zero cell in any arm. Default is 0.5.
md	The treatment effect is measured by the mean difference. The variances are calculated using the pooled standard deviation across all trial arms.
smd	The treatment effect is measured by the standardised mean difference. For details see standardised mean difference below.
sdpool(on|off)	With quantitative data, this specifies whether the standard deviation is pooled across arms in computing variances. The default, which follows metan, is sdpool(off) with md and sdpool(on) with smd. For multi-arm studies, sdpool(on) pools across all arms.
Augment options	
ref(string)	Name of reference treatment. Different choices should give the same results, but numerical stability may be greater when the reference treatment is fairly central in the network (e.g. it is one of the better connected treatments).
augment(exp)	Number of individuals to use to augment missing reference treatment arms. Default is 0.00001. If errors occur, it may be worth increasing this parameter. If discrepancies occur, for example between different formats, then it may be worth decreasing this parameter.
augmean(exp)	Mean outcome to use to augment missing reference treatment arms. Default is for each augmented study to use the weighted average of its arm-specific means.

augsd(*exp*)   (only for quantitative data) Standard deviation to use to augment missing reference treatment arms. Default is for each augmented study to use the weighted average of its arm-specific standard deviations.

augoverall   Changes default behaviour for **augmean** and **augsd** to use the overall mean and SD across all studies.

Naming the output variables

genprefix(*string*)   Prefix to be used before default variable names (e.g. y for treatment contrasts)

gensuffix(*string*)   Suffix to be used after default variable names

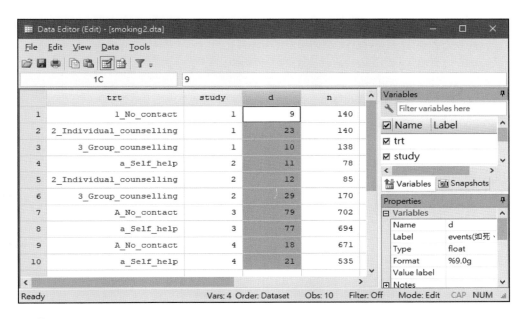

📁 圖 5-10 「smoking2.dta」資料檔內容（N = 4 篇之個別研究；16 筆資料）

```
* 存在「network.do」指令批次檔
* 範例一：抽菸的數據
* use smoking2, clear
* long 格式 (format)：可以是「events total」二個變數或「mean sd total」三個變數
* 或批次：讀入始資料
. clear
* 每一個別研究有 3 種 treatments（即實驗組有 3 個 levels，沒控制組）
input str24 trt study d n
1_No_contact                 1   9 140
2_Individual_counselling     1 23 140
3_Group_counselling          1 10 138
a_Self_help                  2 11  78
2_Individual_counselling     2 12  85
```

```
3_Group_counselling        2 29 170
A_No_contact               3 79 702
a_Self_help                3 77 694
A_No_contact               4 18 671
a_Self_help                4 21 535
end
```
* 註解 d n 這二個變數
. label variable d "events（如死、武漢確診 … ）"
. label variable n "該 treatment 的總人數（total）"
* 存至 smoking2.dta 資料檔
. save "D:\CD\smoking2.dta", replace

* Step 1: 將資料檔 long 格式轉成 network 的 wide 格式
* 上述四篇研究，可下列指令來載入
. network setup *d n*, studyvar(*study*) trtvar(*trt*)

```
Treatments used
    A (reference):                   1_No_contact
    B:                               2_Individual_counselling
    C:                               3_Group_counselling
    D:                               A_No_contact
    E:                               a_Self_help


Measure                              Log odds ratio


Studies
    ID variable:                     study
    Number used:                     4
    IDs with zero cells:             [none]
    IDs with augmented reference arm: 2 3 4
    - observations added:            0.00001
    - mean in augmented observations: study-specific mean

Network information
    Components:                      1 (connected)
    D.f. for inconsistency:          1
    D.f. for heterogeneity:          1
```

```
Current data
    Data format:                          augmented
    Design variable:                      _design
    Estimate variables:                   _y*
    Variance variables:                   _S*
    Command to list the data:             list study _y* _S*, noo sepby(_design)

*wide 格式存至 smoking2-wide.dta 新資料檔
. save "D:\CD\smoking2-wide.dta"
```

	study	dA	nA	dB	nB	dC	nC
1	1	9	140	23	140	10	13
2	2	1.56e-06	1.00e-05	12	85	29	17
3	3	1.12e-06	1.00e-05	.	.	.	
4	4	3.23e-07	1.00e-05	.	.	.	

圖 5-11 「network setup d n」將資料檔 long 格式轉成 wide 格式，再 save 至 smoking2-wide.dta 新資料檔

常見 long 輸入格式的數據：離散資料的 2 變數「events total」或連續資料的 3 變變數「mean sd total」都是新變數存根 (stubs)。相對地，wide 格式的新變數名包括：這些變數「存根 + suffix 處理名稱」。Treatment（或 levels）名稱是這些 suffix。例如：對吸菸數據的相同研究可能如下的 wide 格式來儲存。

study	dA	nA	dB	nB	dC	nC	dD	nD
1	9	140	.	.	23	140	10	138
2	.	.	11	78	12	85	29	170
3	79	702	77	694	.	.	.	.
4	18	671	21	535	.	.	.	.

此外，您可能遇到相同的數據之 compact wide 輸入格式，其中變數指的是第 1、第 2 等。例如：

```
study   d1    n1    trt1   d2    n2    trt2   d3    n3    trt3
  1     9    140     A    23   140     C    10   138     D
  2    11     78     B    12    85     C    29   170     D
  3    79    702     A    77   694     B     .     .
  4    18    671     A    21   535     B     .     .
```

你可用下列指指令，將 compact wide 格式轉成 wide 格式。

```
. reshape long d n trt, i(study)j(arm)
* 依某條件來刪觀察值
. drop if missing(trt)
. drop arm
. network setup d n, studyvar(study)trtvar(trt)
```

Step 2：用「network map」繪網路圖

```
* Step 2：用「network map」繪網路圖
* 用「network map」前，先安裝 networkplot 外掛指令
. findit networkplot
* Draw a network graph using networkplot if installed
. network map
```

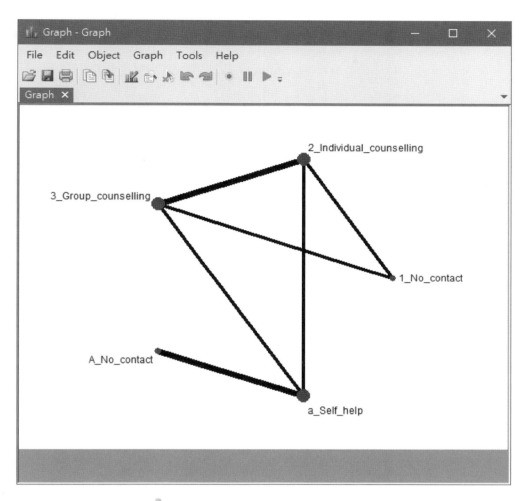

■ 圖 5-12 「network map」繪出地圖

Step 3：適配 consistency model

```
* Step 3：適配 consistency model
. network meta c

Command is: mvmeta _y _S , bscovariance(exch 0.5)longparm suppress(uv mm)
vars(_y_B _y _C _y_D)
Note: using method reml
```

```
Note: using variables _y_B _y_C _y_D
Note: 4 observations on 3 variables
Note: variance-covariance matrix is proportional to .5*I(3)+.5*J(3,3,1)

initial:        log likelihood  =  -20.557809
rescale:        log likelihood  =  -19.816819
rescale eq:     log likelihood  =  -19.509417
Iteration 0:    log likelihood  =  -19.509417
...
Iteration 4:    log likelihood  =  -19.454109

Multivariate meta-analysis
Variance-covariance matrix  =  proportional .5*I(3)+.5*J(3,3,1)
Method  =  reml                      Number of dimensions      =      3
Restricted log likelihood  =  -19.454109   Number of observations    =      4
-------------------------------------------------------------------------------
            |      Coef.    Std. Err.      z    P>|z|    [95% Conf. Interval]
------------+------------------------------------------------------------------
_y_B        |
      _cons |  .3428225   .3619945    0.95   0.344   -.3666737   1.052319
------------+------------------------------------------------------------------
_y_C        |
      _cons | -.3335943   .4131629   -0.81   0.419   -1.143379   .4761901
------------+------------------------------------------------------------------
_y_D        |
      _cons | -.1362754   .4109105   -0.33   0.740   -.9416452   .6690943
-------------------------------------------------------------------------------

Estimated between-studies SDs and correlation matrix:
            SD          _y_B        _y_C        _y_D
_y_B  .34061751         1           .           .
_y_C  .34061751         .5          1           .
_y_D  .34061751         .5          .5          1
mvmeta command stored as F9

* Rank treatments, noting that larger treatment effects indicate better
treatments
. network rank max
```

```
Command is: mvmeta, noest pbest(max in 1, zero id(study) stripprefix(_y_)
zeroname(A) rename(A = 1_No_contact, B = 2_Individual_counselling, C = 3_
Group_counselling, D = A_No_contact, E = a_Self_help))

Estimated probabilities (%) of each treatment being the best
- assuming the maximum parameter is the best
- using 1000 draws
- allowing for parameter uncertainty
--------------------------------------------------------------------------
        |                                     Treatment
  study | 1_No_contact 2_Individual_counsel 3_Group_counselling A_No_contact
--------+-----------------------------------------------------------------
    1 |   6.7            51.5              11.4              12.2
--------------------------------------------------------------------------


-------------------------------------------------
        |   Treatment
  study |      a_Self_help
--------+----------------------
    1 |              18.2
-------------------------------------------------
mvmeta command is stored in F9
```

Step 4：改適配 inconsistency model

```
* Step 4 : 改適配 inconsistency model
. network meta i

Command is: mvmeta _y _S , bscovariance(exch 0.5)longparm suppress(uv mm)eq(_
y_B: des_ ABD, _y_D: des_CD)vars(_y_B _y_C _y_D)
Note: using method reml
Note: regressing _y_B on des_ABD
Note: regressing _y_C on(nothing)
Note: regressing _y_D on des_CD
Note: 4 observations on 3 variables
Note: variance-covariance matrix is proportional to .5*I(3)+.5*J(3,3,1)
```

```
initial:        log likelihood  =  -17.575547
rescale:        log likelihood  =  -17.516181
rescale eq:     log likelihood  =  -16.785144
Iteration 0:    log likelihood  =  -16.785144
Iteration 1:    log likelihood  =  -16.764555(not concave)
...
Iteration 5:    log likelihood  =  -16.764041

Multivariate Meta-analysis
Variance-covariance matrix  =  proportional .5*I(3)+.5*J(3,3,1)
Method = reml                          Number of dimensions    =      3
Restricted log likelihood  =  -16.764041   Number of observations  =      4
-------------------------------------------------------------------------
           |      Coef.    Std. Err.     z    P>|z|    [95% Conf. Interval]
-----------+-------------------------------------------------------------
_y_B       |
   des_ABD | -1.146854    .5749668   -1.99   0.046   -2.273768    -.01994
     _cons |  .9227655    .4194149    2.20   0.028    .1007274    1.744804
-----------+-------------------------------------------------------------
_y_C       |
     _cons | -.1285275    .492573    -0.26   0.794   -1.093953    .8368979
-----------+-------------------------------------------------------------
_y_D       |
   des_CD  |  .1905983    .6760468    0.28   0.778   -1.134429    1.515626
     _cons | -.2253333    .4043272   -0.56   0.577    -1.0178     .5671335
-------------------------------------------------------------------------

Estimated between-studies SDs and correlation matrix:
              SD         _y_B        _y_C         _y_D
_y_B  .12677179           1           .            .
_y_C  .12677179          .5           1            .
_y_D  .12677179          .5          .5            1

Testing for inconsistency:
( 1)[_y_B]des_ABD  =  0
( 2)[_y_D]des_CD  =  0

        chi2(  2) =      4.37
      Prob > chi2 =      0.1124
mvmeta command stored as F9; test command stored as F8
```

檢定虛無假設 H_0 inconsistency，求得 $\chi^2_{(2)} = 4.37$ (p > 0.05)，故接受 inconsistency。

Step 5：繪森林圖

* Step 5 ：繪森林圖
* Forest plot of results, adding a title and reducing the square size from its default of 0.2
. network forest, title(抽菸 network)msize(*0.15)

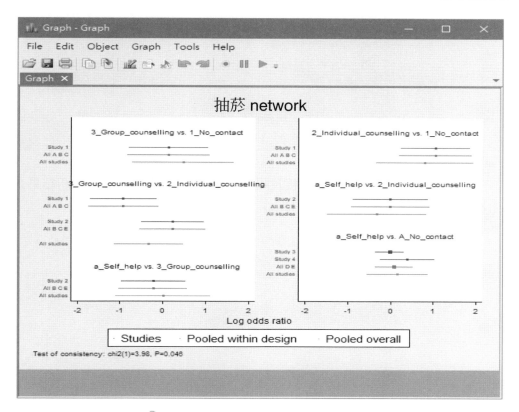

圖 5-13　「network forest」繪森林圖

上圖顯示檢定虛無假設 H_0: cy consistency，求得 $\chi^2_{(1)} = 3.98$ (p ≪ 0.05)，故拒絕 cy consistency。

Step 6：透過側向—分拆 (sidesplit) 來發現不一致之處

```
* Step 6： 透過側向 - 分拆來發現不一致之處
* Explore inconsistency by side-splitting（比較直接及間接結果一致性）
. network sidesplit all
```

Side	Direct Coef.	Std. Err.	Indirect Coef.	Std. Err.	Difference Coef.	Std. Err.	P>|z|
A B *	.3428224	.3619918	.7813921	1578.633	-.4385697	1578.633	1.000
A C	-.1187079	.6493777	-.5570054	.6746487	.4382975	.9351938	0.639
A D	-.2830522	.586188	.1552459	.7389593	-.4382981	.9352031	0.639
B C	-1.128712	.4419412	-.0496518	.5197093	-1.07906	.6844411	0.115
B D	.0089696	.4775371	-1.070091	.490143	1.07906	.6845042	0.115
C D	.1588038	.3625302	.4768937	.7720846	-.3180899	.8529727	0.709

```
* Warning: all the evidence about these contrasts comes from the trials which
directly compare them.
```

　　「A B *」比較「A vs. B」直接及間接結果是否不一致性，本例分析結果 (p > 0.05)，接受虛無假設，表示二者是 inconsistency。

5-2-3 network 統合分析之練習題（network 指令）

一、network 統合分析：練習題1

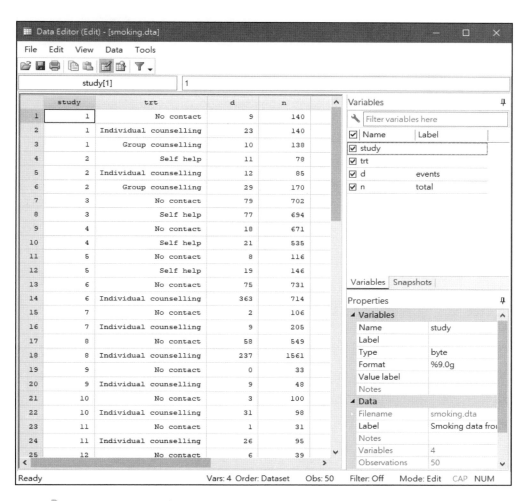

■ 圖 5-14　「smoking.dta」資料檔（N = 24 篇之個別研究；50 筆資料）

```
* 存在「network1.do」指令批次檔
* Load the smoking data
 . use smoking.dta, clear
(Smoking data from Lu & Ades (2006))
*step 1: 設定network，結果如下資料檔
 . network setup d n, studyvar(stud) trtvar(trt)

* step 2: Draw a network graph using networkplot if installed

 . network map

* step 3: Fit consistency model

 . network meta c

* step 4: Rank treatments, noting that larger treatment effects indicate
better treatments

 . network rank max

* step 5: Fit inconsistency model

 . network meta i

* step 6: Forest plot of results, adding a title and reducing the square size
from its default of *0.2

 . network forest, title(Smoking network) msize(*0.15)

* step 7: Explore inconsistency by side-splitting

 . network sidesplit all
```

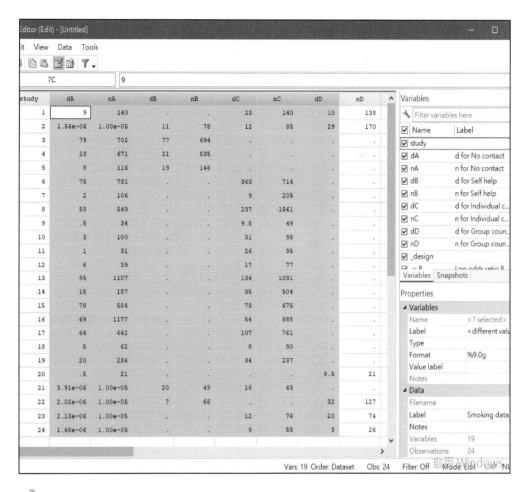

二、network 統合分析：練習題2

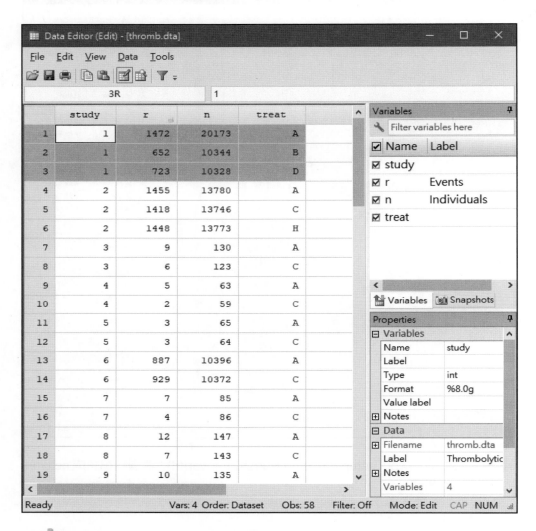

🎬 圖 5-16 「thromb.dta」資料檔內容（N = 28 篇之個別研究；58 筆資料）

```
* 存在「network2.do」指令批次檔
* 範例二：溶栓數據
* Load the thrombolytics data

. use http://www.homepages.ucl.ac.uk/~rmjwiww/stata/meta/thromb.dta, clear
(Thrombolytics network meta-analysis from Lu & Ades (2006), corrected)

* 將資料檔將成 network 格式，如下圖
. network setup r n, studyvar(study) trtvar(treat)

* Draw a network map using networkplot if installed

. network map

* Improve this map

. network map, improve

. network map, triangular(5)improve

* Fit consistency model

. network meta c

* Rank treatments using a rankogram, noting that smaller treatment effects
indicate better treatments

. network rank min, line cumul

* Fit inconsistency model

. network meta i

* Forest plot of results, adding titles, using a hollow plotting symbol, and
reducing the size of the text labelling the contrasts

. network forest, xtitle(Log odds ratio and 95% CI)title(Thrombolytics
network)msym(Sh)contrastopt(mlabsize(small))

* Explore inconsistency by side-splitting

. network sidesplit all
```

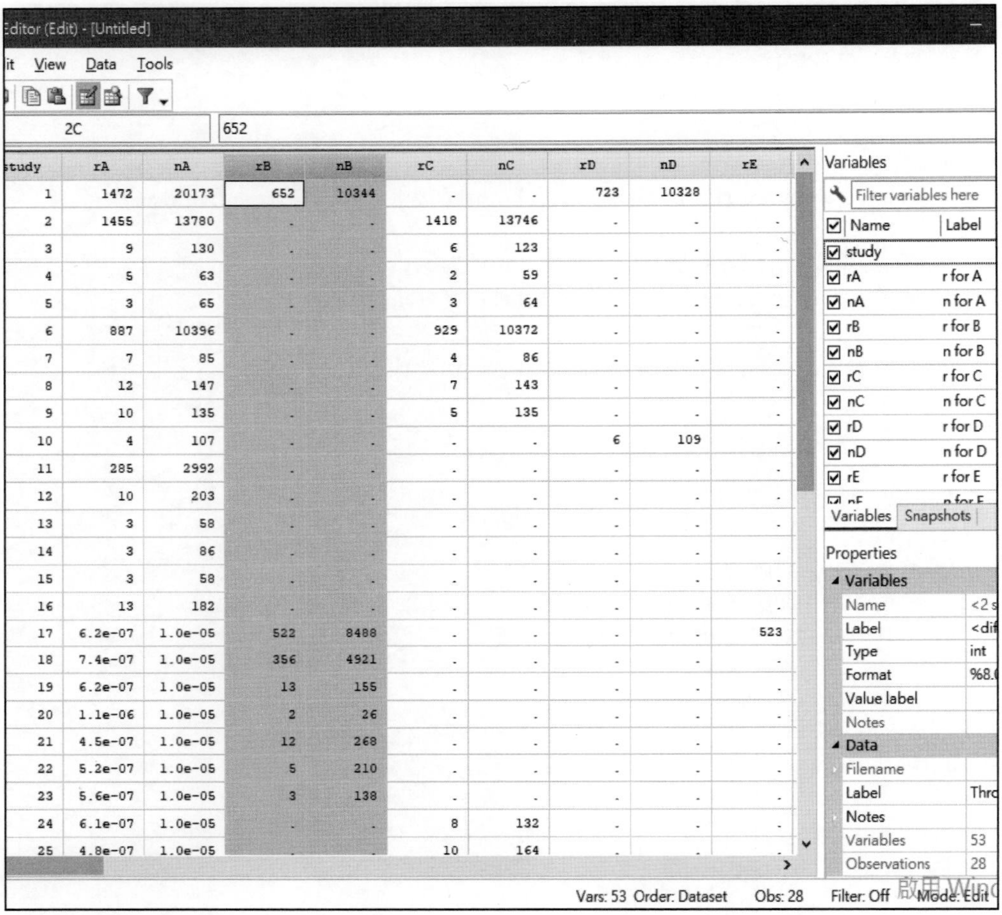

study	rA	nA	rB	nB	rC	nC	rD	nD	rE
1	1472	20173	652	10344	.	.	723	10328	.
2	1455	13780	.	.	1418	13746	.	.	.
3	9	130	.	.	6	123	.	.	.
4	5	63	.	.	2	59	.	.	.
5	3	65	.	.	3	64	.	.	.
6	887	10396	.	.	929	10372	.	.	.
7	7	85	.	.	4	86	.	.	.
8	12	147	.	.	7	143	.	.	.
9	10	135	.	.	5	135	.	.	.
10	4	107	.	.	.	.	6	109	.
11	285	2992	.	.	.	.	.	.	.
12	10	203	.	.	.	.	.	.	.
13	3	58	.	.	.	.	.	.	.
14	3	86	.	.	.	.	.	.	.
15	3	58	.	.	.	.	.	.	.
16	13	182	.	.	.	.	.	.	.
17	6.2e-07	1.0e-05	522	8488	.	.	.	.	523
18	7.4e-07	1.0e-05	356	4921	.	.	.	.	.
19	6.2e-07	1.0e-05	13	155	.	.	.	.	.
20	1.1e-06	1.0e-05	2	26	.	.	.	.	.
21	4.5e-07	1.0e-05	12	268	.	.	.	.	.
22	5.2e-07	1.0e-05	5	210	.	.	.	.	.
23	5.6e-07	1.0e-05	3	138	.	.	.	.	.
24	6.1e-07	1.0e-05	.	.	8	132	.	.	.
25	4.8e-07	1.0e-05	.	.	10	164	.	.	.

圖 5-17　「network setup r n, studyvar(study) trtvar(treat)」將資料檔將成 network 格式

附表 Z 分配表

$P(0 < Z < z) = \alpha$

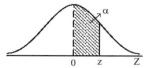

Z	0.00	0.01	0.02	0.03	0.04	0.05	0.06	0.07	0.08	0.09
0.0	0.0000	0.0040	0.0080	0.0120	0.0160	0.0199	0.0239	0.0279	0.0319	0.0359
0.1	0.0398	0.0438	0.0478	0.0517	0.0557	0.0596	0.0636	0.0675	0.0714	0.0753
0.2	0.0793	0.0832	0.0871	0.0910	0.0948	0.0987	0.1026	0.1064	0.1103	0.1141
0.3	0.1179	0.1217	0.1255	0.1293	0.1331	0.1368	0.1406	0.1443	0.1480	0.1517
0.4	0.1554	0.1591	0.1628	0.1664	0.1700	0.1736	0.1772	0.1808	0.1844	0.1879
0.5	0.1915	0.1950	0.1985	0.2019	0.2054	0.2088	0.2123	0.2157	0.2190	0.2224
0.6	0.2257	0.2291	0.2324	0.2357	0.2389	0.2422	0.2454	0.2486	0.2517	0.2549
0.7	0.2580	0.2611	0.2642	0.2673	0.2704	0.2734	0.2764	0.2794	0.2823	0.2852
0.8	0.2881	0.2910	0.2939	0.2967	0.2995	0.3023	0.3051	0.3078	0.3106	0.3133
0.9	0.3159	0.3186	0.3212	0.3238	0.3264	0.3289	0.3315	0.3340	0.3365	0.3389
1.0	0.3413	0.3438	0.3461	0.3485	0.3508	0.3531	0.3554	0.3577	0.3599	0.3621
1.1	0.3643	0.3665	0.3686	0.3708	0.3729	0.3749	0.3770	0.3790	0.3810	0.3830
1.2	0.3849	0.3869	0.3888	0.3907	0.3925	0.3944	0.3962	0.3980	0.3997	0.4015
1.3	0.4032	0.4049	0.4066	0.4082	0.4099	0.4115	0.4131	0.4147	0.4162	0.4177
1.4	0.4192	0.4207	0.4222	0.4236	0.4251	0.4265	0.4279	0.4292	0.4306	0.4319
1.5	0.4332	0.4345	0.4357	0.4370	0.4382	0.4394	0.4406	0.4418	0.4429	0.4441
1.6	0.4452	0.4463	0.4474	0.4484	0.4495	0.4505	0.4515	0.4525	0.4535	0.4545
1.7	0.4554	0.4564	0.4573	0.4582	0.4591	0.4599	0.4608	0.4616	0.4625	0.4633
1.8	0.4641	0.4649	0.4656	0.4664	0.4671	0.4678	0.4686	0.4693	0.4699	0.4706
1.9	0.4713	0.4719	0.4726	0.4732	0.4738	0.4744	0.4750	0.4756	0.4761	0.4767
2.0	0.4772	0.4778	0.4783	0.4788	0.4793	0.4798	0.4803	0.4808	0.4812	0.4817
2.1	0.4821	0.4826	0.4830	0.4834	0.4838	0.4842	0.4846	0.4850	0.4854	0.4857
2.2	0.4861	0.4864	0.4868	0.4871	0.4875	0.4878	0.4881	0.4884	0.4887	0.4890
2.3	0.4893	0.4896	0.4898	0.4901	0.4904	0.4906	0.4909	0.4911	0.4913	0.4916
2.4	0.4918	0.4920	0.4922	0.4925	0.4927	0.4929	0.4931	0.4932	0.4934	0.4936
2.5	0.4938	0.4940	0.4941	0.4943	0.4945	0.4946	0.4948	0.4949	0.4951	0.4952
2.6	0.4953	0.4955	0.4956	0.4957	0.4959	0.4960	0.4961	0.4962	0.4963	0.4964
2.7	0.4965	0.4966	0.4967	0.4968	0.4969	0.4970	0.4971	0.4972	0.4973	0.4974
2.8	0.4974	0.4975	0.4976	0.4977	0.4977	0.4978	0.4979	0.4979	0.4980	0.4981
2.9	0.4981	0.4982	0.4982	0.4983	0.4984	0.4984	0.4985	0.4985	0.4986	0.4986
3.0	0.4987	0.4987	0.4987	0.4988	0.4988	0.4989	0.4989	0.4989	0.4990	0.4990
3.1	0.4990	0.4991	0.4991	0.4991	0.4992	0.4992	0.4992	0.4992	0.4993	0.4993
3.2	0.4993	0.4993	0.4994	0.4994	0.4994	0.4994	0.4994	0.4995	0.4995	0.4995
3.3	0.4995	0.4995	0.4995	0.4996	0.4996	0.4996	0.4996	0.4996	0.4996	0.4997
3.4	0.4997	0.4997	0.4997	0.4997	0.4997	0.4997	0.4997	0.4997	0.4997	0.4998
3.5	0.4998	0.4998	0.4998	0.4998	0.4998	0.4998	0.4998	0.4998	0.4998	0.4998

參考文獻

一、英文文獻

Aydin, A., Uysal, S., Sarier, Y. (2012). The effect of gender on job satisfaction of teachers, a meta-analysis study. *Social and Behavioral Sciences*, 46,356-362.

Barrick, M. R., &; Mount M. K. (1991). The big five personality dimensions and job performance, A meta-analysis. *Personnel Psychology*, 44, 1-26.

Beck, C. T. (1995). The effects of postpartum depression on maternal-infant interaction, A meta-analysis. *Nursing Research*, 44(5), 298-404.

Beck, C. T. (1996). A meta-analysis of predictors of postpartum depression. *Nursing*.

Beck, C. T. (1999). Facilitating the work of a meta-analyst. *Research in Nursing & Health*, 22(6), 523-530.

Begg, C. B., & Mazumdar, M. (1994). Operating characteristics of a rank correlation test for publication bias. *Biometrics*, 50, 1088-1101.

Begg, C. B., and J. A. Berlin. (1988). Publication bias, A problem in interpreting medical data. *Journal of the Royal Statistical Society*, Series A 151, 419-463.

Berkey, C. S., D. C. Hoaglin, F. Mosteller, and G. A. Colditz. (1995). A random-effectsregression model for meta-analysis. *Statistics in Medicine* 14, 395-411.

Borenstein M, Hedges L.V., Higgins JPT, Rothstein HR. (2010). A basic introduction to fixed-effect and random-effects models for meta-analysis. *Res Syn Meth*. 1; 97-111.

Borenstein, M., Hedges, L. V., Higgins, J. P., & Rothstein, H. R. (2011). *Introduction to meta-analysis*. John Wiley & Sons.

Borenstein, M., Hedges, L., Higgins, J., & Rothstein, H. (2005). *Comprehensive meta-analysis version* 2. Englewood NJ, Biostat.

Borenstein, M., L. V. Hedges, J. P. T. Higgins, and H. R. Rothstein. (2009). *Introduction to Meta-Analysis*. Chichester, UK, Wiley.

Bradburn, M. J., J. J. Deeks, and D. G. Altman. (1998). sbe24, metan-an alternative meta-analysis command. *Stata Technical Bulletin* 44, 4-15. *Reprinted in Stata Technical Bulletin Reprints*, vol. 8, pp. 86-100. College Station, TX, Stata Press. (Updated article is reprinted in this collection on pp. 3-28.)

Brown, S. (1991). Measurement of quality of primary studies for meta-analysis. *Nursing research*, 40(6), 352-357.

Brown, S. A. (1988). Effects of educational interventions in diabetes care, A meta-analysis of findings. *Nursing Research*, 37(4), 223-230.

Bucher H. C.; Guyatt G. H.; Griffith L. E.; Walter S. D. (1997). The results of direct and indirect treatment comparisons in meta-analysis of randomized controlled trials. *J Clin Epidemiol*. 50 (6): 683-691.

Card, N. A. (2011). *Applied meta-analysis for social science research: Methodology in the social sciences*. New York: Guilford.

Chiaburu, D. S. , Tomas Thundiyil, Jiexin Wang. (2013). Alienation and its correlates, A meta-analysis. *European Management Journal*,www.elsevier.com/locate/emj.

Cohen, J. (1960). A coefficient of agreement for nominal scales. *Educational and Psychological Measurement*, 20(1), pp. 37-46.

Cohen, J. (1977). *Statistical Power Analysis for the Behavioral Science*. New York, Academic Press.

Colditz, G. A., T. F. Brewer, C. S. Berkey, M. E. Wilson, E. Burdick, H. V. Fineberg, and F. Mosteller. (1994). Efficacy of BCG vaccine in the prevention of tuberculosis, Meta-analysis of the published literature. *Journal of the American Medical Association* 271, 698-702.

Collaborative Group(1995). ISIS-4. A randomized trial assessing early oral captopril, oral mononitrate, and intravenous magnesium sulphate in 58,050 patients with suspected acute myocardial infarction. *Lancet*, 345,669-687. *controlled trials*. Br Med J , 323,773-776.

Conn, V. S., & Armer, J. M. (1994). A public health nurse's guide to reading meta-analysis research reports. *Public Health Nursing*, 11(3), 163-167.

Conn, V. S., & Armer, J. M. (1996). Meta-analysis and public policy, Opportunity for nursing impact. *Nursing Outlook*, 44(3), 267-271.

Cooper, H. & Hedges, L. V. (1994). *The handbook of research synthesis*. New York, Russell Sage Foundation.

Cooper, H. M. (1982). Scientific guidelines for conducting integrative research reviews. *Review of Educational Research*, 52, 291-302.

Cooper, H. M. (1989). *Integrating research, A guide for literature review* (2nd ed.). CA, Sage.

Cosper, S., Lee, G., Peters, S., & Bishop, E. (2009). InteractiveMetronome training in children with attention deficit and developmental coordination disorders. *International Journal of Rehabilitation Research*, 32(4), 331.

Cozzi F, Morini F, Tozzi C, Bonci E, Cozzi DA. (2002). Effect of pacifier use on oral breathing in healthy newborn infants. *Pediatr Pulmonol*;33 ,368- 373

Crowley, P.(1999). *Corticosteroids prior to preterm delivery*. In The Cochrane Library,Lssue 1, Oxford, update

Daniel, W.W. (1990). *Applied nonparametric statistics* (2nd ed.). Massachusetts, PWS-KENT.

Deeks, J. J., D. G. Altman, and M. J. Bradburn. (2001). *Statistical methods for examining heterogeneity and combining results from several studies in meta-analysis*. In Systematic Reviews in Health Care, Meta-Analysis in Context, 2nd Edition, ed. M. Egger, G. Davey Smith, and D. G. Altman. London, BMJ.

DerSimonian R, Laird N. (1986). Meta-analysis in clinical trials. *Control Clin Trials*, 7, 177-188.

Dickersin, K., Y. I. Min, and C. L. Meinert. (1992). Factors influencing publication of research results, Follow-up of applications submitted to two institutional review boards. *Journal of the American Medical Association* 267, 374-378.

Doi, S.A., Thalib, L.(2008). A quality-effects model for meta-analysis. Epidemiology. 19 (1): 94-100. doi:10.1097/EDE.0b013e31815c24e7

Duval, S. J., & Tweedie, R. L. (2000a). A nonparametric trim and fill method of accounting for publication bias in meta-analysis. *Journal of the American Statistical Association*,95, 89-98.

Duval, S. J., & Tweedie, R. L. (2000b). Trim and fill: A simple funnel-plot-based method of testing and adjusting for publication bias in meta-analysis. Biometrics, 56, 455-463.

Early Breast Cancer Trialists' Collaboration Group, (1991).Tamoxifen for early breast cancer, an overview of the randomized trials. *Lancet*, 338,1127-1130.

Early Breast Cancer Trialists' Collaboration Group. (1988). Effects of adjuvant tamoxifen and of cytotoxic therapy on mortality in early breast cancer. An overview of 61 randomized trials among 28,896 women. *N Engl J Med*, 319, 1681-1692.

Early Breast Cancer Trialists' Collaborative Group. (1988). Effects of adjuvant tamoxifen and of cytotoxic therapy on mortality in early breast cancer. An overview of 61 randomized trials among 28 896 women. *The New England Journal of Medicine*, 319(26), 1681-1692.

EBM (2020).http://jerryljw.blogspot.com/2012/12/ebm-how-to-read-forest-plot_9.html

Egger M, Smith G, Altman D. (2003). *Systemtic Reviews In Health Care,Meta-analysis In Context*. London, UK, BMJ.

Egger, M., Davey, S. G., Schneider, M., & Minder, C. (1997). Bias in meta-analysis detected by a simple, graphical test. *British Medical Journal*, 315, 629-634.

Egger, M., Smith, G. D., Schneider, M., & Minder, C. (1997). Bias in metaanalysis detected by a simple, graphical test. *British Medical Journal*, 315 (7109), 629-634.

Fetzer, S. J. (2002). Reducing venipuncture and intravenous insertion pain with eutectic mixture of local anesthetic, A meta-analysis. *Nursing Research*, 51(2), 119-124.

Fisher, R. A. (1932). *Statistical Methods for Research Workers*. 4th ed. London, Oliver & Boyd.

Friedman, L. (1989). Mathematics and the gender gap, a meta-analysis of recent studies on sex differences in mathematical tasks. *Review of Education Research*, 59(2), 185-213.

GeipelJ, Koenig, J., Hilleckea, T. K., Reschc, F. Kaessb, M.(2018). Music-based interventions to reduce internalizing symptoms in children and adolescents: A meta-analysis. *Journal of Affective Disorders* 225, 647-656.

Glass, G. V. (1976). Primary, secondary, and Meta-analysis of research. *Educational researcher, 5*(10), 3-8.

Glass, G. V., McGaw, B., & Smith, M. L. (1976). Primary, secondary, and meta-analysis of research. *Educational Researcher*, 5, 3-8.

Greenhalgh T. (1997). Papers that summarise other papers. *Br Med J*, 315, 672-5.

Greenland, S., and M. P. Longnecker. (1992). Methods for trend estimation from summarized dose-reponse data, with applications to meta-analysis. *American Journal of Epidemiology* 135, 1301-1309.

Harbord, R. M., and J. P. T. Higgins. (2008). *Meta-regression in Stata*. Stata Journal 8,493-519. (Reprinted in this collection on pp. 70-96.)

Harbord, R. M., M. Egger, and J. A. C. Sterne. (2006). A modified test for small-study effects in meta-analyses of controlled trials with binary endpoints. *Statistics in Medicine*, 25,

3443-3457.

Harrison, L. L.,&; P. McWilliams (1996). Pulling It all Together, The Importance of Integrative Research Reviews and Meta-analyses in Nursing. *Journal of Advanced Nursing*, 24(2), 224-225.

Hartung, J., and G. Knapp. (2001a). On tests of the overall treatment effect in meta-analysis with normally distributed responses. *Statistics in Medicine* 20,1771-1782.

Hartung, J., and G. Knapp. (2001b). A refined method for the meta-analysis of controlled clinical trials with binary outcome. *Statistics in Medicine* 20, 3875-3889.

Hedges, L. V., & Olkin, I. (1983). Regression models in research synthesis. *The American Statistician, 37*(2), 137-140.

Hedges, L.V. & Olkin, I. O.(1985). *Statistical Methods for Meta-analysis*. New York, Academic Press.

Henderson, V. (1996). *The nature of nursing, A definition and its implications, practice, research and education*. New York, Macmillan.

Herman J. Ader, et al.,(2008). *Methodological quality (chapter 3) in Advising on Research Methods, A consultant's companion*. Johannes van Kessel Publishing. ISBN 978-90-79418-02-2.

Higgins, J. P. T., and S. G. Thompson. (2001). *Presenting random effects meta-analyses, Where we are going wrong?* 9th International Cochrane Colloquium, Lyon, France.

Higgins, J. P., Thompson, S. G., Deeks, J. J., & Altman, D. G. (2003). Measuring inconsistency in meta-analyses. *British Medical Journal*, 327(6), 557-560.

Higgins, JPT., Green, S. (editors) (2011). *Cochrane Handbook for Systematic Reviews of Interventions Version 5.1.0* [updated March 2011]. The Cochrane Collaboration, Available from www.cochrane-handbook.org.

Holbert, D., & Daniel, H. J. (1993). Meta-Analysis, Some points to consider. *Health Values*, 17(3), 57-59.

Hunter, J. E., & Schmidt, F. L. (1990). *Methods of Meta-analysis, Correcting Error and Bias in Research Findings*. Newbury Park, CA, Sage.

Hyde, J. S., & Linn, M. C. (1986). *The Psychology of Gender, Advances through Meta-analysis*. Johns Hopkins.

Knapp, G., and J. Hartung. (2003). Improved tests for a random effects meta-regression with a single covariate. *Statistics in Medicine* 22, 2693-2710.

Kraemer, H. C., & Andrews, G. (1982). A nonparametric technique for meta-analysis effect size calculation. *Psychological Bulletin*, 91, 404-412.

Kulik, J. A. (1984). The uses and misuses of meta-analysis. Paper presented at the meeting of the American Educational Research Association, New Orleans. Cited in Bangert-Drowns, R. L. (1986). Review of development in meta-analytic method. *Psychological Bulletin*, 99, 388-399.

Lau, J., E. M. Antman, J. Jimenez-Silva, B. Kupelnick, F. Mosteller, and T. C. Chalmers. (1992). Cumulative meta-analysis of therapeutic trials for myocardial infarction. *New England Journal of Medicine* 327, 248-254.

Lewis, S. J., Egger, M., Sylvester, P. A., & Thomas, S. (2001). Early enteral feeding versus "nil by mouth" after gastrointestinal surgery: systematic review and meta-analysis of controlled trials. *Bmj*, 323(7316), 773.

Light, R. J., and D. B. Pillemer. (1984). *Summing Up, The Science of Reviewing Research.* Cambridge, MA, Harvard University Press.

Light, R. J., & Pillemer, D. B. (1984). *The Science of Reviewing Research.* Mass, Harvard University Press.

Light, R. J., & Smith, P. V. (1971). Accumulating evidence, Procedures for resolving contradictions among different research studies. *Harvard Educational Review*, 41, 429-471.

Lipsey, M. W., & Wilson, D. B. (2001). *Introduction, Practical Meta-analysis.* Thousand Oaks, CA, Sage.

Lopopolo, R., Greco, M., Sullivan, D., Craik, R., & Mangione, K.(2006). Effect of therapeutic exercise on gait speed in community-dwelling elderly people, a meta-analysis. *Physical Therapy*, 86(4), 520.

Moher, D., Liberati, A., Tetzlaff, J., & Altman, D. G. (2010). Preferred Reporting Items for Systematic and Meta-Analysis (PRISMA) Group. Preferred reporting items for systematic reviews and meta-analyses: the PRISMA statement. *Int J Surg*, 8, 336-41.

Moore, R. A., M. R. Tram`er, D. Carroll, P. J. Wiffen, and H. J. McQuay. (1998). Quantitative systematic review of topically applied non-steroidal anti-inflammatory drugs. *British Medical Journal* 316, 333-338.

Murdock, George(1949). *Social Structure*. New York, Macmillan.

Murdock, George(1967). *Ethnographic Atlas*, A Summary. Pittsburgh, The University of Pittsburgh Prsrtjh sdxthgn fdty a45tesjtukcn bess.

Murdock, George(1969). and Douglas R. White. Standard Cross-Cultural Sample. *Ethnology* 8,329-369.

Murdock, George(1970). Kin Term Patterns and their Distribution. *Ethnology* 9, 165-207.

Murdock, George(1981). *Atlas of World Cultures*. Pittsburgh, The University of Pittsburgh Press.

Newman, M.G., Caton, J. and Gunsolley, J. C. (2003). The Use of the Evidence-Based Approach in a Periodontal Therapy Contemporary Science Workshop. Ann. *Periodontol*, 8, 1-11.

Normand S. L. (1999). Meta-analysis, formulating, evaluating, combining, and reporting. *Stat Med*, 18,321-359.

Onyskiw, J. E. (1996). The meta-analytic approach to research integration. *Canadian Journal of Nursing Research*, 28(3), 69-85.

Pearson, K. (1904). Report on certain enteric fever inoculation statistics. *British Medical Journal* 2, 1243-1246.

Petitti, D. B. (2000). *Meta-Analysis Decision Analysis and Cost Effectivness Analysis* (2th ed). New York, Oxford.

Petticrew M, Roberts H. (2006). *Systematic reviews in the social sciences*. Wiley Blackwell,

Petticrew, M., Gilbody, S. M., Sheldon, T. A. (1999). Relate between hostility and coronary heart disease. *British Medical Journal*, 319, 917-918.

Pigott, T. (2012). *Advances in meta-analysis*. Springer Science & Business Media.

Raudenbush , S. W., Bccker, B. J., & Kalaian, H. (1988). Modeling multivariate effect sizes. *Psychological Bulletin*, 103, 111-120.

Raudenbush, S. W. (1984). Magnitude of teacher expectancy effects on pupil IQ as a function of the credibility of expectancy induction, A synthesis of findings from 18 experiments. *Journal of Educational Psychology* 76, 85-97.

Reform and research, *Educational Research Review*, 4,177-195.

Reitsma, J. B., A. S. Glas, A. W. S. Rutjes, R. J. P. M. Scholten, P. M. Bossuyt, and A. H. Zwinderman. (2005). Bivariate analysis of sensitivity and specificity produces informative summary measures in diagnostic reviews. *Journal of Clinical Epidemiology* 58, 982-990.

Ressing M, Blettner M, Klug S.J.(2009). Systemic literature reviews and meta-analysis. *Dtsch Arztebl Int*,106, 456-463.

Reynolds, N. R., Timmerman, G., Anderson, J., & Stevenson, J. S. (1992). Meta-analysis for descriptive research. *Research in Nursing & Health*, 15(6), 467-475.

Rice, K., J. P. T. Higgins, and T. Lumley. (2018). A re-evaluation of fixed effect(s) meta-analysis. *Journal of the Royal Statistical Society*, Series A 181, 205-227.

Rosenstock, I. M. (1974). Historical origins of the health belief model. *Health Education Monographs*, 2(4), 328-335.

Rosenstock, I. M. Strecher, V. J., & Becker, M. H. (1988). Social learning theory and the health belief model, *Health Education Quarterly*, 15(2), 175-183.

Rosenthal, R. (1963). *Meta-analytic Procedures for Social Research*. CA, Sage Publications, Inc.

Rosenthal, R. (1963). On the social psychology of the psychological experiment, The experimenter's hypothesis as unintended determinant of experimental results. *American Scientist*, 51, 268-283.

Rosenthal, R. (1979). The file drawer problem tolerance for null results. *Psychological Bulletin*, 86, 638-641.

Rosenthal, R. (1991). Meta-analysis, a review. *Psychosomatic Medicine*, 53, 247-271

Rosenthal, R. (1991). *Meta-analytic procedures for social research (Rev. ed.)*. Beverly Hills, CA , Sage.

Rosenthal, R., and L. Jacobson. (1968). Pygmalion in the classroom. *Urban Review* 3, 16-20.

Rothstein, H., Sutton, A. J. & M. Borenstein.(2005). *Publication bias in meta-analysis: prevention, assessment and adjustments*. Wiley. Chichester, England ; Hoboken, NJ.

Rutter, C. M., and C. A. Gatsonis. (2001). A hierarchical regression approach to metaanalysis of diagnostic test accuracy evaluations. *Statistics in Medicine* 20, 2865-2884.

Sidik, K., and J. N. Jonkman.(2002). A simple confidence interval for meta-analysis. *Statistics in Medicine* 21: 3153-3159.

Silver, N. C., & Dunlap, W. P. (1987). Averaging correlation coefficients: Should Fisher's z transformation be used?. *Journal of Applied Psychology,* 72(1), 146-148.

Sirmon, D. G., & Hitt, M. A. (2003). Managing resources, Linking unique resources, management, and wealth creation in family firms. *Entrepreneurship Theory and Practice, 27*(4), 339-358.

Song, F., Eastwood, A. J., Gilbody, S., Duley, L., & Sutton, A. J. (2000). Publication and related biases. *Health Technology Assessment*, 4(10), 1-115.

Song, F., Khan, K. S., Dinnes, J., & Sutton, A. J. (2002). Asymmetric funnel plots and publication bias in meta-analyses of diagnostic accuracy. *International Journal of Epidemiology*, 31, 88-95.

Sterne, J. A. C., Gavaghan, D., & Egger, M. (2000). Publication and related bias in metaanalysis: Power of statistical tests and prevalence in the literature. *Journal of Clinical Epidemiology*, 53, 1119-1129.

Stouffer, S. A. et al. (1949). *The American Soldier, Adjustment during Army Life*, 1, NJ, Princeton University Press.

Strube, M. J. (1988). Averaging correlation coefficients: Influence of heterogeneity and set size. *Journal of Applied Psychology, 73*(3), 559-568.

Strube, M. J., & Miller, R. H. (1986). Comparison of power rates for combined procedures, A simulation study. *Psychological Bulletin*, 99, 407-415.

Teo, K. K., Yusuf, S., Collins, R, et al.(1991). Effects of intravenous magnesium in suspected acute myocardial infarction, overview of randomized trials. *Br Med J*, 303, 101-105.

Theis, S. L., & Johnson, J. H. (1995). Strategies for teaching patients, A meta-analysis. *Clinical Nurse Specialist*, 9(2),100-105.

Thompson, S.G. (1999). Sharp SJ, Explaining heterogeneity in meta-analysis. A comparison of methods. *Stat Med*, 18, 2693-2708.

Wang, J. & Lin, E. (2009). *A meta-analysis of comparative studies on Chinese and US students' mathematics performance, Implications for mathematics education.*

Wang, M. C., & Bushman, B. J. (1998). Using normal quantile plots to explore meta-analytic data sets. *Psychological Methods*, 3, 46-54.

White, I. R. (2011). Multivariate random-effects meta-regression, Updates to mvmeta. *Stata Journal*, 11, 255-270.

White, I. R., Barrett, J. K., Jackson, D., & Higgins, J. P. T. (2012). Consistency and inconsistency in network meta-analysis, model estimation using multivariate meta-regression. *Research Synthesis Methods*, 3, 111-125.

Whitehead A.(2002). *Meta-Analysis of Controlled Clinical Trials.* Chichester,UK, John Wiley & Sons Ltd.

Whiting, John W.M.(1986). George Peter Murdock, (1897-1985). *American Anthropologist*. 88(3), 682-686.

Wilson, D. B., & Lipsey, M. W. (2001). *Practical meta-analysis.* Thousand Oaks CA, US: Sage.

Yusuf, S, Peto, R., Lewis J, et al.(1985). Beta blockade duringand after myocardial infarction, an over view of the randomized trials. *Prog Cardiovasc Dis*, 17, 335-371.

二、中文文獻

王姵方（2020）。〈臺灣中小學教師正向心理資本與主觀幸福感關係之後設分析〉，政治大學教育學院學校行政碩士在職專班。

王玏雅（2013）。〈故事結構教學對國小學童閱讀理解能力影響之後設分析〉，國立臺北教育大學教育學院課程與教學傳播科技研究所教學碩士班碩士論文。

臺北榮民總醫院婦產部（2013），http://www.tma.tw/ltk/100540204.pdf，擷取日 2013/12/3。

李茂能（2015）。《傳統統合分析理論與實務：ESS & EXCEL》。臺北：五南圖書。

李素珍、蘇意雯（2015）。〈新北市國小教師數學教學幸福感之研究〉，《國教新知》，62(3)，69-78。

官蔚菁（2004）。〈臺灣健康信念模式研究之統合分析〉，國立成功大學護理學系碩士班碩士論文。

林資荃（2014）。〈統合分析簡介〉，《Reg Med News（當代醫藥法規）》，vol.48. 1-17。

洪宜芬（2007）。〈網路銀行經營之關鍵成功因素分析〉，國立彰化師範大學工業教育與技術學系碩士論文。

洪肇基（2009）。〈運動治療對注意力不全過動孩童的影響：統合分析〉，長庚大學物理治療學系碩士論文。

徐碧璣、趙家民、林香蘭（2017）。〈彰化市國小教師休閒活動選擇、休閒滿意度及幸福感之研究〉，《文化事業與管理研究》，17(1)，24-43。

馬信行（2007）。〈後設分析之方法論問題之探討〉，《αβγ 量化研究學刊》，1，170-183。

張火燦、謝廷豪、劉嘉雯（2007）。〈員工工作滿意、組織承諾與離職意圖關係的統合分析修正模式〉，《臺灣管理學刊》，第 7 卷第 1 期，25-42。

張正平、邱齡瑩、陳羿君（2017）。〈臺灣偏遠地區教師出走現況：幸福感、學校組織氣氛與離職傾向的關係〉，《蘇州大學學報教育科學版》，(2)，94-104。

張家銘、孫美蓮、林素婷、邱瀞瑩（2018）。〈國高中體育教師之教師專業能力、自我效能感對幸福感之影響〉，《運動休閒管理學報》，15(4)，36-53。

張紹勳（2020）。《研究方法》。五南書局。

莊其穆（2011）。〈臨床醫師如何閱讀統合分析（Meta-analysis）的論文〉，《臺灣醫界》，54(2)，74-82。

陳安妮（2010）。〈高中教師休閒利益感受與幸福感之研究—以臺南地區高中教師為例〉，《屏東教大運動科學學刊》，(6)，179-195。

陳政翊、王世璋、秦夢群（2013）。〈國中校長轉型領導、教師幸福感與學校創新經營關係之研究〉，國立政治大學，《教育與心理研究》，36(3)，1-27。

陳雅倩、游正忠（2016）。〈高雄市國中教師休閒涉入、休閒效益及幸福感之研究〉，《高苑學報》，(21)，113-120。

陳瑋婷 & 蕭金土（2012）。〈學生性別與網路成癮關聯性之後設分析：多向度觀點〉，《南臺學報》，第 37 卷第 2 期，103-114。

游嘉惠（2007）。〈網路商店經營關鍵成功因素之彙總研究〉，國立彰化師範大學工業教育與技術學系碩士論文。

楊雅鈞、董旭英、黃毅志（2016）。〈社會網絡、組織公民行為對教師心理幸福之影響—助人為快樂之本？！〉。《新竹教育大學教育學報》，33(2)，145-182。

趙上瑩（2013）。〈繪本教學對學前與國小學生學習成效影響之後設分析〉，國立臺灣師範大學課程與教學研究所碩士論文。

劉秀枝（2011）。〈私立幼兒園教師職場幸福感與工作滿意度之關係研究〉，《幼兒教保研究》，(6)，87-115。

蔡佩樺（2020）。〈臺灣學生英語焦慮、英語學習動機與英語學習策略相關之統合分析〉，彰化師範大學工業教育與技術學系博士。

蘇意婷、張紹勳（2008）。〈高科技產品行銷績效關鍵成功因素之彙總研究〉，國立彰化師範大學工業教育與技術學系碩士論文。

國家圖書館出版品預行編目資料

Meta分析實作：使用Stata／張紹勳著. -- 初
　版. -- 臺北市：五南圖書出版股份有限公
　司, 2021.07
　　面；　公分
　ISBN 978-986-522-868-2（平裝）

1.社會科學　2.研究方法　3.後設分析

501.2　　　　　　　　　　　110009263

1H2W

Meta分析實作：使用Stata

作　　者 ─ 張紹勳

發 行 人 ─ 楊榮川

總 經 理 ─ 楊士清

總 編 輯 ─ 楊秀麗

主　　編 ─ 侯家嵐

責任編輯 ─ 鄭乃甄

文字校對 ─ 黃志誠

封面設計 ─ 王麗娟

出 版 者 ─ 五南圖書出版股份有限公司

地　　址：106台北市大安區和平東路二段339號4樓

電　　話：(02)2705-5066　　傳　　真：(02)2706-6100

網　　址：https://www.wunan.com.tw

電子郵件：wunan@wunan.com.tw

劃撥帳號：01068953

戶　　名：五南圖書出版股份有限公司

法律顧問　林勝安律師事務所　林勝安律師

出版日期　2021年7月初版一刷

定　　價　新臺幣450元